卡內基快樂學

如何停止憂慮重新生活

HOW TO STOP WORRYING AND START LIVING

DALE CARNEGIE 戴爾·卡內基 著　奕言 譯

目錄

CONTENTS

・我沒想到能活著看到黎明／傑西潘尼
・上球場打球或是去戶外健行／科洛內爾・埃迪・伊根
・面對現實，找出問題根源／吉姆・伯索爾
・支撐我的一句話／約瑟夫・西佐
・熬過人生谷底／泰德・埃里克森
・我曾經是世界上最愚蠢的人／波西・懷汀
・給自己留條經濟上的退路／金・奥翠
・我在憂慮深淵中聽到了一個指引／史丹利・瓊斯
・當警長來到我家門前／荷馬・克羅伊
・憂慮，是我交手過最難纏的對手／傑克・鄧普西
・我向上帝祈禱不要讓我去孤兒院／凱薩琳・霍特
・心態改變讓我擺脫藥丸／卡麥隆・希普
・把煩惱像廢紙一樣地丟棄／牧師威廉・伍德
・讓自己忙碌！／戴爾・休斯

作者序　**出版緣起**

三十五年前，我是全紐約最不快樂的人之一。當時我以銷售卡車為生，不過我對於卡車機械原理一竅不通，但這還不是最糟的，更糟糕的是，我完全不想知道。我鄙視自己的工作，也討厭住在位於西五十六街，蟑螂橫行的那個簡陋房間。我在牆上掛了好幾條領帶，一天早上，在我伸手去拿一條乾淨領帶時，當時蟑螂因為觸動而四處亂竄的情景，至今我仍歷歷在目。我也厭惡必須在廉價、骯髒的餐館裡用餐，因為這些地方也同樣有大批的蟑螂出沒。

每天晚上，我都頭痛難耐地回到那個寂寞的小房間，而失望、憂慮、痛苦和抗拒，更是加劇了我的頭痛。我之所以抗拒，是因為我在大學時代所懷有的夢想，此時已經變成了一場噩夢。這就是生活嗎？這就是我熱切期待的重要冒險嗎？我的人生只能是這樣——做著自己鄙視的工作，和蟑螂住在一起，吃著不潔淨的食物——並對未來沒有希望嗎？……我多麼希望能有時間閱讀書籍，並完成我大學時期想要撰寫的書！

我明白，放棄這份我所鄙視的工作，不會有任何損失，反而能夠獲得更多。我對賺很多錢不感興趣，我感興趣的是謀生之道。簡言之，我已經面臨抉擇的關頭。就像大多數剛步入社會的年輕人一樣，我正面臨了人生的抉擇時刻。於是我做了一個決定，而這個決定徹底改變了我的未來。它讓我在過去三十五年的快樂與收穫，遠遠超出了我所追求的理想。

我當時決定了：放棄這份令我厭惡的工作。由於我已經在密蘇里州的沃倫斯堡州立師範學院學習了四年，準備教書，打算以在夜校教授成人課程為生。如此一來，我就可以自由地安排閱讀、備課，以及寫作的時間。我希望「以寫作為生，為寫作而活」。

在夜校，我應該教授成年人什麼課程呢？當我回顧和評估自己的大學教育時，我體認到我在公共演說方面所受的訓練和積累的經驗，對我在工作和生活中的實際幫助，遠大於我在大學裡所上的所有課程。為什麼呢？因為它消除了我的膽怯和缺乏自信，給了我與人交往的勇氣和自信。它還清楚顯示了，那些勇於表達自己想法的人，更具有領導能力。

我同時申請了哥倫比亞大學和紐約大學夜間進修課程的公共演說教師一職，但是這兩所大學都認為沒有我的幫助，他們也能支撐得下去。

當時他們的拒絕，確實讓我很沮喪，但感謝上帝，基督教青年會給了我另一個在夜間授課的機會。在那裡，我必須盡快展現具體成果，那是一個多麼大的挑戰啊！那些成年人來上我的課，並不是為了大學學分或者社會名望，他們來這裡只有一個原因——想要解決他們的問題。他們希望能夠在商務會議上暢所欲言，而不是因恐懼而手足無措；銷售員希望在拜訪難對付的挑剔客戶時，不用在街上繞個幾圈鼓足勇氣才敢前往；他們想要培養鎮靜和自信；他們想要在工作上出人頭地；他們想要有更多收入讓家人過好日子。由於他們是分期支付學費，如果達不到他們預期的成果，就會停止支付費用不再來上課——而我拿的不是固定薪水，是按利潤收取一定比例報酬。因此，如果我還想在此生存下去，就必須認真且踏實地工作。

雖然當時授課的環境與條件相當不利，但現在我意識到，那對我而言是非常珍貴的訓練。我必須激勵我的學生，幫助他們解決問題。

我必須每堂課都能鼓舞人心，讓他們想要繼續來上課。

這是項振奮人心的工作，我愛死它了。這些商界人士培養出自信的速度之快，並因此很快地獲得升職加薪，都讓我大感驚訝。這些課程取得的成功，遠遠超出了我最樂觀的預期。當時基督教青年會拒絕支付我每晚五美元的薪資，但不到三季課程，他們支付我每晚超過三十美元的報酬。一開始，我只教授公共演說課程，但隨著時間推移，我發現這些成年人也需要培養贏取友誼與影響他人的能力。由於找不到合適的人際關係教材，我就自己寫了一本。這本書不是以一般方式撰寫而成，它集結了訓練班學員的切身經驗，並由此成長、發展而來。我將其命名為《如何贏取友誼與影響他人》（*How to Win Friends & Influence People*）。

由於這本書純粹只是我為自己的成人課程所創作的教材，而且我之前還寫了四本無人問津的書，所以我從來沒有想過這本書會如此暢銷：我可能是目前還在世的作家中，對自己作品大賣最無法置信的一個。

隨著時間流逝，我意識到，憂慮，是人們另一個最大的問題。我的學生大部分是商界人士——企業高階主管、銷售人員、工程師和會計師，各行各業都有——他們中的大多數人都有煩惱。班上也有女性——職業婦女與家庭主婦——也同樣面對著各種煩惱！顯然，我還需要一本如何克服憂慮的教科書。因此，我前往位於第五大道四十二街區域的紐約公共圖書館。但令我驚訝的是，這家大型圖書館有關於「憂慮」的書籍竟然只有二十二本。極其有意思的是，我注意到與「蠕蟲」相關的書籍有一百八十九本之多。有關於蟲子的書籍，幾乎是擔心憂慮書籍的九倍！太令人驚訝了，不是嗎？既然憂慮是人們面臨的最大問題之一，你不覺得，每所高中和大學都需要開設一門講授「如何克服憂慮」的課程嗎？

然而在美國，我從來不曾聽說有任何一所大學開設了這樣的課程。難怪大衛·西伯里在他的《如何自尋煩惱》一書中說：「我們已成為成熟的成年人，但在面對壓力時，我們就像書呆子被要求去跳芭蕾舞一樣，幾乎沒有做好準備。」

結果就是，到醫院求診的病患中，超過一半以上都是因為緊張和情緒問題而到院就醫的。我閱讀了紐約公共圖書館書架上的那二十二本關於憂慮的書，並買了所有我能找到的相關書籍，但是沒有一本可以用來作為成人課程教材。所以，我決定自己寫一本。

為了撰寫這本書，我花了七年的時間做準備。怎麼做呢？我閱讀了各個時代的哲學家對於憂慮的論述，並閱讀了上百本傳記，從孔子到邱吉爾，不一而足。我還採訪了各行各業的傑出人士，例如拳擊手傑克·鄧普西、奧馬爾·布萊德雷將軍、馬克·克拉克將軍、亨利·福特、第一夫人愛蓮娜·羅斯福，以及社會改革家桃樂西亞·迪克斯。但這只是個開始而已。

我還進行了一些比採訪和閱讀更重要的事情。我在一個研究如何克服憂慮的實驗室工作了五年——而這個實驗是在我們的成人班進行。據我所知，這是世界上第一個也是唯一一個研究憂慮的實驗室。我們的做法是給學生一些停止憂慮的規則，並要求他們將這些規則應用在自己的生活中，然後在課堂上和全班同學分享實踐結果，而其他人則提供他們曾使用過的技巧一起討論。

由於這次經歷，我想，我所參與關於「我是如何克服憂慮」的討論，比任何人都要多。此外，我還閱讀了數百篇關於「我是如何克服憂慮」的郵件——這些文章都是在美國與加拿大一百七十座城市所舉行的座談中的出色討論。因此，這本書並不是憑空杜撰而來，也不是關於如何克服憂慮的學術說教。相反地，我嘗試撰寫一本內容緊湊、簡明易懂，並分享大量如何克服憂慮實例的書。有一點是肯定的：這本書相當實用，你完全可以將其付諸實踐。

我很高興地告訴你，在這本書裡，你找不到一個虛構的「B先生」，或一個模糊的「瑪麗和約翰」的故事。除了極少數幾個故事，這本書中的每個人物都是真實的。它不僅有據可查，且經認證和擔保。

法國哲學家瓦雷里曾說：「科學，就是成功方法的組合。」這也正是本書的意義所在——它彙集了成功的、並經過時間考驗，能讓我們的生活擺脫憂慮的方法。不過，我要先告訴你：這本書中並沒有提供任何新穎奇異的說法，但會引導你發現許多被人忽略的事實。就這一點而論，你我其實都不需要再被教導新的論調。如何讓人生更美好的知識我們已經知道得足夠多，也讀過許多金科玉律、長篇道理。我們的問題不是無知，而是無所作為。這本書旨在重申、精簡說明這些古老且基本的真理，並敦促你實際應用做出改變。

你拿起這本書不是為了看它是如何寫成的，而是希望能獲得指引。好了，現在就開始吧。如果在你讀過了這本書的前兩篇後，並不覺得自己有獲得能夠克服憂慮、創造人生的全新力量與勇氣，那麼就把這本書扔進垃圾桶吧。這本書對你沒有幫助。

戴爾・卡內基

如何充分利用本書的九項建議

這本書告訴你的定律和原則，必須發自內心地去實行，才能生效。

我希望閱讀這本書的人，不用各種方式去欺騙他人。

在這本書裡，我要告訴人們的只是一種全新的生活方式。

一．如果你想在這本書中獲取最大的益處，就必須具備一個基本條件，這個條件比這本書裡講述的任何定律或技巧更為重要。你一定要具備這個基本條件，否則，即使你花費更多的時間來學習、研究這本書，都不會有任何用處。如果你天生擁有這種才能，那麼，即使不去看書中那些最能夠讓你得到益處的建議，也能夠在生活中創造奇蹟。

那麼，這種神奇的條件是什麼呢？它就是驅使你深入學習的衝動，一種要增強你社交能力的強烈願望。

你如何觸動這樣的一種欲望呢？那就是要時刻提醒自己，使自己明白書裡的這些原則對於你是何等的重要。你還要為自己做以下的假設：我如果能夠將這些規則應用在日常生活和工作中，那麼我的生活將變得多彩多姿；這些知識將幫助我在經濟收入方面取得意想不到的成效。你必須每天反覆地跟自己說：「我之所以受人歡迎，我所獲得的幸福、快樂，我的價值感，很大程度取決於我如何與他人相處。」

二．把每一個章節迅速地閱讀完，或許你從中得到了一個概念，於是你想接著看下一個章節，我建議你不要這樣做。除非，你是為了打發無聊的時光而這樣做。如果你是為了增強在生活和工作中與人有效交往的技巧而閱讀這本書，那麼請你仔細研讀這個章節，因為這才是你最節省時間又能夠取得成效的辦法。

三．在讀這本書的時候，你不妨稍微停下來，想一想你讀到的是一些什麼東西。你要向自己提問——我將在什麼合適的時間與地點，如何很好地運用書中的每一個建議。

四．當你閱讀的時候，請隨時手拿一枝紅色鋼筆或一枝紅色圓珠筆，這樣在你讀到一個覺得能夠在日常生活中運用的建議時，就可以在這行字的下方劃線作標記。如果遇到的是對你非常有幫助的建議，你就在這行字旁邊標上「××××」的記號。這本書上遍布像這樣的線條與記號，不但能夠讓你的閱讀變得更有趣味，而且也能夠使你有效地溫習，讓你受益良多。

五・我認識一個在一家大型保險公司工作的人，他擔任經理職務已經十五年了。他每個月都要看一遍公司發出去的保險單，每年都是如此。他這樣做有什麼意義呢？他的經驗表明，這是唯一能讓他記住保險單上條款的方法。

有兩年時間，我使盡全力地寫出一部關於演講技巧的專著，之後，我發現如果我不一遍一遍反覆閱讀這部書稿，就無法將它的內容很好地記住。

因此，你要是想從這本書上學習到能夠長時間有價值的東西，就不能認為簡單地看一遍就夠了。在你仔細地閱讀完這本書之後，每個月要撥出一些時間複習，而且要把這本書放在容易取得的地方，以便可以隨時翻閱。切記，要想把書中的原則變成你生活中的習慣，就必須持久而周密地複習。

六・蕭伯納曾就學習這件事說過：「如果一個人只是接受教導，他就不會自己去學。」蕭伯納這樣說是對的，因為學習永遠是一個自覺的過程。

因而，你要是想把這本書所探討研究的與人相處的規則運用自如，那就得在相應的時機加以運用。你如果不這樣去實踐，那麼你將很快地忘記你從這本書上學到的知識。因為只有將自己從書本裡學到的知識靈活地運用到生活工作當中，它才會在你腦海裡留下深刻的印痕。

也許你會覺得，將你所學習到的知識時刻運用到你的生活和工作中，是一件困難的事情。你是對的，因為我自己也常有這樣的感覺。就在我編寫這本書時也意識到，要在已經習慣的生活當中實施我在書中的建議，會有相當的難度。例如，當他人讓你感覺不愉快的時候，批評和指責的方式，要比主動去了解對方的想法的方式容易。我們能夠輕易地找出他人身上的錯誤，卻很難找出他人值得讚美的地方。在日常生活當中，談論自己所需要的，比談論他人所需要的事情顯得正常與自然。因此，你在閱讀這本書的時候，千萬不要忘記，你不僅是要從書本裡獲得新的知識，與此同時，還要透過學習新的知識來培養自己新的生活習慣。因為你是在嘗試一種需要時間與耐心，而且每天都要實踐的新生活方式。

因此，你必須經常閱讀這本書，並且把它看成改善自己與他人關係的活用手冊。因為無論何時，你在生活當中都會遇到一些特殊問題，像是如何教育孩子，如何讓妻子明白你的想法，如何滿足一個氣憤的顧客，等等。這些都是在日常生活裡經常會遇到的事情，當你翻閱本書，並試著去實施書中的某個建議時，說不定就會有奇蹟出現。

七．這也許是個冒險而又有突破性的嘗試，那就是當你的妻子、兒女，或者同事，在你實施新生活習慣時，找出你違背某個原則時，你要付出十美分或者一美元給對方，作為自己違規的罰款。

八．有一次，在我的訓練班裡演講的人中，有一位在華爾街一家極負盛名的銀行裡擔任經理職務的人，他講到一項對於改進自我很有效果的方法。這個曾經只接受過短期正式教育的銀行經理，現在是美國一位非常著名的理財專家。他認為，他所想到的方法決定了他現在取得的一切成就，以下是他大致的談話內容：

我有一本記錄所有約會時間的記事本。我的家人從來不替我預定週六的約會，他們知道週六晚上是我自我反省和思考的時間。每到週六晚上，我都要把自己一個人關在房間裡，翻看我這一週的約會記錄，回憶所有的討論和談話以及各種會議，我不斷地問自己：

「那一次，我有沒有做錯什麼？」

「我該怎樣讓自己有所進步，怎麼做才是正確的？」

「那次的經驗讓我收穫了什麼？」

每個週六，這樣的反省總會讓我感到很不愉快，可是我卻詫異於自己犯過的錯誤。就這樣，經過了很多年，我犯的錯誤慢慢變少，直到不再犯了。現在，這種自我反省的方法對我來說，比我嘗試過的任何其他方式都要有效，所以我將這種方式堅持了下去。這種方式已經讓我在決策能力和社交方面有了很大進步，我從中受益匪淺。

為什麼不試試這位銀行經理的方法呢？檢驗一下你從這本書裡學習到的東西，是否已經在生活中獲得實踐。這樣做，你將發現自己正在從事一項生動有趣而又重要的學習課程，還會發現在你學習了新的知識後，自己的社交能力隨著新知識的增長而得到擴充與成長。

九·在以上的基礎上，你不妨隨身攜帶一本記事本，時刻記錄你在生活和工作當中，靈活運用書中那些建議後的效果，並且寫清楚事情的經過、與你往來的人的姓名，以及這件事最後的結果。在記事本上記錄這些，是有趣而富有意義的，它能夠激勵你在今後的生活和工作當中更加努力。

做到以下幾點，能使你從這本書中得到更多的收穫：

- 養成一種深入探索人際關係潛藏原則的習慣，並且將這一習慣帶入日常的生活中加以靈活運用。
- 在閱讀下一章前，先把本章認真地讀兩遍。
- 當你閱讀這本書時，要經常停下來問問自己，怎麼才能將書中的每一項建議都應用到實際生活中。
- 在你覺得對你有重要幫助的字句旁標上一些符號。
- 每個月都要複習這本書。
- 把這本書當作你解決工作和生活當中遇到問題的活用手冊，一有機會就將這些原則運用到實踐中去。
- 讓你的朋友監督你，每當他們發現你違反某條原則，你就要交出一美元，像遊戲一樣地學習。

- 每週自我反省一次，問問自己這一週做錯了哪些事，哪些地方有待進步，該如何改進。
- 最好再準備一本記事本，用來記錄你的實踐經歷。

第一篇

關於憂慮
你該知道的重要事實

1 不畏將來，不念過去

一八七一年的春天，蒙特婁綜合醫院一個年輕醫科生，正在苦惱怎樣才能通過期末考試，以及畢業後要去哪裡、做些什麼、靠什麼謀生等等，這個時候，他翻開一本書，書中的一句話，深深地影響了他今後的命運。

這名年輕醫科生受那句話的影響，後來成為他那個時代最偉大的醫學家。他不僅創建了世界聞名的約翰・霍普金斯醫學院，也是牛津大學醫學欽定講座教授——這可說是英國醫學界的最高榮譽，英國女王甚至冊封他為爵士。他去世以後，描述他光輝一生的傳記作品長達一千四百六十六頁。

這名醫科生，就是現代臨床醫學之父威廉・奧斯勒爵士。

一八七一年春天，他讀到了歷史學家湯瑪斯・卡萊爾寫的一句話，為他帶來了美好的一生，那句話是：

重要的是，關注眼前明確的事物，而不是遙望模糊不清的未來。

四十二年後的一個夜晚，威廉・奧斯勒爵士在耶魯大學開滿鬱金香的校園裡發表演講。他真誠地對學生們說，像他這樣一個曾經任教於四所大學的著名教授、暢銷書作家，人們肯定會覺得他「天資聰穎」，而實際上並非如此。他說，認識他的人都知道，其實他就是個「再普通不過的人」。

那麼，他能夠取得這些成就，到底有什麼祕訣呢？他說，這一切都是因為他能夠活在「完全獨立的今天」。這句話究竟是什麼意思呢？

在去耶魯演講前的幾個月，奧斯勒爵士曾乘坐一艘輪船橫渡大西洋，看見船長站在駕駛室裡指揮，他按了一個按鈕，命令輪船全速前進，幾聲雜亂的機械碰撞聲過後，輪船的幾個艙門都在一瞬間關閉，變成了一個個完全獨立的隔艙。

奧斯勒爵士對著臺下的學生們說：「其實，每個人的一生都要比那艘輪船奇妙得多，每個人要走的路，也比那艘輪船航行的距離遠得多。我想給大家的忠告是，學會將自己的人生航程控制在一個『完全獨立的隔艙』裡，這樣你的航行才會安全。你至少要走進船艙，檢查一下那些艙門是不是完好無損，按下按鈕，傾聽你生活中的每一分鐘，關閉鐵門，將已經逝去的過去隔離開，再按下另一個按鈕，關上另一扇鐵門，將無從知曉的未來也隔離開。這樣，你就真正地處於安全之中了，把昨天和明天都隔開來，愚蠢的人才會為昨天落淚，為明天擔憂。對昨天和明天的煩惱是今天最大的絆腳石，連最強壯的人都會被它壓垮。隔離未來，就要像隔離過去一樣，因為未來就在今天，不會再有明天。今天，便是拯救人類的時刻，如果把今天放棄了，而為想像中的未來費盡心思、憂愁苦悶，那簡直是在折磨自己。要做的，就是關上艙門把昨天、明天隔離開來，培養生活在『完全獨立的今天』裡，也就是活在當下的習慣。」

奧斯勒爵士的這段話，難道是讓我們不要為明天做好準備？不是的，在演講中他強調，把全部心智和熱情投入到今天的工作中去，就是對明天最好的準備，這也是爭取未來的唯一有效方法。

奧斯勒爵士忠告耶魯學子，每天的生活要以耶穌的主禱詞作為開始：「我們日用的飲食，今日賜給我們。」

切記這句主禱詞，它只是在祈禱滿足今日的飲食，並沒有對昨天的陳糧有任何抱怨，也沒有祈禱說：「主啊！最近田裡乾旱愈來愈嚴重了，恐怕還會持續下去，我們到了明年秋天用什麼做麵包？也許到那時我就要失業了。主啊，如果是那樣，我要怎麼才能得到麵包呢？」

沒錯，這句主禱詞只要求我們去祈禱「今日的食物」，因為我們唯一能吃進嘴裡的，就是「今日的食物」。

很久以前，有一個窮哲人遊走在山村野地之間，身上沒有一分錢。一天，他和一群人坐在小山坡上聊天，他對大家說了一句話，後來，這句話直到今天，都是人們在各種時間和場合引用得最多的金句。這句話就是：「不要為明天憂慮．因為明天自有明天的憂慮．一天的難處一天當就夠了。」

「不要為明天憂慮」，很多人都對耶穌的這句金句持懷疑態度，這句完美的忠告他們聽不進去，他們覺得耶穌的話太不現實了。他們說：「我必須早點為明天打算，必須為家人上保險，必須存一筆養老金，為了能夠成功，我必須做一番周密的計畫。」

當然，我們肯定要為將來做好準備。耶穌的這句金句是三百年前的譯文，在當今，它的意思肯定和英國詹姆士王朝時代有很大區別。在現代，這句金句的涵義是：不要為明天擔憂不安。

所以，你當然需要為明天做好準備，考慮周全，安排好一切，但不要擔憂不安。

在戰爭期間，軍事指揮必須為將來的戰事制訂計畫，可絕不能在內心有任何焦慮。「作戰時，我會把最好的裝備提供給最好的部隊，」美國海軍上將歐內斯特．金說，「然後盡可能向他們下達最明智的命令，這就是在作戰中我所能做的事。」

「如果一條船沉沒了，」歐內斯特上將接著說，「我也無法把它打撈起來。與其把時間花在後悔昨天的事情上，不如抓緊時間去解決明天的問題，要是我一直在煩惱這些事情，我在戰爭中也支撐不了多久。」

無論是戰爭時期還是和平時期，積極心態和消極心態之間的根本區別，就是：用積極的心態考慮原因和結果，能產生符合邏輯的、有建設性的決策；相反地，消極心態往往會導致人精神的崩潰。最近我很榮幸地訪問了世界上最知名的報紙發行人，《紐約時報》的亞瑟．海斯．沙茲伯格。他告訴我，當第二次世界大戰的戰火在整個歐洲蔓延時，他感到震驚和對人類未來的擔憂，幾乎夜夜失眠。經常半夜起床，拿著畫布和顏料，看著鏡子想為自己畫張自畫像。那時，他對繪畫一無所知，但是他還是畫著，這樣能減輕他當時內心的焦慮。沙茲伯格先生還告訴我，最後，他是在一首抒情詩裡，找到消除他的焦慮，讓內心重新平靜下來的詩句。這段詩歌後來成了他生活的座右銘：

懇求慈光，導我前行……
我不求主指引遙遠路程，
我只懇求，一步一步導引。

一九四五年四月，泰德・班格米諾因過度焦慮罹患了腸躁症，這種病非常折磨人，如果戰期延長，他很可能會支撐不下去。對於此事，班格米諾這樣說道：

當時，我正在第九十四步兵師任職，長期的勞累讓我覺得極度疲憊。我的工作是記錄戰爭中犧牲後被匆匆埋掉的官兵，我把他們的遺物收集起來，然後確切地把這些遺物送回他們的家屬或者朋友那裡。我總是擔心自己會在工作中有所失誤，而且，我也時刻在擔心著自己的性命。我不知道自己能不能活到戰爭結束，我期盼著回家，抱抱我那還沒見過面的兒子，他已經十六個月大了。我每天都這樣擔憂著，身心俱疲，瘦了整整有十五公斤，我眼看著自己只剩下一把骨頭了。

一想到自己可能會慘死在異地，我就極其恐懼，像小孩子似的一邊哭一邊發抖。在德軍最後一次進行大反攻的那段日子裡，每當我獨處時，就忍不住哭泣，我已經沒有信心再像一個正常人般地生活下去了。

最終，我住進了醫院，而一名軍醫給我的忠告徹底改變了我的一生。他為我進行一次全面檢查，確認我是由於精神過度緊張而生病。他對我說：「泰德，你要把人生當成一個沙漏，沙漏裡面的沙子數也數不清，但是只有一條細縫可以讓它們通過，所以，沙子只能一粒一粒慢慢流下去，在不打破沙漏的情況下，我們都無法讓更多的沙子同時通過細縫。其實，每個人的生活都如同這個沙漏，每天一睜眼，就有一大堆工作等著我們去完成，而且是必須在一天內解決掉。這些事情，如果我們不像沙漏通過細縫那樣一件一件地做，就會使自己心力交瘁。」

我把軍醫的這段話牢牢記在心裡，在往後的人生裡，我始終奉行著這樣的人生哲學：一次只讓一粒沙通過，一次只做好一件事。

直到現在，戰爭時期的特殊經歷仍然指導著我在印刷公司公關廣告部門的工作，那件事情讓我受益匪淺。我發現，生意市場如同戰場，在很少的時間裡要處理很多的事情，例如原料不夠、新報表有待處理、安排訂貨、地址變更、分公司的增加和關閉，等等，但我不再憂愁不安。「一次只讓一粒沙通過，一次只做好一件事。」我時時牢記軍醫的這段話。我的工作效率因此提高了，也不再有曾經在戰場上出現的那種焦慮情緒，我已經推開了生活中那扇心境平和的大門。

現今世界上最可怕的事情是，到醫院就診的人，有一半以上是因精神心理上的疾病而來。他們之所以崩潰，都是因為把昨天和明天的壓力加在了一起，其實他們中的很多人，如果能夠牢記耶穌的格言——「不要為明天憂慮」，或者是威廉·奧斯勒爵士的話——「生活在完全獨立的隔艙（今天）」裡，就不會住進醫院，而是過上輕鬆愉悅的生活了。

現在，我們正站在一個交會點上——已經消失得無影無蹤的過去，和永恆難測的未來。我們都不可能同時存在於過去和未來之中，連一分鐘都不可能，但如果強行為之，過去和未來的雙重壓力就會摧殘我們。因此，我們要珍惜當下，把眼下的事情做好。「無論壓力有多大，每個人都堅持到夜幕降臨。」羅伯特·史蒂文生寫道，「無論工作有多麼的辛苦，每個人都能盡力完成。在從日出到日落的時間裡，每個人都能以愉悅的心情生活，這便是生活的真理。」

這正是人生的真理之一。在懂得這個真理之前，密西根州的希爾太太曾經一度陷在絕望的泥潭裡，她甚至有過自殺的念頭。希爾太太對我講述了她的過去：

我的丈夫在一九三七年去世，那個時候，我身上已經沒有什麼錢，心情跌落到谷底。我只好寫信給以前的經理里昂·洛奇先生，他同意讓我回去做我以前的工作。兩年前，我把汽車賣掉，現在勉強湊了點錢，買了一輛分期付款的舊車，又開始做起了推銷員，向學校推銷《世界百科全書》。

原本以為做些事情可以轉移注意力，讓我不再憂慮。但獨自一人的生活帶給我巨大的壓力。我的業績不好，連買車金額不大的分期付款也快支付不起。

一九三八年春天，我到密蘇里州的一個小鎮去做推銷。那裡的學校圖書館購書經費不夠，道路又年久失修，一種巨大的孤獨感環繞著我。一想到成功的希望很渺茫，也看不到活著的希望，我頓時喪失了活下去的勇氣，甚至有了自殺的念頭。每天早上，我都為起床後要面對的生活憂心忡忡，身邊的一切都讓我煩惱不已：我擔心付不出車錢、繳不起房租、沒有錢吃飯，甚至擔心自己沒有錢可以看病。總之，我什麼都擔心。我沒有自殺的唯一理由，是擔心我的死會給姊姊帶來難以承受的痛苦，何況她也沒有錢可以支付我的喪葬費。

然而，突然有一天，我讀到一篇文章，它幫助我擺脫了絕望的陰影，使我獲得了生活下去的勇氣。那句令我心生感激、讓我振作起來的話，我永遠也不會忘記：「對於一個了解生活的人來講，每一天都是嶄新的。」我把這句話列印了下來，貼在車窗上方，這樣我在開車的時候就可以看到它。我發覺每次只認真生活一天其實很容易，我學會了把過去忘掉，明天的事情也不去想，每天早上我都會對自己說：「今天又是嶄新的人生。」

我徹底地克服了對孤獨的恐懼和對窮困的擔憂。現在，我的日子過得很愉快，在事業上也取得了一些成績，對人生充滿了希望和熱情。生活中無論發生什麼，我都不會再擔憂了。我明白每個人都沒有必要為將來擔憂，只要認真過好眼下的每一天，所有一切都會豁然開朗。因為，「對於一個了解生活的人來講，每一天都是嶄新的。」

猜猜下面這首詩是誰寫的？

能夠把握今天的人，
是真正懂得歡樂、懂得享受生活的人。
他們可以把每一天都過得很好，

他們會對人們說：

「不管以後會有什麼樣的災難，

我都會過好每一天。」

這看上去是不是像一首現代詩？實際上，它是西元前的古羅馬詩人賀拉斯的詩作。

人類所有天性中最可悲的，就是忽視眼前事物，而總是記掛著未知的將來。我們的心中只有遙遠天邊的玫瑰花園，卻無暇顧及眼前窗前盛開的薔薇。我們為什麼一定要做這麼愚蠢的事情呢？

史蒂芬．里科克寫道：「我們的一生是那麼的奇怪。童年時說：『等我變成少年的時候……』少年時說：『等我長大成人的時候……』成人後又說：『等我結婚了……』結婚了，又在想『等我退休以後……』終於退休了，回想過去的時光，不禁心生悔恨，美好的時光已經被虛度過去，一切都回不去了。生活，就在每一天、每一小時裡，活在當下的時時刻刻，真誠地對待。否則，等我們意識到時，時間已經過去了。」

在明白這個道理之前，底特律城已故的愛德華．伊凡斯差點因為憂慮而喪命。愛德華．伊凡斯生長在一個貧苦的家庭，童年時代當過報童，長大後在一家雜貨店當店員。為了一家七口的生存，他到圖書館當管理員，雖然薪水很少，但是卻不敢辭職。

八年後，他才有勇氣開創自己的事業。他向人借了五十五美元，做為創業基金，事業發展起來後，每年能賺二萬美元。但是，厄運卻不斷地降臨：他為朋友做保，然而朋友卻破產了；沒過多久，他存放全部資產的那家大銀行也破產了。這時候，他不但身上沒有一分錢，還負債一．六萬美元。生活巨變讓他的身心無法承受。伊凡斯說：

那個時候，我吃不下飯，睡不著覺。我生了奇怪的病，每天都精神不振。有一次，我在街上走著，突然就暈倒在路邊，再也無法走下去了。我的身體相當虛弱，在床上休息的時候，連翻身都做不到。最後，醫師對我說，我只剩半個月可活了。我雖感震驚，但也寫了份遺囑，然後躺在床上等死。那個時候，我的內心發生了很大的變化，我放棄所有一切，不再掙扎和憂慮，身心也因此放鬆了下來。以前，每天我都無法睡兩個小時以上，然而現在，我把所有不愉快都拋開後，反而能夠睡得像孩子一樣香甜。讓人疲憊的憂慮感漸漸消失，我有了胃口，也慢慢變胖了。

幾個星期後，我已經可以拄著枴杖走路，又過了六個星期，我已經能夠正常工作了。以前，我每年能賺二萬美元，然而現在工作的收入每週三十美元，我已感到滿足。我的工作是推銷船運汽車時放在車胎下面的擋板。生活的教訓讓我學會了不再憂慮，不再為過去的事情後悔，不再為將來擔憂。我把所有的時間、精力和熱情都投入到工作中去。

愛德華．伊凡斯發展得很快，幾年後，他就當上了伊凡斯公司的董事長。在紐約股票交易所裡，伊凡斯公司的股票一直都是重點上市股票。現在，如果你有機會坐飛機去格陵蘭，很可能降落在伊凡斯機場，那是為了紀念他而命名的機場。假如他沒有學會「生活在完全獨立的隔艙（今天）」裡，就絕對不會取得如此大的成就。

《鏡中奇緣》裡的白皇后說：「昨天吃果醬，明天吃果醬──就今天沒果醬吃。」我們很多人也是如此，想著昨天吃果醬和明天要吃上果醬，卻不知道今天就應該把手裡的麵包塗滿果醬。

即便是偉大的法國哲學家蒙田也犯過這樣的錯誤。他說：「在生活中，我總是不停地擔心這擔心那，但是這些擔心的事大多從來都沒有發生過。我是這樣的，你也必定是這樣的。」

但丁說：「今天永遠不會再有。」轉眼間，生命就像流水一樣地遠去了，只有「今天」才是我們最應該珍惜的，因為，只有「今天」才是我們真正可以把握的。

這也是洛維爾·湯瑪斯的座右銘。最近，我來到他家，在這裡度週末，洛維爾·湯瑪斯將《聖經》中的一段經文裝裱起來，掛在書房的牆上，為的是隨時都能看到。這句經文寫道：

> 這是耶和華所定的日子，我們在其中要高興歡喜。

十九世紀極具影響力的藝術和社會評論家約翰·拉斯金，在他的書桌上放著一塊刻有「今天」兩個字的石頭。雖然我的桌子上沒有一塊石頭，但我把一首詩貼在鏡子上，每天早上我刮鬍子的時候就可以看到它——一首威廉·奧斯勒爵士一直放在他的桌子上的詩——著名的印度劇作家卡利達薩寫的詩：

〈向黎明致敬〉

迎接今天吧！
今天就是人生，就是一切。
它轉瞬即逝，
卻蘊含著生命的全部成果：
成長的歡樂，
拚搏的榮耀，
美景就在今天呈現。
昨日如夢，
明天只是一個幻景。
但今天過得好，
昨天就成了幸福的夢，
而每一個明天都充滿了希望。
所以，好好珍惜今日，
就是我們對黎明最好的致敬。

因此，你如果希望自己的日子不受憂慮困擾，那就照威廉・奧斯勒爵士說的那樣去做——關上過去和未來的鐵門，生活在密閉的隔艙（今日）裡。

現在，請問問自己下列這幾個問題，並寫下答案：

1.我是否在憂慮將來的日子，或者在嚮往遠方的玫瑰園？
2.我是否時常追悔往事，把昨天的重負放在今日？
3.早晨起床時，我是否決心「把握住今日」？
4.生活在「在完全獨立的隔艙（今天）」裡，我的生活是否會更加豐富多彩？
5.何時執行這個忠告？明天，下週，還是就在今天？

2 消除憂慮的萬能公式

在閱讀完本書之前，你想要一個快速、可靠的方法來處理焦慮的情況嗎？威利斯·哈維蘭·開利便發現了這樣的方法，就讓我來介紹給你。開利先生是一名傑出的工程師，研製開發了許多空調產品，在紐約州的錫拉丘茲市，他創辦了著名的開利公司。在我看來，他所用的方法，是消除憂慮的最佳方案之一。

和開利先生共進午餐時，他這樣對我說：

我年輕時，曾在紐約州水牛城的水牛城鍛造公司工作。一次，公司派我赴密蘇里州水晶城的玻璃公司安裝一套瓦斯清潔機。

我以前嘗試過這種新的清潔瓦斯方法，但只嘗試過一次，而現在和當時的情形大相徑庭。在密蘇里州水晶城做調試時，我遇到了意想不到的困難。雖然經過一番努力，設備能夠使用了，但距我們先前所保證的品質要求還相差甚遠。

我失敗了，非常沮喪，彷彿被人當頭重擊一拳。腸胃都開始疼痛起來，當時那段時間，我幾乎無法入眠。後來，我終於醒悟，憂慮並不能解決問題。我找到了解決問題的方法，它並不需要憂慮就能達到目標，而且效果非常明顯。我使用這個方法已經三十多年。這個方法很簡單，分三個步驟進行：

第一，坦然面對事情的全部，設想它的最壞結果。自己起碼不會坐牢或被判死刑吧，這一點當然沒有任何問題。的確，我很有可能會丟掉這份工作，或者因撤回這套機器，而使公司遭受二萬美元的損失。

第二，在弄清楚可能發生的最壞情況之後，必要時就勇敢地接受它。我會告訴自己，我的職涯紀錄上將會因為這次挫折留下汙點，甚至會讓我丟掉這份工作。果真如此，我還會另找一份工作，報酬可能會降低不少。從老闆的角度看，他們也會認為，現在我們是在開發一種新的清潔瓦斯的方法，這次實驗如果花掉二萬美元，他們也能夠承受，只當是實驗經費。事前估計到可能出現的最壞結果，並讓自己勇敢地接受它，這樣一想，我立刻放鬆下來，體會到了那些天來從未有過的平靜。

第三，集中時間和精力，改變那最壞的結果。面對二萬美元的可能消耗，我想方設法，盡可能減少我們即將面臨的損失。經反覆試驗，我發現，如果我們再投資五千美元添加一些設備，問題就能夠解決了。按照這個方案，每套機器公司最少能賺一．五萬美元。

當時，如果我一直陷於憂慮之中，根本無助於解決這個問題。憂慮會摧毀我的精神，這是最大的危害。一旦憂慮發生，思緒就會混亂，接著就會失去判斷力。然而，如果我們敢於正視最壞的結果，並發自內心地接受它，以及把所有可能出現的情況加以分析，這樣反而能夠全神貫注地解決問題。

這件事雖然已經過去了很多年，但我仍持續使用這個方法，因為它效果顯著。此後，生活中我甚至感覺不到憂慮了。

那麼，從心理學角度來看，為什麼威利斯．開利的萬能公式如此有價值和實用呢？因為它驅散了籠罩在我們心頭的迷霧，讓我們走出憂慮的陰影，看清楚自己所處的位置。它使我們理智，從而能夠集中精神解決問題。我們如果失去理智，又怎麼能夠解決好問題呢？

一九一〇年，美國哲學家、心理學家威廉．詹姆斯去世，如果他現在還健在，聽到這個應付最壞結果的方法，也會非常贊同的。我是如何得知的呢？因為他曾經告誡他的學生說：「那些可能的結果，你要欣然接受。因為，接受已經發生的一切，是克服以後所有困難的第一步。」

林語堂在他那本廣為流傳的《生活的藝術》裡，也提到了相同的觀點。他說：「一個人心中有了那種接受最壞遭遇的準備，才能獲得真正的平靜。從心理學角度來講，我認為，這可以釋放心靈能量。」

確實如此，它的確能釋放人的心靈能量。當我們連最壞結果都能夠欣然接受的時候，就不會再為可能失去什麼而擔憂，因為已經沒有什麼可以損失的了。開利說：「如果精神上能夠接受最壞的結果，那麼人立刻就能夠輕鬆了，然後，就可以感到未曾有過的平靜。這個時候，你就真正可以思考了。」

很有道理，不是嗎？然而現實中，依然有成千上萬的人因憂慮而毀了他們的生活。因為他們拒絕接受最壞的結果，不願意竭盡全力去挽回。他們並沒有重新構建自己的人生，而是徘徊在痛苦之中，內心的痛苦折磨著他們，最後被憂慮打敗。你想知道其他人是如何運用威利斯·開利的萬能公式來解決他們自身的問題嗎？請看下面這個例子。這是我班上學員，紐約石油商的親身經歷：

我怎麼都無法相信我被人敲詐了，這種在電影裡才會發生的事情，竟然會被我遇見，真是難以置信，然而這是真的！事情是這樣的：我的石油公司有幾輛油罐車和幾名司機。那時正值戰爭時期，物價條例管理得很嚴格，我們為每個客戶提供的油量都有配額限制。有幾名司機在給客戶運油時，把每份油剋扣一點下來，然後把偷來的油賣給別人，而我一點都不知情。

一天，一名自稱是政府稽查員的人來向我索賄。他說他拿到了我們公司運貨司機的違法證據，他威脅我說如果我不給他錢，他就要把證據送到地方檢察官那裡去。直到這時，我才知道公司裡存在著這種非法買賣。

我並不是很擔心，因為我本人並沒有參與這種非法交易，至少這件事情與我沒有關係。但是，我知道法律規定公司老闆要對員工的行為負責。而且，這個案子一旦被法院受理，肯定會被刊登在各家報紙的新聞裡，而這些負面消息會毀掉我的公司。這家公司是我的父親在二十四年前創立的，我一直以它為榮。

我擔憂得連續三天三夜吃不下、睡不著，這件事一直困擾著我。我不知道我是應該把錢給他，還是隨便他，我無法做出決定。

一個週日晚上，我隨手拿起一本名為《不再憂慮》的小書，這是我以前上卡內基訓練班時領到的書。當讀到威利斯·開利先生的故事裡，「面對最壞的結果」部分時，我對自己說：「如果我拒絕把錢付給那個敲詐者，而他把那些違法證據送到法院，會出現什麼最糟糕的結果呢？」

答案是：我的生意被毀了。但我不會坐牢，最糟糕的情況也只是這些負面消息被媒體曝光後，我的生意可能因此被毀掉。我對自己說：「好吧，我可以接受生意上的失敗。但是往下又會是什麼情況呢？」

生意沒有了，我就得去找別的工作，情況並不是很壞，因為我擁有石油方面的專業，或許有幾家石油公司願意聘用我……想到這裡，我的心情放鬆了下來，憂慮感慢慢消散，情緒也好一些了。我又能夠清楚地思考問題了。

現在，我清楚地看到了第三步：如何面對最糟糕的情況。在我考慮如何處理的時候，浮現了一個新的想法：如果我對律師講明一切，也許他會告訴我一個我從來都沒有想到過的解決方法。

我立刻決定第二天一早去見律師。然後，我躺到床上，很快就進入夢鄉。第二天上午，我按照律師的建議，直接去找地方檢察官，向他說明事情的全部經過。讓我大吃一驚的是，地方檢察官說，類似的敲詐案已經連續出現好幾個月了，那個自稱是「政府官員」的人，實際上是警方通緝的詐欺犯。在我為了是否要把錢交給那個詐欺犯，而承受了三天三夜的折磨後，聽到地方檢察官的這番話，我一下子輕鬆了。

「這件事給了我深刻的教訓，我一輩子都忘不了，現在，每當出現讓我憂慮的困難，我就會用開利的萬能公式來解決。」

如果到現在你仍然對威利斯·開利的公式有所疑惑，那就請繼續來看下面這個故事。

一九四八年十一月十七日，厄爾·漢尼在波士頓斯帝拉大酒店親口對我講述了他的經歷：

一九二九年，經常性的憂慮使我罹患了胃潰瘍。一天夜裡，我的胃突然大出血，救護車把我送到芝加哥大學醫學院附屬醫院進行搶救。我的體重一下子從八十公斤掉到了四十一公斤。

主治醫師警告我說，病情相當嚴重，我只能平躺著，連頭都不讓我抬。由三名醫師組成的醫療小組，其中一個是胃潰瘍方面的著名專家，他說我的病情已經幾乎「無藥可救」了。只能每個小時吃半匙牛奶和半匙半流質的食物來維持生命，每天早上和傍晚，護士都要把胃管插進我的胃裡，抽取胃液。

一連幾個月，我都是這樣度過的。後來我終於說服了自己，對自己說：「好好睡一覺吧，厄爾．漢尼，如果除了死，別無選擇，那為什麼不好好利用死前的剩餘時間呢？你這輩子最大的願望不就是去環遊世界嗎？如果現在不做，就再也沒有機會了。」

我把想去環遊世界的想法告訴醫師，但他們不相信我能夠自己一天抽取兩次胃液。他們聽了我的想法，反駁道：「你真的想去環遊世界！我們必須警告你，你肯定會死在旅途上，被輪船上的人們拋到大海中埋葬。」我胸有成竹地回答說：「不會的！我安排好了，在旅行時我會隨身帶上一口棺材，假如在旅途中我去世了，他們會把我的屍體安放在棺材裡，存放在冷庫中凍起來，然後，把我送回家鄉安葬。另外，我還安排好了，讓我的親友將我葬在內布拉斯加州家鄉的公墓裡。」

然後，我懷著古波斯詩人奧瑪．海亞姆詩句的精神，開始了環遊世界的旅程：

啊！在化為泥土之前，
就讓我們愉快地生活在世間吧！

一旦離開這世界，在那寂寞的泥土下，
將不再有酒，不再有音樂，也沒有歌聲，
有的只是永恆的沉默。

我在洛杉磯的港口登上了亞當斯總統號遊輪，在前往東方的旅途中，我明顯感覺到自己身體在好轉，我逐漸不需要吃藥和洗胃。沒多久，我的胃口變得很好，能夠吃下所有的食物，就連別的國家的特產也吃得很香。醫師說吃這些食物會讓我丟了性命，但是我卻享受著。

在環遊旅行的幾個星期後，我漸漸地能喝上幾杯酒，能抽黑雪茄了。我真的感覺到，這幾年來從未有過像現在這樣享受生活的快樂。在旅途中，我們在太平洋遭遇過颱風，在印度洋遇到過強烈季風。要是像過去那樣仍舊停留在憂慮的狀態中，這些驚險的事情早就讓我憂慮得進了棺材。可是，旅途中所有的這些冒險，都讓我無比興奮和愉快。

在遊輪上，我唱歌、玩遊戲、結交朋友，甚至整個晚上玩得很開心。到了中國和印度，我發現我的生活與東方一些地區的落後和貧窮相比，簡直是天堂和地獄的差別。我拋棄所有的憂慮，心情立刻舒暢了。回到美國時，我的體重整整增加了四十公斤，我幾乎忘記曾經得過致命的胃潰瘍。我這一生中從來都沒有這麼輕鬆愉快過。我重新開始了我的工作，並且再也沒有生過病。

厄爾．漢尼告訴我，他後來才了解到，自己在不知不覺中運用了威利斯．開利的擺脫憂慮的方法。

首先，我問自己：可能發生的最壞結果是什麼？答案是死亡。

然後，我已經做好了面對死亡的準備，因為我別無選擇，醫師都說我已經沒救了。

最後，我想辦法改變現在的情況。辦法是，在人生僅有的剩餘時間裡，盡情享受生活中的樂趣。假如在船上我還是處於憂慮之中，那我必定會被裝進為自己準備的棺材，運回家鄉埋葬。然而，我讓自己完全放鬆下來，忘掉一切憂慮，這樣的平靜心態把我體內的活力都激發了出來，我的生命也因此得到了挽救。

所以，當你遇到了讓你憂慮的困難時，就運用威利斯·開利的萬能公式做下面這三件事：

1.問問自己，可能發生的最壞結果是什麼？

2.如果必須面對它，就做好接受這個事實的準備。

3.內心保持平靜，想辦法改善最壞結果。

3 憂慮是健康的大敵

幾年前的一個夜晚，一名鄰居突然按響了我家門鈴，催促我們一家人去接種預防天花的牛痘。這個鄰居是全紐約市幾千名按門鈴志願者中的一員。很多人都驚慌失措地排起了長隊，等著接種牛痘。那個時候，醫院、消防隊、警察局，以及規模比較大的工廠裡，都開設了接種點，兩千多名醫護人員晝夜不停地為人們接種牛痘。之所以出現這種場景，都是因為紐約市裡有八個人染上了天花，其中有兩個人已經死亡，也就是說，八百萬紐約市民中有兩人因為染上天花死了。

我已經在紐約住了很多年，但這些年中，從來沒有人來按過我家門鈴，勸我謹防憂慮症。按照最保守的方式來計算，在剛剛過去的三十七年中，這種病症帶來了比天花要厲害一萬倍的傷害，但是，按門鈴的人從來都沒有對我說過：每十個人裡就會有一個人因為壓力太大以及憂慮，而精神崩潰。

所以，我寫下這一章，來按響你家的門鈴，警告你憂慮對人體的危害。

憂慮很容易引起各種疾病。諾貝爾醫學獎得主艾力克斯．卡瑞爾醫師曾說：

「不知道如何克服憂慮的商人，往往都英年早逝。」

實際上，不只是商人，家庭主婦、獸醫、泥水匠等所有人也都是如此。

幾年前，我和聖塔菲鐵路公司的醫務主任格伯爾博士──他的確切頭銜是海灣、科羅拉多和聖塔菲醫院協會的主任醫師──一起外出度假。當車子駛過德克薩斯州和新墨西哥州時，我們談到了憂慮對人體的影響，他感慨地說：

假如百分之七十的病人能夠消除自己內心的恐懼和憂慮，所謂的疾病就會離得遠遠的。我的意思當然並不是說他們是在裝病，恰好相反，他們的病像牙痛一樣真實存在著，甚至比牙痛更嚴重。我指的是諸如神經性消化不良、胃潰瘍、心臟病、失眠、頭痛，以及某些類型的麻痺症狀。這些病都是真實存在，這一點我很清楚，因為我曾經有十二年忍受著胃潰瘍所帶來的痛苦。

恐懼帶來憂慮，憂慮造成緊張，緊張會影響到人胃部的神經，長久下去，就會患上胃潰瘍。

約瑟夫・蒙泰格醫師在他編寫的《神經性胃疾》一書中，寫道：「罹患胃潰瘍，不是你吃了什麼不好的東西，而是因為你過度的焦慮。」

在對一萬五千名胃病患者進行調查後，梅約診所的阿瓦雷茲醫師得出了這樣的結論：「胃潰瘍的發作或消退，經常與情緒壓力的高低有關。」百分之八十的人患有胃病並不是出於生理原因，而是因為恐懼、憂慮、憎恨、自私，或者無法適應社會環境等所致，而胃潰瘍已成為少數會致命的疾病之一。

我和梅約診所的哈洛德·哈本醫師最近通了幾次信。哈本醫師在美國工業內外科醫師協會的年會上發表一篇論文，其中講到他研究了一百七十六位營業專員，這些平均年齡四十四·三歲的營業專員中，幾乎有三分之一的人因生活過於緊張而患有心臟病、胃潰瘍或高血壓等疾病。

這些年齡大多還不到四十五歲的營業專員，竟有三分之一以上的人患有心臟病、胃潰瘍或高血壓，可見，要成功必須付出多麼大的代價！但是，一個胃潰瘍或心臟病患者能算得上是成功的人嗎？即使他以失去健康為代價，換來了整個世界，而這一切對他來講，又有什麼意義呢？一個人，即便擁有了整個世界，他睡覺時也只能睡一張床，每天也只能吃三餐，而這些，連一個挖水溝的人都做得到，甚至能吃得更飽，睡得更香。我寧願在阿拉巴馬州做一個休息時彈斑鳩琴唱歌的莊稼漢，也不願意自己不到四十五歲就以損害健康換來一家鐵路或香菸公司的高階管理職務。

最近，一位著名的香菸製造商在加拿大的森林區度假時，因突發心臟病猝死。他的家產有幾百萬美元，但去世的時候只有六十一歲。或許，他是用幾年的生命換來了生意上的成功。

在我看來，我的父親遠比這位富有的香菸商成功得多。雖然他只是密蘇里州的一個農民，但是卻過著快樂的生活，直到八十九歲去世。

梅約診所的創始人梅約兄弟說，我們醫院一半的病床上躺著的，都是有神經性疾病的患者。然而，當針對已過世病人進行屍檢，以高倍顯微鏡對這些人的神經系統進行研究時發現，他們的神經大都與拳王傑克·鄧普西的神經一樣健康。他們的「神經性疾病」並不是神經本身出了毛病，而是因為悲觀、焦躁和憂慮等情緒的影響。就像柏拉圖說過的：「醫師犯的最大錯誤，是只想治癒患者的身體，而不關心他們的心靈。其實，精神和身體是一體的，不應該分開對待。」

醫學界花費了無數年的時間，才驗證了柏拉圖所說的偉大真理。現在，醫學界開始發展一種新醫學，稱之為「身心醫學」，雙管齊下，同時治療精神和身體。現在剛好是發展這門醫學的大好時機。當今的醫學已經非常發達，天花、瘧疾、霍亂等曾經奪去了千百萬人的生命，由細菌引起的傳染病已經可以得到有效防治。但是，令人遺憾的是，醫學界仍然無法從根本上治療由憂慮、懼怕、仇恨、不安、絕望等情緒引發的疾病。由不良情緒引發的疾病的死亡率正在迅速上升，速度之快非常驚人。在美國，二戰期間被徵召的年輕人中，有六分之一因精神疾病或心神耗弱而無法服兵役。

是什麼原因引發了精神問題呢？誰都無法完全解釋清楚。但從很多病例可以看出，恐懼和憂慮是最主要的原因。因為焦慮，人們沒有勇氣面對殘酷的現實生活，從而把自己孤立起來，躲在一個小小的幻想世界裡，舒緩自己的緊張情緒。

我的書桌上有一本愛德華．波多爾斯基醫師編寫的《停止憂慮重返健康》，下面是這本書中的章節標題：

1. 憂慮會損傷心臟
2. 憂慮會引起高血壓
3. 憂慮會造成風濕病
4. 減少憂慮，將會有益於你的胃
5. 憂慮會導致感冒

6. 憂慮和甲狀腺之間的關係
7. 憂慮和血糖之間的關係

而精神科醫師卡爾・梅寧格的著作《人類的自我損害》，在憂慮的解讀上也頗具啟發性。在書中，梅寧格雖然沒有提及避免憂慮的有效方法，但是舉了很多發人深省的例子，讓人們對焦慮、不安、仇恨、後悔、反叛和恐懼等情緒的危害，能有所了解。

最堅強不屈的人也會因憂慮而患病。美國南北戰爭即將結束的時候，格蘭特將軍對這點深有體會。事情是這樣的：

在格蘭特將軍率部圍攻里奇蒙的九個月時間裡，南方李將軍部下的士兵飢餓難耐，眼看就要支撐不住了。南方部隊上下軍心動搖，一些士兵在帳篷裡禱告，情緒不穩，有些人甚至餓到開始出現幻覺。最終，李將軍的部隊放火燒了里奇蒙的棉花和菸草庫，同時他們還焚燒了兵工廠，就在這火光沖天的黑夜他們棄城而逃。格蘭特將軍率領部下緊緊追趕，南方軍隊受到了來自後方和兩翼的夾擊。格蘭特將軍還命令謝里登將軍率騎兵從正面阻擊敵軍，炸毀鐵路並截獲了南方邦聯運送補給的火車。

當時，格蘭特視力微弱，頭痛得沒有辦法繼續前行，因無法趕上隊伍，他只好暫時借住在一戶農家裡。在回憶錄中，他這樣寫道：「我一整晚都把腳泡在芥末冷水裡，把芥末藥膏貼在手腕和後頸上，希望隔天身體能夠恢復正常。」

隔天早上，格蘭特果然好起來了，但是卻不是那些芥末藥膏的功勞，而是有人騎著快馬，帶來了李將軍投降的消息。格蘭特寫道：「當那個軍官把信放到我手上時，我的頭還痛得厲害，但當我讀完了那封信，頭就一下子輕鬆了。」

憂慮、緊張等情緒引起了格蘭特將軍的頭痛，一旦他放鬆心情，看到了勝利的曙光，不好的情緒就煙消雲散，身體也就恢復健康了。

七十年後，時任美國財政部長的小亨利．摩根索也發現憂慮會給他帶來身體上的不適。他在日記裡寫道，政府要求他每天買進四百四十萬蒲式耳的小麥以便抬高小麥的價格，這讓他感到非常苦惱焦慮。他說：「只要收購多進行一天，我就要多頭昏眼花一天。每天中午回家吃過飯，我都要躺到床上去睡兩個小時。」

憂慮到底會對人帶來什麼樣的影響，這個問題已經不用去查資料或是問醫師了。只需要從我書房的窗戶向外望去，附近的一座公寓裡，一個男主人因為憂慮而精神崩潰了；而另外一家男主人的糖尿病也是起因於憂慮，股票的下跌讓他體內的血糖值遽然升高。

法國著名哲學家蒙田當選為家鄉波爾多市的市長時，曾經這樣對民眾們說：「我非常願意盡我的力量為大家服務，但是卻不想讓這些日常工作影響了我身心的健康。」

然而，我那個鄰居的血糖值卻時刻被股票的漲跌控制著，甚至差點為此付出性命。

如果我想警告人們，憂慮帶來的危害究竟有多大，我甚至不需要往外找例子，我現在居住的房子的前屋主，就是因為憂慮而早早地進了墳墓。憂慮還會引發風濕病、關節炎，讓人終生以輪椅代步。

世界著名的關節炎專家羅素．塞西爾博士列舉了導致關節炎的四種常見病因：

1. 婚姻失敗

2. 貧窮或者金錢上的損失
3. 孤獨和憂慮
4. 長期的積怨

當然，關節炎的成因很多，這些負面情緒只是其中部分因素，但卻是最常引發關節炎的原因。例如，我的一個朋友在經濟大蕭條時期，接連遭逢厄運：煤氣公司拒絕供氣給他，用來抵押貸款的房子被銀行沒收，一夜之間，他的妻子突然患上了關節炎，無論吃藥還是食療都沒有一點作用，一直到經濟狀況有了好轉，才在一夜之間消失了。

憂慮會導致人蛀牙。威廉・麥岡尼格醫師在美國牙醫協會進行報告時，說：「憂慮、恐懼、積怨等負面情緒會使人體的鈣質流失，從而引起蛀牙。」麥岡尼格醫師說，他的一個病人，以前牙齒又白又漂亮，但是妻子突然生病住院，讓這名病人在三個星期內突然有了九顆蛀牙。這就說明憂慮會導致人蛀牙。

我曾經見到過罹患甲狀腺機能亢進的人，他們全身都在顫抖，好像受到驚嚇一樣。甲狀腺是調節內分泌的腺體，一旦出現問題，就會引起心跳加速，身體就像突然打開了全部通風口的火爐一樣迅速燃燒，如果沒有及時醫治，病人很有可能因「燃燒殆盡」而死亡。

前幾天，我和一名罹患甲狀腺機能亢進的朋友一起到費城就診，為他看診的醫師是專門治療甲狀腺方面疾病的權威，他的臨床經驗已超過三十八年。他在候診室的牆壁上掛了一塊牌子，上面列出了對病人的忠告。在候診時，我把這些忠告抄在一只信封的背面——

放鬆與休養

健康的信仰、睡眠、音樂和笑聲，最能讓人放鬆，休養生息。

要對上帝充滿信心；學會睡個好覺；經常欣賞美妙的音樂；以樂觀的態度看待生活；健康和快樂就會永遠陪在你身邊。

關節炎專家對我朋友問診的第一個問題，就是：「有哪些負面情緒？」他又進一步提醒我的朋友，如果他依然憂慮，就很可能患胃潰瘍或者糖尿病，還有心臟病等疾病。這位專家說：「這些疾病都是共生的。」這一點有醫學證明，這些疾病都是由憂慮所引發的。

以前我曾採訪過電影明星梅爾．奧勃朗，她對我說，她拒絕憂慮，因為她不想讓憂慮摧毀她做電影明星的資本——她的美貌。她對我講述了親身經歷的一段往事：

我剛步入影壇時，既擔心又害怕。那時我剛從印度來到倫敦，人生地不熟，無依無靠。我當時想在影片公司找個角色演，於是我就見了幾個製片，但他們都不願意用我。慢慢地，我的積蓄完全用光了。在長達兩個星期裡，我僅靠吃一些餅乾和喝點水來填肚子。當時我受到雙重打擊：憂慮和飢餓。

我站在鏡子前，告訴自己：「妳真是個傻瓜，妳根本不該想要從事電影這個行業。妳毫無經驗，從未演過戲——除了有張漂亮臉蛋，妳還有什麼？」突然間我發現臉上生出了細小的皺紋，近來的憂慮已損害了我的美貌。我馬上告誡自己：「妳所擁有的本錢就是容貌，憂慮足以毀了它，妳要立即停止憂慮。」

沒有什麼會比憂慮更容易使一個女人迅速衰老，進而毀掉她的容貌。憂慮會讓我們的表情僵硬，會令皮膚生出皺紋，讓人愁容滿面，以至於頭髮變白、脫落。憂慮會讓你的皮膚黯淡，患上丘疹。

心臟病是美國人的頭號健康殺手。在第二次世界大戰期間，約有三十萬美國人陣亡。而在同一時期，死於心臟病的平民卻有二百萬之多，其中一百萬人是由於憂慮和精神壓力太大而引發心臟病死亡的。所以，正如卡瑞爾醫師曾說的：「不知道如何克服憂慮的商人，往往都英年早逝。」

美國的黑人和華人中很少因憂慮而引發心臟病，這與他們心性隨意、寧靜淡泊有關。資料顯示，死於心臟病的醫師比農民高出二十倍，因為醫師的工作過於緊張。

威廉．詹姆斯說：「上帝會寬恕我們的罪，而我們的神經系統卻做不到。」這是一件令人震驚和難以置信的事實：每年死於自殺的美國人比死於五大疾病的人還多。

究竟是什麼原因呢？是憂慮。

西班牙宗教法庭和德國納粹集中營曾使用一種酷刑，他們把俘虜或敵人的手腳綁起來，然後在他們的頭頂上方放置一個不斷滴水的水袋……滴答……滴答……水滴日夜不停地滴落在俘虜的頭上。最後，這些水滴聲聽起來就像是一記記鐵鎚的重擊聲，最終把人逼瘋。一些殘忍的古代將軍也這樣對待囚犯。

憂慮就像一滴又一滴，不斷滴落的水滴，而持續不斷的憂慮往往會使人精神崩潰，甚至自殺。

當我還是個青少年時，住在密蘇里州鄉下。一個星期天，我在教堂裡聽牧師描述地獄烈火的情景，被嚇壞了。然而，那些讓我們的身心飽受折磨的烈火，牧師卻從來沒有提到過。如果你深陷在憂慮中無法自拔，那麼有一天你可能會遭受人類有史以來最折磨人的痛苦之一：心絞痛。

心絞痛一旦發作起來，你會疼得死去活來，但丁的《地獄篇》描寫的情景，和心絞痛比起來簡直不值一提。到那個時候，你就會對自己說：「上帝啊！如果能讓我免受這樣的痛苦，我將永遠不會再為任何事情憂慮。」如果你覺得我說得過於誇張，可以去向你的家庭醫師詢問一下。

你熱愛生活嗎？你想健康長壽嗎？卡瑞爾醫師的這句話就是你應該做到的，他說：「在無比喧鬧的現代都市裡，只有內心平靜的人，才不會受到精神疾病的困擾。」

在現代都市的嘈雜聲中，你能否保持內心的平靜？如果你是一個正常的人，你會回答：「我肯定能。」生活中，大多數人遠比我們想像的更堅強。其實，我們的內心有許多未發現的潛能，正如梭羅的不朽名著《湖濱散記》裡所描述的那樣：

我相信人們能夠透過自己的意志力去改變生存境遇，如果一個人能夠飽含信心地去實現他的理想，努力去追求他期待已久的生活，他將能夠取得意想不到的成功。

我想，本書的大多數讀者都具有很強的意志力，能像愛達荷州的奧爾嘉・賈薇小姐一樣有非凡的表現。她在十分艱難的情況中，依然能夠趕走憂慮。只要運用本書裡所提出的一些法則，我堅信，我們也能做得像賈薇小姐一樣。下面是她本人寫信告訴我的故事：

八年前，我被診斷出得了癌症，將會緩慢且痛苦地走向死亡。後來當時國內最知名的醫學專家梅約兄弟也確認了這項診斷，我無路可走，只有等待死亡。但我還很年輕，不願意死。萬念俱灰下我打電話給主治醫師，向他傾訴我內心的絕望。他不耐煩地責備我：「怎麼了？賈薇，妳真的一點鬥志也沒有嗎？如果妳繼續像這樣絕望下去，我敢保證妳必死無疑。是的，情況相當糟糕，但事已至此，不如直面現實，停止憂慮，然後想想如何應對。」聽到這裡，我用指甲深深掐入肉裡，渾身冰涼，我對自己發誓：「我絕不再憂慮！不再哭泣！沒有必要去擔憂，我要戰勝它！我要活下去！」

這種不能使用鐳照射的晚期病例，只能每天用X光照射十分三十秒，一次療程三十天。但醫師安排我每天照十四分三十秒的X光，一次療程四十九天。雖然我已瘦得皮包骨頭，兩腳沉重得像灌了鉛一樣，我卻不再憂慮，並且眼淚一次也沒流過。我面帶微笑，是的，我是強顏歡笑。

我還沒有愚蠢到認為只要微笑就能治癒癌症，可是透過這次的經歷，我堅信，樂觀心情有助於抵擋疾病的入侵。歸根結柢，我創造了一次治癒癌症的奇蹟。現在的我比幾年前活得更快樂、更健康。我要感謝那句激勵我去挑戰自我的話：「不如直面現實，停止憂慮，然後想想如何應對。」

最後，我要引用卡瑞爾醫師的那句話做為本章結尾：「不知道如何克服憂慮的商人，往往都英年早逝。」

先知穆罕默德的狂熱追隨者，經常把《古蘭經》的經文紋在胸前。我希望你們也能把這句話銘刻在心中。

卡瑞爾所說的，也適用於你！

如果你想擁有一個健康的人生，就讓憂慮遠離你的內心。

第一篇　關於憂慮，你該知道的重要事實・小結

規則一：你如果希望自己的日子不受憂慮困擾，那就照威廉・奧斯勒爵士說的那樣去做——關上過去和未來的鐵門，生活在完全密閉的隔艙（今日）裡，好好地把握住今日。

規則二：當你遇到了讓你憂慮的困難時，就運用威利斯・開利的萬能公式做下面這三件事：

1. 問問自己，可能發生的最壞結果是什麼？
2. 如果必須面對它，就做好接受這個事實的準備。
3. 內心保持平靜，想辦法改善最壞結果。

規則三：憂慮是健康的大敵，「不知道如何克服憂慮的商人，往往都英年早逝。」

第二篇

分析憂慮的基本技巧

1 揭開憂慮之謎

人為什麼會憂慮？憂慮是如何產生的？想揭開憂慮之謎，亞里斯多德曾傳授給世人三個步驟：

1. 了解實際情況。
2. 分析情況。
3. 做出決定，然後根據決定採取行動。

其中了解實際情況是最重要的，因為如果我們沒有把真相調查清楚，就不能以理智的態度對待憂慮；真相不明，我們就會束手無策，一籌莫展。哥倫比亞大學前校長赫伯特·霍克斯早在幾年前，就把這種方法做為幫助二十萬名學生擺脫憂慮困擾的主要手段。他曾說過：「困惑是導致憂慮的主要原因。人們的憂慮多半是在沒有充分了解實際狀況時，自己妄下判斷所導致的。如果我在下週二的下午三點有問題需要解決，那麼我肯定不會在這之前做出任何決定。在此期間，我會盡力查清與此相關的實際狀況。我既不會為此煩惱，也不會為此難以入眠，我只會將全部精力投入到查明真相中去。當週二來臨時，已經解決了大部分的問題，因為我已基本弄清楚整個事件的來龍去脈。」

我問霍克斯這是否意味著他不會再因為憂慮而煩惱了呢？他說：「對，我的生活可以說已經是徹底遠離了憂慮。我堅信，如果人們願意認真地弄清楚內心憂慮的真相，理智終能戰勝這些憂慮。」

請允許我再強調一遍：「如果人們願意認真地弄清楚內心憂慮的真相，理智終能戰勝這些憂慮。」

那麼，我們該怎樣去做呢？在這裡，我們可以借鑑愛迪生說過的一句話：「除了思考，沒有別的方法。」獵犬總是只關注眼前的獵物，而忽略周圍環境的一切，如果我們不能理智客觀地弄清楚實際情況，就會和獵犬一樣，輕率地做出判斷。

法國作家安德列．莫洛亞曾經說過：「一切符合我們個人願望的事情似乎都是真實的；而所有與我們個人願望相悖的事情，都會讓我們大發雷霆。」這樣一來，我們無法找到解決方法也就沒什麼奇怪的了。

那麼，我們應該怎麼做呢？考慮問題的時候最忌諱衝動，要如同霍克斯所說的那樣，保持頭腦理智客觀。

要想讓處在憂慮中的人做到理智客觀並不容易，因為這個時候，他們的情緒控制著他們的思想。我發現了兩種方法，能夠讓我們的態度理智客觀，把事實看得更清楚。

一．在我們調查事實真相的過程中，可以當作是為其他人蒐集資料，這樣可以說明我們看待事物時，不會輕易被自身情緒所影響，而是能夠保持客觀公正的態度。

二．當我試圖蒐集有關令我擔憂的問題的事實時，我會試著站在對立面，為對方辯護。換句話說，我試圖獲取所有不利於我的事實——所有會損害我願望的事實，以及所有我不願面對的事實。

然後你會發現，當你記錄下事實的正反兩面的因素時，在兩個極端之間，往往就隱藏著事情的真相。

我要說明的是，不管是你我，還是愛因斯坦，或者美國最高法院法官，都無法在沒查明真相的情況下做出理智且明確的判斷。愛迪生知道這一點，他死後所遺留下來的兩千五百多本筆記本裡，寫滿了他所面臨的問題的事實。

因此，解決問題的第一步就是了解實際情況。我們要牢牢記住霍克斯的忠告：在理智客觀地查明事實之前，千萬不要急著下結論。

然而，只是了解實際情況卻不對情況本身加以分析，對我們也不會有什麼好處。

我花費了很多精力才發現，把已經查明的事實和面臨的問題寫在紙上，能夠更方便分析，有助於我們做出正確的判斷。發明家查爾斯・凱特林說：「把問題的條理弄清晰，就等於把問題解決了一大半。」

我的老朋友蓋倫・利奇菲爾德，是在遠東做生意的一位很有成就的美籍商人。

一九四二年，日本開始侵略上海時，他正在那裡做生意。他對我講述了那個時候他的一段經歷：

日軍剛結束對珍珠港的偷襲，就立刻攻占上海。那個時候，我在上海亞洲人壽保險公司當經理。日軍派來一個海軍上將做「軍方帳目會計」，並且讓我協助他清查公司的所有資產。

我沒有選擇的餘地，只好硬著頭皮奉命行事。然而，有一筆七十五萬美元的保證金，我沒有列進清單裡，因為這筆帳歸屬香港分公司，與上海公司沒有關係。我擔驚受怕，如果這筆帳被日軍發現了，我將難逃酷刑。結果，他們真的發現了。當時，我剛好不在辦公室，在場的只有我的主管會計。

事後，他告訴我，日軍查出這筆帳後，那個海軍上將大發雷霆，破口大罵，說我是叛徒、小偷！說我竟然敢和皇軍作對！我就要被他們扔到橋頭堡裡了，我的大腦一片混亂！

橋頭堡是日軍臭名遠揚的酷刑房，我有幾個朋友就是寧願自殺也不願被關到那裡去，還有幾個朋友因為忍受不了審訊和酷刑，不到十天，就被活活折磨死了。

現在，輪到我要被關進去了。

我不知道該怎麼辦，週日下午我才知道這些事情，當時我嚇壞了。如果沒有想出來有效的應對措施，我的後果真是不堪設想。我坐到桌前，用打字機打了兩個問題，並回答出來：

1.我正在憂慮的是什麼？

2.面對這種情況，我能做些什麼？

以前我總愛自問自答，後來我把問題和答案寫在同一張紙上，便於將自己的思路梳理清晰。週日下午，我回到了位於上海的住處，按照習慣在打字機上打字：

1.我正在憂慮的是什麼？

明天一早，我有可能被扔進橋頭堡酷刑室。

2.面對這種情況，我能做些什麼？

我思考了很久，將我在這種情況下能夠採取的對策總結出四點，連同會產生的結果一起打了出來：

- 把問題對日本的海軍上將解釋清楚。可惜他不懂英文，倘若請別人為他翻譯，肯定又會將他惹火。假如他很凶殘，他可能不會聽我解釋，直接把我關進酷刑房，到那時我就死定了。

• 走為上策。我的行動被他們監視了，每天他們都會檢查我的出入。如果我逃走了，他們只要抓住我，就會馬上槍決。

• 不去辦公室，躲在寓所裡。這位日軍上將會懷疑我，他是否派人來逮捕我可說不準，到那時，我去橋頭堡肯定是無疑的了。

• 跟平常一樣去辦公室。有可能這傢伙因為忙碌而忘了這件事。即使他想起來，這時他已平靜下來是至關重要的。假如他追究這件事，我向他解釋一下也是有機會的。因此，週一時我和往常一樣去上班，如果沒有什麼意外，我就不會被送去橋頭堡了！

我想明白後，就打算按照第四個策略去做，到星期一我依舊去辦公室。這樣一來，我整個人馬上輕鬆下來。

當我進了辦公室，看到海軍上將正在抽菸，與往常一樣看著我，一言不發。真是萬幸，過了六個星期之後，他被調回東京去了。

到此為止我的憂慮消除了。這在我的意料之中，是我救了自己。在那個星期天的下午，我把所有想到的辦法和預料的後果整理後都列出來，之後我十分鎮靜地做出理性的決定。如果我不這樣做，肯定會不知所措，反而會做一些傻事，把自己毀掉了。假如我沒有在考慮清楚後再做決定，那個週日肯定會焦躁得睡不著覺，週一早上也會帶著一張憂愁的臉到辦公室去，這樣，日本軍官肯定會懷疑我，這對我是極其不利的。

我的經驗就是，做出能夠解決問題的決定。如果沒有做出最終決定，只在原地打轉，那簡直是自己折磨自己，會使自己面臨崩潰。在我看來，做出決定後，一半的憂慮就已經煙消雲散了，而在決定實施後，另外一半的憂慮就幾乎完全消失了。

因此，我用了四個步驟來解除憂慮：

1.準確地寫出我正在憂慮的是什麼。

2.寫出面對這種情況，我能做些什麼。

3.做出決定。

4.立即將做出的決定付諸行動。

後來，利奇菲爾德擔任了斯達・派克・費里曼公司的遠東區總裁，負責保險業務，並且成為亞洲地區知名的美國商人。他說，他能夠取得這樣的成就，都是因為善於使用這種方法。

他的方法究竟能發揮什麼作用？它具體而且實用，能夠直達問題的實質，第四個步驟——立即將做出的決定付諸行動——則是整個方法不可缺少的關鍵。查明實際情況，分析事實，付諸行動，要把這三步有效結合起來才行。心理學家威廉·詹姆斯說：「一旦做出決定，就要立即實施，不要猶豫不前。」

奧克拉荷馬州著名的石油大亨韋特·菲力普斯，曾經對我談起他如何做出決策：「適度考慮問題，否則會迷惑、憂慮。有的時候，過多的思考和驗證是無效的。我們不能猶豫不決，必須立即做出決定，並且執行決定。」

想要遠離憂慮，為什麼不試試利奇菲爾德的方法呢？

問題一：我正在憂慮的是什麼？
問題二：面對這種情況，我能做些什麼？
問題三：做出決定。
問題四：什麼時候開始將決定付諸行動？

2 將工作上的憂慮減半

如果你是名商人，看到這個標題，可能會暗笑：「真可笑，我在這行已經做了十幾年，這些事情，我還不了解嗎？想教我如何消除工作上的憂慮，簡直是開玩笑！」

如果你有這樣的想法，也是可以理解的。幾年前，我看到這種標題也會有和你一樣的想法，認為對我來說，它的價值就如同空頭支票一樣。

但我坦誠地告訴你：也許我無法幫你消除工作中的煩惱，除了你自己，誰都無法消除你的憂慮。但是，我可以讓你看到別人擺脫憂慮的方法，具體怎麼做，就是你自己的事情了。我引述過卡瑞爾醫師的忠告，你應該沒有忘記吧：「不知道如何克服憂慮的商人，往往都英年早逝。」既然遠離憂慮對於我們來說是這麼重要，那麼，我就算只幫你消除十分之一的憂慮，你也會變得輕鬆很多。現在，我就來給你講一個故事，它是關於一個公司管理人員如何消除了二分之一的憂慮，並且縮短了浪費在開會上的時間。

以下都是真實的事情，絕對不是我編出來的。故事發生在一個名叫里昂．施姆金的人身上，他曾經是全美最大的出版商之一，擔任紐約西蒙與舒斯特出版公司的董事長兼總經理。

下列是里昂．施姆金講述的親身經歷：

十五年來，我每天有一半的工作時間幾乎都浪費在會議討論上，真的有必要這樣做嗎？在開會的時候，我們總是無法放鬆，不停變換著坐姿，對每一個問題爭論不休。每到晚上，我就會感到疲憊至極。一想到下半輩子或許就要這樣過下去了，我就非常絕望，因為我已經過了十五年這樣的日子，而且十五年來沒有任何改變。如果有誰說他能夠把四分之三讓人厭煩的會議時間縮短，那我一定會認為他是個天真、不知世事的樂觀主義者。可是，我真的找到這樣的一種新方法，我在工作和生活中使用這種方法已經有八年了，以後還將使用下去。我的工作效率因此提高，身心也因此更加健康了。

這種方法十分神奇，但是，就像所有的魔術一樣，看穿它的手法之後就會發現，其實非常簡單。

我的方法是這樣的：十五年來，我們例會的程序都是：首先，下屬們向我彙報他們在公司運作中發現的諸多問題，然後開始討論解決措施，可是每次到了會議結束，都沒有討論出一點眉目，問題還在原地打轉沒有進展。而現在，我決定取消這樣的會議程序。我做了一個新的規定，要求每個打算向我彙報問題的人，都要將以下四個問題的答案準備好：

第一，問題到底出在哪裡？

（這是問題的根源，我們經常浪費一兩個小時討論，卻完全沒有找到問題的根源，理不出頭緒，以前我們總是一味地討論而不去梳理問題。）

第二，為什麼會有這樣的問題出現？

（當我對自己的職業生涯進行反省的時候，驚訝地發覺，就算是在會議中，我都沒有弄明白問題的癥結所在，只關注討論，白白浪費了很多時間。）

第三，該怎樣解決這個問題？

（以前，只要有人提出問題的解決方案，立刻就會有人站出來持反對意見，雙方因此爭論不停，像打仗一樣激烈。而且經常會在爭吵中跑題，一直到會議結束，有效的解決方案依然沒有確定下來。）

第四，你能否提供一些解決問題的建議？

（我們經常在會議上急得焦頭爛額，卻沒有人能夠給出真正有效的解決方法，大家都無法明確地說出自己的建議。）

而今，在會議上，我的下屬已經很少再有反映問題的了，因為他們在將以上三個問題弄清楚後，發現其中四分之三的問題，都是可以自己解決的，根本不用在會議上提出來。而即便是有必要在會議上討論的問題，也只需要用相當於以前四分之一的時間，因為問題已經整理清楚了，很快就能找到解決方法。

現在的西蒙與舒斯特出版公司裡，幾乎已經沒有人把時間浪費在憂慮與爭辯上，大家都學會了按照正確的方法，自行解決問題。

我的朋友法蘭克・貝特格是美國最優秀的保險推銷員之一。他對我說，他使用了類似施姆金的方法，不僅有效減輕工作上的憂慮，收入也有了明顯的提高。貝特格的故事是這樣的：

幾年前，我剛剛開始推銷工作，對這份工作有著高度熱情，可是起初工作不太順利，我的自信也逐漸降低，一度想換工作。一個週日早上，我克制自己的情緒，平靜心情，思考自己憂慮的根源，如果不是那天的思考，現在我可能已經不是推銷員了。

首先，我問自己：「究竟出了什麼問題？」答案是：我到處登門走訪客戶，累得昏天暗地，收入卻非常少。和客戶談話時，雙方都很愉快，但到了簽約的時候，他們卻不能愉快地簽下來。客戶全都這樣對我說：「那就這樣吧，貝特格先生，等我考慮好之後再答覆你。」我白跑了許多次，總是遇到這樣的情況。

我問自己：「有什麼辦法可以改善這樣的情況呢？」對於這個問題，我開始對自己的工作進行反思。我將過去一年的工作記錄研究一番，發現了讓自己驚訝的事實：在我和客戶簽訂的合約中，有百分之七十是在我初次拜訪客戶時簽訂的，百分之二十三是在第二次拜訪時簽訂的，而我多次拜訪客戶後簽下的合約只有百分之七。然而，就是這極少數的合約，浪費了我大部分的時間！

那麼，我該如何改善這種情況呢？很簡單，我根本無須做超過兩次的拜訪，節省下的時間可以用來走訪新客戶。我的工作因為這種新方法而取得了非常驚人的成績，在短短的時間裡，我的收入也有了大幅度的增加。

按照這種方法，法蘭克・貝特格先生成為全美最優秀的壽險推銷員之一。然而，即便是他，在工作的初期也差點放棄。如果他沒有冷靜下來進行思考整理，就不可能獲得現在的成就。

當你遇到工作上的問題時，是否也能把這些提問應用在你的憂慮上呢？不斷反覆進行下列的挑戰性提問，它們能讓你的憂慮減少百分之五十：

1.究竟是哪裡出了問題？
2.為什麼會出現這樣的問題？
3.可以使用哪些方法解決這樣的問題？
4.你將採用哪種解決方案？

第二篇　分析憂慮的基本技巧・小結

規則一：了解實際情況：要牢牢記住霍克斯的忠告：在理智客觀地查明事實之前，千萬不要急著下結論。

規則二：仔細權衡所有事實後，做出決定。

規則三：一旦做出決定，就要付諸行動！專注於執行你的決定，不要去憂慮結果。

規則四：當你或同事在工作上有所憂慮時，提問自己下列問題並寫下回答：

1. 究竟是哪裡出了問題？
2. 為什麼會出現這樣的問題？
3. 可以使用哪些方法解決這樣的問題？
4. 你將採用哪種解決方案？

第三篇

在憂慮擊垮你之前
改掉憂慮的習慣

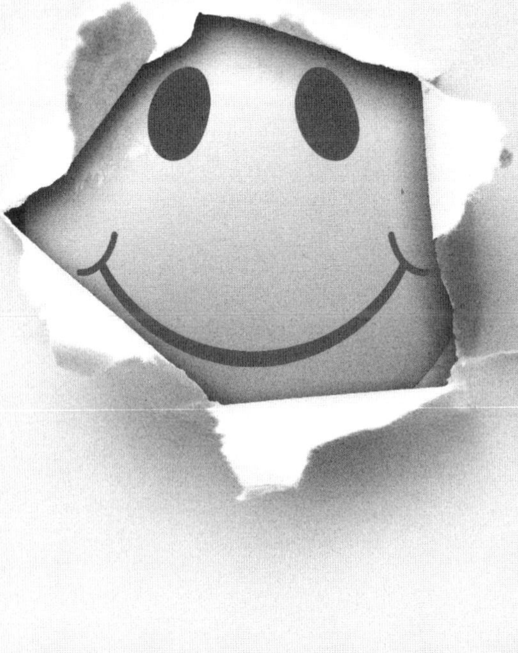

1 驅逐思想中的憂慮

我的學生馬里昂．道格拉斯，曾經對我講述了他經歷過的兩次不幸。第一次是他失去了自己非常珍愛的女兒，他和妻子都無法接受這個現實。十個月後，上帝賜給了他們一個女孩，然而這第二個女兒僅僅活了五天就夭折。

他幾乎無法承受這一次又一次的打擊。「我無法接受，」這個父親對我說，「我吃不下，睡不著，因為我的精神受到重創，我喪失了所有的信心。」他不得不去看醫師。醫師建議他吃安眠藥或者旅行。這兩種方法他都試了，可是沒有一點效果。他說：「我感覺一支大鉗子夾住了我的身體，而且愈來愈緊。」如果你也曾經有過這種悲傷或者麻木的感覺，你就能明白他的意思了。

不過，好在我還有個四歲大的兒子，他幫我找到了放鬆心情的方法。一天下午，我因為難過而呆坐著時，兒子跑過來問我：「爸爸，你能為我做一只玩具船嗎？」我真的沒有心情去做船。而實際上，我對任何事情都沒有心情。可是我的兒子太纏人了，我沒有辦法，只好答應他。

做一只玩具船需要三個小時左右。船做好後，我發覺這三個小時是我這幾個月以來第一次感覺心情輕鬆的時刻。這個大發現讓我從渾渾噩噩中清醒了過來，也讓我思考了很多，這也是我這幾個月以來第一次思考。我發現，如果我忙於做一些需要動腦筋的事情，那就幾乎顧不上憂慮了。那只玩具船打敗了我的憂慮，於是，我決定讓自己忙碌起來。

隔天晚上，我把家裡的每個房間都巡視一遍，在紙上列出了所有需要做的事情。我發現家裡有很多需要修理的小東西，書架、樓梯、窗簾、門閂、鎖頭、水龍頭，等等。出乎我意料的是，在短短兩個星期裡，我竟然列出了二百四十二件需要做的事。

我用了兩年時間完成了那些事情的大部分。除此以外，我還參加了很多有意義的活動：每週兩個晚上到紐約市參加成人教育班，並且參加了小鎮上的一些活動。現在，我是校董事會的主席，需要出席的會議很多，還要協助紅十字會和其他機構的募捐，忙到沒時間憂慮。

「我忙到沒時間憂慮」，溫斯頓・邱吉爾也曾經說過這句話。他在戰事緊張時，每天工作長達十八個小時，當別人問他是否因肩負重任而感到憂慮時，他說：「我忙到沒時間憂慮。」

查爾斯·凱特林在發明汽車的自動點火器時，也有類似的情況。凱特林先生一直擔任通用公司的副總裁，最近剛退休。然而，當年的他可是個窮光蛋，窮到只能使用穀倉堆放乾草的閣樓做為實驗室，靠妻子教鋼琴賺的錢來維持一家人的生活。後來，他把自己的人壽保險當作抵押，借了五百美元。我曾經問他妻子，在那段時期裡，她的生活是不是充滿了憂慮。「沒錯，」她說，「我擔憂得無法入睡，可是凱特林卻絲毫沒有擔憂的樣子，每天都埋頭工作，沒時間憂慮。」

偉大的科學家巴斯特曾經說過，「在圖書館和實驗室中能夠獲得平靜」。為什麼能夠在那裡獲得平靜呢？因為人們在圖書館和實驗室的時候，通常都專注於自己的工作上，沒有時間擔憂。所以，很少有做研究工作的人會精神崩潰，因為他們沒有時間去「享受」這麼「奢侈」的東西。

為什麼「保持忙碌」這麼簡單的行為能夠消除憂慮呢？因為有一條定律——心理學所揭示最基本的定律之一：一個人無論有多麼聰明，都不可能同時考慮一件以上的事情。如果你不相信，那就讓我們來做一個實驗。

請坐到椅子上，閉上眼睛，然後同時想著自由女神像和明天早上你要執行的計畫。

你會發現，你可以輪流地想每一件事，卻無法在同一時間想兩件事，對嗎？從情感上來講，也是如此。我們不可能在認真地做著令人興奮的事情的同時，又受到憂慮的牽絆。總會有一種感覺被另一種感覺擠出去，就是這樣簡單的發現，能夠讓軍隊的心理治療專家們在戰時創造出這樣的奇蹟。

在戰場上飽受砲聲震撼的軍人，退伍後出現的神經衰弱情況被稱為「精神神經症」。醫師開給他們的藥方，就是「保持忙碌」，讓這些精神受到打擊的人們除了睡覺，就是忙碌，每一分鐘都有事情可做，釣魚、打獵、打球、攝影、養花、跳舞等等，要他們忙到沒有時間去回憶那些可怕的經歷。

現代有所謂的「職能治療」，即心理醫師主張用工作來治療疾病。當然，這個方法並不算新，在西元前五百年，古希臘的醫師就已經開始使用這種方法了。

在富蘭克林時期，費城的貴格會教友也使用同樣的方法。一七七四年，有個人到貴格會的療養院去參觀，當看到那些精神病患者正聚集在一起忙著紡紗織布時，他大吃一驚。他以為貴格會把這些可憐的人們當成了勞動苦力，而貴格會的人向他解釋說，他們發現那些精神病患者只有忙於工作的時候，病情才會好轉一些，因為工作能讓他們的神經安定下來。

當你的大腦空出來，馬上會有東西填補進去。那會是什麼呢？當然通常都是你的感覺。為什麼呢？因為我們的思想控制著自己的各種情緒，例如憂慮、恐懼、憎恨、忌妒和羨慕等，這些情緒來勢洶洶，會迅速趕跑我們大腦中的所有平靜和快樂的情緒。

哥倫比亞師範學院教育系的教授詹姆士·穆塞爾，曾對此說得很清楚：「憂慮最容易侵襲你的時刻，不是在你行動的時候，而是在一天工作結束的時候。因為那時，你的想像力可以恣意馳騁，容易讓你胡思亂想，會把你曾出現過的每一個小錯誤都加以誇大。」他又說道：「在這個時候，你的思想就像一臺空轉的馬達，不停地轉，最終過熱燒毀。讓你擺脫憂慮的最佳辦法，就是不讓自己閒下來，想方設法讓自己做一些有用的事情。」

這個道理不是只有大學教授才知道，並付諸行動的。在二戰時期，我有一次從紐約到密蘇里農莊，在火車的餐車上認識了一名居住在芝加哥的家庭主婦。她對我說，她發現「消除憂慮的好辦法，就是讓自己不停地做事，去做一些有用的事情」。

這名太太告訴我，她唯一的兒子，在珍珠港事件發生的第二天就加入陸軍。她當時整天都在擔憂她的兒子，使得她的健康備受威脅。她天天在想：我的兒子現在在什麼地方？他是否安全？是不是正在打仗？他是否會受傷或死亡？

我詢問她，她是如何排除憂慮的。她回答說：「我不讓自己閒下來。」她的具體做法是這樣的：最初她辭退了家中的女傭，本想透過做家務事來讓自己忙碌，但嘗試後感到沒有多少用處。「原因是，我做起家務事來完全不需花心思，幾乎是機械式的動作，當我鋪床和洗碗盤的時候，還是一直擔憂著兒子。後來我發現，讓自己在一天裡都能感到身心忙碌的只有新的工作才行，於是，我選擇到一家大百貨公司裡當售貨員。」

她對我說：「這下好了，我好像掉進了大漩渦裡不停地行動，每天顧客擠在我的四周，不停地問我價錢、尺碼、顏色等各種各樣的問題，整天忙碌著，幾乎沒有一秒鐘的時間能讓我想到手邊工作以外的事情。每到晚上，我也只是想怎樣才能讓我那雙疼痛的腳消除疲勞。於是每當吃完晚飯後，我馬上就倒在床上睡覺，這樣就使我既沒有時間，也沒有體力再去憂慮。」

正如約翰．考柏．波伊斯在他的著作《忘記不愉快的藝術》裡所說的：「舒適的安全感，內在的寧靜，因快樂而反應遲鈍的感覺，諸如此類都能使人們在專注於工作時精神鎮靜。」這位家庭主婦所發現的，與專家所說的不謀而合。

能夠做到這一步是非常幸運的。世界最著名的女冒險家奧薩．約翰遜最近以她的親身經歷告訴我，她從憂慮與悲傷中解脫出來的辦法。如果你讀過她的自傳《我嫁給了冒險》，你就會相信，如果真有哪個女人能跟冒險結婚的話，肯定就是她了。

奧薩十六歲那一年，馬丁．約翰遜娶了她，並由此從堪薩斯州沙尼特的人行道，走進了婆羅洲蠻荒叢林小徑上。二十五年來，這一對來自堪薩斯州的夫婦周遊全世界，在亞洲和非洲拍攝逐漸絕跡的野生動物的紀錄片。九年前，他們回到美國後，開始在國內做巡迴演講，並放映他們拍攝的影片。遺憾的是，他們搭飛機由丹佛城飛往西岸時，飛機失事，馬丁．約翰遜當場死亡。面對這場悲劇，醫師們斷言奧薩永遠不能再下床了。可是他們錯了，他們對奧薩．約翰遜的了解還不夠深。僅僅三個月後，她就坐著輪椅，在一大群人面前發表演說。在那段時間裡，她坐著輪椅，竟然進行了一百多場演講。當我問她為什麼要這樣做時，她回答說：「我這樣做，就是讓自己沒有時間去悲傷和憂慮。」

奧薩．約翰遜發現了比她早一個世紀的丁尼生在詩句裡所說的同一個真理：

「讓自己沉浸在工作裡，不要在絕望中掙扎。」

如果我們只是閒坐發愁，而不能一直忙著做點什麼，就會產生一大堆煩惱，達爾文稱之為「胡思亂想」，而這些「胡思亂想」就像傳說中的妖魔，它們會使我們的思想空虛，從行動力和意志力上摧毀我們。

讓自己緊張忙碌起來，你的血液開始循環，思想就會敏銳。緊張忙碌是世界上最便宜的一種藥，當然，也是最好的一種。

海軍少將理查·柏德也在南極發現了這個道理。那個時候，南極冰雪很厚，非常寒冷，柏德獨自一人在小屋裡生活了五個月，南極的雪地一望無際，那裡隱藏著大自然的古老奧祕，南極大陸的面積比美國和歐洲的面積加在一起還要大。五個月內，在住地方圓一百英里內，他找不到除了自己以外的任何生命存在的痕跡。氣溫太低了，寒冷的風從耳邊吹過時，他似乎能感到自己呼出的氣在風中凍成冰塊。在他寫的《獨自一人》一書裡，柏德記錄了那飽受煎熬的五個月，他讓自己不停忙碌，才不至於瘋掉。他寫道：

> 每晚睡覺前，我都會為第二天的工作提前做好計畫。比如，用一小時修理逃生通道，用一小時清理裝燃料的油桶，用一小時在儲藏室旁的洞穴邊再

挖一個洞穴用來放書，然後用兩小時修理雪橇……

我用上面所說的這些工作來消磨時間，效果非常好，我甚至有了可以適應這裡的生活的感覺……如果無事可做，生活就沒有了目標，心理隨之就會失去平衡，最終會讓人精神崩潰掉。

在生活中，如果有一些事情讓我們憂慮，那麼，不妨使用古老的「職能治療」，來讓我們的心理壓力得到緩解。哈佛大學醫學院教授理查·卡伯特博士曾經說過：「身為一名醫師，每當看到在有條不紊的工作中，許多被焦慮、猶豫、恐懼等不良情緒困擾的人得以康復，我就會感到莫大的欣慰。工作所帶給我們的勇氣，就像愛默生勵志的自立／自信一樣。」

我認識的一名紐約商人，他就是用這種方法，讓自己處於忙碌的狀態，以至於沒有時間去思考別的事情，從而遠離了煩惱和憂慮。他的名字叫川普·朗文，是我訓練班裡的學員。下課後，我和他共進晚餐，我們在餐廳裡一直聊到深夜，他對我講述了這樣的經歷：

十八年前，過度的憂慮使我患上了失眠症。那時候，我的內心非常壓抑，經常不由自主地大發脾氣，總是處於恐懼不安的狀態，我感覺自己的精神快要崩潰了。

當時，我是皇冠水果及濃縮汁食品公司的財務主管，公司投資了五十萬美元生產加侖罐裝的草莓罐頭。二十年來，霜淇淋廠家一直向我們公司購買這種草莓罐頭。突然有一天，我們的銷售量開始急速下滑，原來，為了降低成本和增加產量，一批霜淇淋製造商不再購買我們的產品，而是直接到市場上購買桶裝草莓。

我們儲存的價值五十萬美元的草莓罐頭根本無法銷售出去，而且，之前我們已經簽訂了合約，一年之內，我們必須繼續買進價值一百萬美元的草莓。此時，我們從銀行貸款的金額已經超過了三十五萬美元，這樣下去，我們肯定無法還這筆貸款。我每天都在為這些事情焦慮擔憂。

我趕到了公司位於加州的工廠，對董事長說明市場上突變的情況，讓他明白我們正面臨破產。但是董事長卻不願相信這些，把全部責任推到了紐約公司所有業務員身上。

經過幾天的努力，我終於說服他停止生產這種草莓罐頭，將買來的新鮮草莓直接運送到舊金山鮮果市場上銷售。我們的大部分困難就這樣得到解決，到了這個時候，按理我應該不再憂慮了，但是我卻無法停止這種心情。憂慮像毒癮一般，一旦染上就擺脫不掉了。

回到紐約以後，我開始為每一件事情擔憂，公司從義大利購買的櫻桃和在夏威夷購買的鳳梨等，都讓我擔心得睡不著覺，我真的快要崩潰了。

於是，我決定改變以往的生活方式，把全部時間和注意力都用在工作上，根本不給自己憂慮的時間。以前，我每天的工作時間是七小時，現在我讓自己每天工作十五到十六個小時。從早上八點忙到深夜，並且做一些別的事情。一天過去後，我回到家的時候已經非常疲憊，頭一沾到枕頭就睡著了。

三個月後，我已經不再憂慮，於是，我把工作時間重新調整回七小時，十八年過去了，我再也沒有憂慮、失眠過。

蕭伯納說過一句很有道理的話：「很多人過得不快樂，因為他們有太多的時間去想自己是不是幸福。」所以，根本沒有必要去考慮這些，讓自己忙碌起來，血液會因此加速循環，頭腦就會更清晰。世界上治療憂慮最實惠的藥物，就是忙碌。

因此，如果你想改掉憂慮的習慣，請記住下面的第一項規則：

保持忙碌，憂慮的人必須讓自己忙碌到忘了自我，才不會陷入絕望中而枯萎。

2 不為小事煩惱

人生短短幾十載，不要把時間浪費在轉眼就會忘記的瑣事上。下面是羅伯特·摩爾為我們講述的富有戲劇性的故事：

一九四五年三月，開始了我人生最重要的一課。中南半島附近二百七十六英尺深的海底，就是我的課堂。當時，我和另外八十七個人都在貝雅三一八號潛水艇上。雷達發現一支日本艦隊正朝我們這邊開過來。天快亮時，我們決定將潛水艇升出水面向日軍發動攻擊。透過潛望鏡，我發現日本的驅逐艦、油輪和布雷艇各一艘。我們向那艘驅逐艦發射了三枚魚雷，遺憾的是都沒有擊中目標。顯然，那艘驅逐艦還不知道自己的處境，繼續航行。我們把攻擊目標又鎖定在最後面的那艘布雷艇。突然，一架日本飛機朝我們飛來，它發現了在水面下六十英尺的我們，將我們的位置透過無線電通知那艘布雷艇。為避免再被偵查到，我們被迫潛到一百五十英尺深的地方，同時，準備應對敵艦投下的深水炸彈。所有的艙蓋上都增加了幾層栓子，為了保持絕對的靜默以便順利下潛，我們關閉了所有的電扇、整個冷卻系統和所有的發電機。

三分鐘後，我們在海底突然感覺像天崩地裂似的。六枚深水炸彈在潛水艇周圍相繼爆炸，把我們一直壓向海底。大家都害怕了，因為在不到一百英尺深的海水裡受到攻擊，這是非常危險的——如果下潛達不到五百英尺的深度，只能是在劫難逃了，而我們此刻就在不到五百英尺一半深度的水裡遭到攻擊——按照這樣的安全距離推算，潛水艇現在所處的深度就像水在人的膝蓋部分。在長達十五個小時的時間裡，日本的布雷艇不停地投下深水炸彈。如果深水炸彈距潛水艇不到十七英尺，潛艇就會被炸出一個洞來。就在離我們五十英尺左右的地方，相繼有二十來枚深水炸彈爆炸。我們靜臥在床上，盡量保持鎮靜。因為恐懼，我幾乎無法呼吸，心想「這回死定了」。電扇和冷卻系統關閉後，潛水艇裡的溫度升到了攝氏四十多度，可我還是恐懼得全身發抖，儘管穿上了一件毛衣，又加上一件帶皮領的夾克，還是冷得發抖，牙齒也在不停地打顫，冷汗在一陣陣地往外冒。十五個小時後，攻擊突然停止。顯然，日本的布雷艇把所有的深水炸彈都用完了。

這十五個小時對我來說，彷彿就是一千五百萬年。這段時間裡，過去的生活一一閃現在眼前。我想起了以前做過的所有壞事，還有一些很無聊的小事情，過去總是把它們當成精神負擔。入伍前，我曾是一名銀行職員，曾經為工作時間太長、薪水太少、沒有多少機會升遷而發愁。我自己常常憂慮，因為沒有辦法買房子，沒錢買新車子，沒錢給太太買漂亮的衣服。我特別討厭我以前的老闆，因為他不斷地找我的麻煩。記得每晚回到家時，我總是感覺又累又難過，常常為一點芝麻小事跟太太吵架；我也為自己額頭上的傷疤而憂慮。

過去的憂慮在炸彈聲中變得渺小了。就在那時，我對自己說，如果還有機會重見天日，我永遠不會再憂慮了。永遠不會！永遠不會！永遠都不會！在潛水艇那恐懼的十五個小時裡所學到的，比我在大學四年裡所學到的還要多得多。

在生活遇到危機時，我們通常都能勇敢地面對，然而，也會被這些小事搞得垂頭喪氣。柏德上將也有同感，在黑暗寒冷的極地之夜裡，他發現部下雖然經得起大風大浪，卻常常為一些瑣事彆扭。面對危險而艱苦的工作，他們毫無怨言，能在零下八十度的寒冷中頑強地工作。「可是，」柏德上將說，「我知道有好幾個同住一室的人彼此不講話，因為他們懷疑對方亂放東西，侵占了自己的領域。我還知道，有一個人在吃飯時習慣細嚼慢嚥，每口食物一定要嚼過二十八次才嚥下去；可是另外有一個人，一定要躲到一個看不見這傢伙的位子，才吃得下飯。」

權威人士認為，如果夫妻生活中發生了這些「小事」，還會帶來「世界上半數以上的傷心事情」。紐約州地方檢察官法蘭克・霍根說過：「有半數的刑事案件都是由一些瑣事引起的：酒吧裡的逞強、家庭中的口角、侮辱性的言語、粗魯的行為……這些瑣事引發了爭鬥甚至謀殺。很少有人是天性殘忍的，人們總是因為自尊心或者虛榮心受到一點小傷害，就釀成人生悲劇，引起了世界上一半的悲傷事。」

小羅斯福夫人剛結婚的時候，常因她的新廚師廚藝很差而「每天都在憂慮」。「但如果事情發生在今天，」羅斯福夫人說，「我就會聳聳肩膀把這事給忘了。」多好，這才是一個成熟的成年人的正確做法，就連最專制的俄國沙皇凱薩琳，在廚師把飯燒壞的時候，也只是一笑置之而已。

有一次，芝加哥一個朋友請我們到他家吃飯。分菜的時候，有些小細節他沒有做好。當時我並沒有注意到，即使我注意到，也不會在乎的。可是他的太太看見後，立刻當著我們的面跳起來指責他。「約翰，」她大聲吼道，「看看你在幹什麼！你就不能學著好好分菜嗎？」

接著她又對我們說：「他總是在犯錯，就是不肯用心。」也許他確實做得不夠好，但我真的佩服他能夠跟他太太相處二十年之久。老實說，只要能吃得舒服自在，我情願只吃兩根抹上芥末的熱狗，也不願一面聽她囉嗦，一面吃烤鴨。

那件事情發生後，我和妻子也請了幾位朋友到家裡吃晚飯。快到用餐的時候，妻子突然發現有三條餐巾的顏色和桌布不相配。

「我著急地衝到廚房裡，」她後來告訴我說，「結果發現另外三條餐巾被送去洗了。此時，客人已經來到門口，我沒有更換餐巾的時間了，我急得差點哭出來。可當時又一想，為什麼要讓這件事毀了晚餐呢？我應該大大方方地去吃晚飯，盡情地享受一下，而我真的做到了。我寧可讓朋友們把我看作一個比較懶散的家庭主婦，也不能給他們留下脾氣不好的印象。而且，我也注意到，根本就沒人在意那些餐巾的問題。」

法律上有句術語，「法不干涉瑣事原則」，也就是法律不管瑣碎之事，微罪不舉。一個人如果希望求得心靈平靜，也不應該為一些小事煩惱。

要想擺脫一些小事所引起的困擾，通常只要轉移一下看法和重點就可以了，這樣，你就有了一個新的、能使你開心一點的看法。我的朋友荷馬．克羅伊是個高產量作家，他為我們舉了一個如何做到達觀的好例子。過去，他在寫作時，經常被紐約公寓熱水燈的響聲吵得很暴躁。蒸汽砰然作響，接著，又是一陣難聽的聲音——而他氣得只能坐在書桌前直叫。

「後來，」荷馬．克羅伊說，「我和幾個朋友一次外出露營，當聽到木柴燃燒發出的響聲時，我突然想到這些聲音很熟悉，就像熱水燈的響聲，為什麼我會喜歡這個聲音而討厭那個聲音？回家後，我對自己說：『木柴點燃時的爆裂聲很好聽，熱水燈的聲音也差不多，我該安心大睡，不用理會它們。』結果，我做到了——開始我還注意熱水燈的聲音，很快我就把它們忘得一乾二淨了。」很多其他的小煩惱也一樣，它們使我們整個人很頹喪，其實，那只不過是我們誇大了它們的重要性。

英國前首相班傑明．迪斯雷利說過：「人生苦短，別糾結於小事。」安德列．莫洛亞在《本週》週刊裡說：「這些話曾經幫我擺脫過很多痛苦。我們常為一些瑣事心煩……我們生活在這個世界上只有短暫的幾十年，然而我們卻浪費了很多時間，它們可能再也補不回來了。很多瑣事也許很快就會被遺忘，因此為這些瑣事憂慮，不值得。我們應該做值得做的事情，去體驗真情實感，去做必須做的事情。」

諾貝爾文學獎得主吉卜林是個知名人物，他有時也會忘了「人生苦短，別糾結於小事」。他和他妻子的舅舅曾經打了一場官司——這場官司打得有聲有色，這是佛蒙特州有史以來最有名的一場官司。甚至還出了一本名為《吉卜林在佛蒙特州的恩怨情仇》的書，來記述此事件。故事的經過是這樣的：

吉卜林娶了佛蒙特女孩卡洛琳．巴萊斯蒂爾，在佛蒙特的布拉特爾伯勒建造了一棟很漂亮的房子，他們在那裡定居下來，準備度過餘生。她的舅舅比提．巴萊斯蒂爾成了吉卜林最好的朋友，他們一起工作和玩樂。

吉卜林向巴萊斯蒂爾買了一塊地，並允諾巴萊斯蒂爾每一季都可以在那塊地上收割牧草。一天，巴萊斯蒂爾發現吉卜林在那片草地上建了一座花園，他氣得暴跳如雷，吉卜林也反唇相譏，弄得佛蒙特這個地方烏煙瘴氣。

幾天後，吉卜林騎自行車外出時，他妻子的舅舅駕著一輛馬車突然從道路的另一邊轉了過來，吉卜林躲閃不及，摔下車子。而吉卜林——這個曾經寫過「當周遭人都失去理智並責怪你的時候，你還能保持冷靜」的人也衝動起來，他將此事告到法官那裡，把巴萊斯蒂爾抓了起來。接著就是一場熱鬧的官司，小鎮上擠滿了來自大城市的記者，他們把這裡的新聞傳遍了全世界。事情無法解決，這次爭吵使得吉卜林夫婦永遠離開了他們在美國的家。這一切，只不過為了一件不起眼的小事——一車子牧草。

古希臘政治家伯里克利遠早在二千四百年前，就這樣說過：「來吧，各位！我們在小事上耽擱得太久了。」的確，我們就是這個樣子。

下則故事是哈利．愛默生．福斯迪克博士所說的故事裡，最精彩的一個——有關森林巨人在戰爭中如何得勝又如何失敗的故事：

在科羅拉多州朗斯峰的山坡上，一棵大樹的殘軀靜靜地躺著。自然學家告訴我們，這棵樹有四百多年的歷史。在哥倫布登陸美洲時，它剛剛發芽；第一批移民到美國來的時候，它也才只是棵茁壯成長的小樹。在它漫長的生命裡，曾經被閃電擊中過十四次；四百多年來，無數狂風暴雨的侵襲，它都撐了過來。但是在最後，在一小隊甲蟲的攻擊下，它倒下了。那些甲蟲從根部咬起，逐漸鑽到裡面，漸漸傷了它的元氣。

這個森林巨人，歲月不曾使它枯萎，閃電也奈何不了它，狂風暴雨也對它無奈，然而最終卻因一小隊小甲蟲而倒下了，要知道，這些小甲蟲，用大拇指與食指就能將牠們捏死。

我們難道不像森林中那棵飽經風霜的大樹嗎？我們經得起生命中無數風雨和閃電的打擊，但卻被小甲蟲咬噬而死，而牠們僅僅是用大拇指和食指就可以捏死的。

在憂慮摧毀你以前，先改掉憂慮的習慣，下面是第二項規則：

不要讓自己因為一些應該拋開和忘記的小事煩心，要記住：「人生苦短，別糾結於小事。」

3 用機率戰勝憂慮

我是在密蘇里州的一座農場裡長大的，一天，我幫媽媽摘櫻桃時，突然哭了起來。媽媽問我：「孩子，你怎麼了？」我抽泣著說：「我害怕自己會被活埋。」

那個時候，我總是滿腹憂愁。暴風雨來臨，我就會害怕閃電會劈死我；日子艱難的時候，我就會害怕吃不飽；我害怕死後會被趕進地獄；害怕那個名叫詹姆士·懷特的大孩子會真的像他說的那樣，把我的一對耳朵割下來；我害怕在我向女孩們脫帽鞠躬時被她們嘲笑；害怕長大後娶不到老婆；我憂心結婚後對妻子說的第一句話應該是什麼，我想像著我們在鄉下的一間教堂裡舉行婚禮，然後乘坐一輛頂棚垂下流蘇的馬車回家，可是在這段回家的路上，我該說些什麼才能夠讓我們不至於尷尬呢？我該怎麼辦呢？犁田的時候，我經常要浪費好幾個小時思考這些無聊的問題。

隨著時光飛逝，我逐漸發覺那些我害怕的事情，百分之九十九根本就不會發生。比如，我以前對閃電極其恐懼，可是我現在明白了，無論是什麼時候，閃電擊中我的機率大概只有幾千萬分之一。我害怕被活埋，這就更荒謬了：我不認為一千萬人中會有一個人被活埋，但我卻曾因此而害怕哭泣過。

然而，全世界卻有八分之一的人可能死於癌症，如果我非要因為什麼事情而憂慮，也應該要擔心自己會罹患癌症，而不是害怕被閃電劈死，或者被活埋。我剛才說的是我童年和少年時期憂慮的事，但實際上有很多成年人也在為類似的荒謬事情憂慮著。如果我們能夠停止憂慮，按照機率來判斷我們的憂慮是否值得，這樣，我們就都可以減少百分之九十的憂慮了。

全世界最著名的英國倫敦市保險交易所勞合社，就是透過人們憂慮著一些很難發生的事情，而賺到了數不清的錢。勞合社是在和一般人打賭，賭的是人們所擔心的不幸幾乎都不會發生，但是他們並不說他們在打賭，而是稱其為「保險」，實際上這就是建立在機率上的一種賭博。這家保險交易所已經屹立了兩百多年，除非人類的本性發生改變，否則勞合社還可以繼續蓬勃發展五千年。然而，就機率而言，人們所擔心的那些不幸，並不如我們想像的那麼容易發生。

如果我們對所謂的機率做一下研究，就可以發現一些意想不到的事情。比如，每五年就會發生一次像蓋茨保之役那樣慘烈的戰爭。我知道了這一點後擔心得要命，立刻跑去為我的人壽保險加保，趕快寫好遺囑，對自己說：「我可能熬不過這次戰爭了，所以剩下的這些年一定要過得痛快點。」然而實際上，按照風險來講，在和平時期試圖活到五十歲到五十五歲的機率，與在蓋茨保之役參與戰鬥想要存活的機率是一樣的。

這本書的好幾個章節是在加拿大洛磯山脈弓湖岸邊，由詹姆斯・辛普森經營的納塔尼哈旅館裡完成的。有一年夏天，我在那裡認識了赫伯特・沙林傑夫婦。沙林傑太太非常平和、沉著，彷彿從來沒有憂慮過，她給我留下了深刻的印象。晚上，我們坐在熊熊的爐火前，我問她是否曾憂慮過。她對我說了她的故事：

我的生活曾經差點被憂慮給毀了。在學會擺脫憂慮之前，我在苦難中生活了十一個年頭，那真是自作自受。那時候我脾氣很壞、很暴躁，總是生活在非常緊張的情緒之中。我每週都要從在聖馬刁的家搭乘公共汽車到舊金山市購物，在購物的時候，我都會憂心忡忡，我擔心是否把電熨斗忘在熨衣板上了，或是房子失火了；我的女傭人丟下孩子們自己跑了；孩子們騎著自行車出去，被汽車撞死了……購物時，常因憂慮而直冒冷汗。我趕緊衝出商店，搭上公共汽車回家，看看是不是一切都完好。難怪我的第一次婚姻無法維持下去。

我的第二任丈夫是一名律師，個性冷靜，遇事總能加以分析，從不為任何事情發愁。每次看到我緊張焦慮時，他就會對我說：「別慌，讓我好好想想——妳真正擔心的到底是什麼呢？我們看看機率，看看這種事情是不是有可能發生。」

舉個例子吧，有一次，我們從新墨西哥州的阿爾伯克基開車到卡爾斯貝洞窟，在經過一條土路時遭遇到一場可怕的暴風雨。

車子直打滑，無法控制。我擔心會滑到路邊的溝裡去，可我的先生一直不停地對我說：「我現在開得很慢，不會出什麼事的。即使車子滑到溝裡，我們也不會受傷。」他的鎮定和自信使我冷靜了下來。

有一年夏天，我們到加拿大的洛磯山脈通金谷野營。我們的營帳設在海拔七千英尺高的地方，晚上，暴風雨突然來臨，像要把我們的帳篷吹碎。用繩子綁在木製平臺上的帳篷，在風雨裡顫抖著，發出尖厲的聲音。我時刻都在想，我們的帳篷會被吹到天上去的。當時真把我嚇壞了。我先生卻一再安慰我說：「親愛的，我們有好幾個印第安嚮導，他們對一切狀況都一清二楚，他們在這些山地裡已經生活了六十年。很多年來，這個營帳一直都在使用，至今還沒有被吹走過，根據機率，今天晚上也不會被吹走。即使被吹走，我們也可以躲到另外一個營帳裡去，所以不要緊張。」我心裡踏實了。結果，那後半夜我睡得很好。

小兒麻痺症曾經在加利福尼亞州我們所住的那一帶流行。要是在過去，我肯定會驚慌失措。我先生叫我保持鎮定，我們盡可能採取一切預防措施：避免孩子出入公共場所，暫時不去學校，不去看電影。和衛生署聯繫後得知，到目前為止，即使在最嚴重的一次小兒麻痺症流行時，整個加利福尼亞州也只有一千八百三十五名孩子被感染。而平常，一般的數字只在二百至三百人之間。這些數字聽著還是挺嚴重，可畢竟讓我們感覺到，根據機率，一個孩子被感染的機會還是很小的。「根據機率，不會發生這種事情」，這句話使我擺脫了百分之九十的憂慮，二十年來它使我感到了生活的美好和平靜，這真是意想不到的。

喬治·克魯克將軍曾經說過：「幾乎所有憂慮和不快樂，都是來自於人們的想像，而不是現實。」

每當我回憶起過去的幾十年，就會發現其實我自己的大部分憂慮也是這麼產生的。詹姆士·格蘭特說，他也有過這樣的經驗。每當他到佛羅里達州去購買水果時，總會有些怪異的想法，比如「火車如果失事了該怎麼辦」，「要是水果掉了，滾得到處都是，該怎麼辦」，「如果過橋的時候橋突然坍塌該怎麼辦」？其實，他購買的水果都是有保險的，然而他還是會憂慮，擔心水果因為火車誤點而賣不出去。他懷疑過度的憂慮會讓自己患上了胃潰瘍，決定到醫院去檢查。醫師對他說，他沒有任何疾病，只是過度擔心了。「我這才明白了真相。」他說，「我開始問自己：『詹姆士，這麼多年來，你購買過多少車水果？』回答是：『二萬五千車左右。』我又問：『那麼，出過多少次車禍呢？』答案是：『大約五次。』我接著問：『你明白其中的意義嗎？為什麼要為五千分之一的機率擔心呢？』

「我又對自己說：『也許橋會崩塌。』我再次問自己：『以前的損失，有多少次是因為橋崩塌？』回答是：『沒有。』我對自己說：『你為了機率為五千分之一的失事情況，和從來未曾崩塌過的橋而擔心，使自己患上胃潰瘍，你不覺得自己太傻了嗎？』

「從那以後，我覺得自己以前的想法太愚蠢了，我再也沒有為這些事情煩惱過了。」

阿爾·史密斯曾擔任紐約州州長，那時，我經常聽到他對攻擊他的政敵說：「讓我們看看紀錄……讓我們看看紀錄。」然後他會擺出很多事實。當你為某些事情而憂慮時，不妨學一學這位聰明的老阿爾·史密斯，讓我們看看過去的紀錄，看看我們這樣憂慮是否有道理。當年弗雷德里克·馬爾施泰特也有過這樣的經歷，那時他非常害怕自己將永遠躺在墳墓裡。他在紐約訓練班上講述了這樣一個故事：

一九四四年六月初，我躺在奧馬哈海灘附近的一個散兵坑裡。當時我正在九九九信號連服役，我們剛剛登陸諾曼第。我觀察了一下地上那個長方形的散兵坑，對自己說：「這看起來就像一座墳墓。」當我躺下準備睡在這裡時，更覺得這裡真像一座墳墓，我忍不住對自己說：「也許，這就是我的墳墓。」晚上十一點鐘時，德軍的轟炸機來了，炸彈紛紛落下，我嚇得幾乎不能動。前三天我根本無法入睡，到第四天、第五天夜裡，我的精神幾乎崩潰了。我知道如果還不想辦法，我就會發瘋的。所以我提醒自己：「都過了五個夜晚了，我還不是活得好好的？而且我們這一組的人大家都活得很好，只有兩人受了輕傷。而他們也不是被德軍的炸彈炸傷，是被我們自己高射炮的彈片擊中的。」我決定做些什麼事來擺脫自己的恐懼。我在散兵坑上搭了一個厚厚的木頭屋頂，這樣就可以保護自己不被碎彈片擊中。我告訴自己：

「只有被炸彈直接擊中，才可能死在這個又深、又窄的散兵坑裡。」於是，我算出被直接擊中的機率，恐怕還不到萬分之一。兩三晚後，我終於冷靜下來，就連敵機來襲的時候，我也能安然入睡。

因此，在憂慮摧毀你以前，先改掉憂慮的習慣的第三項規則：

「先調查一下紀錄。」然後問自己：「根據機率，我所擔心的事情發生的可能性有多大？」

4 勇敢面對事實

小的時候，有一次我和幾個小夥伴一起在密蘇里州一間破舊老木屋的閣樓裡玩耍，要從閣樓下來時，我在窗欄站穩，然後跳下去，在跳的過程中，我左手食指上戴著的戒指被一枚釘子鉤住，我的食指整個被拉斷了。

我嚇壞了，疼得大聲尖叫，以為自己會因此而死掉。然而，過後很快我就忘記了這回事，從那以後，我就再也沒有為此擔心過。擔心又能怎樣呢？我接受了這個現實。

而今，我平時幾乎想不起來我的左手只有四根手指。幾年前，我在紐約市中心的一座辦公大樓裡遇見一個同坐電梯的人，我看到他齊腕斷掉的左手，便問他會不會因此覺得不舒服，他說：「噢，不會的，因為我通常不會想到它，只有在需要縫衣服的時候才會想起來。」

我時常會回想起在荷蘭首都阿姆斯特丹一座十五世紀的教堂遺址上，刻著的一句話：「事已至此，就不會是其他情況。」

在我們的漫長人生中，一定會遇到一些不愉快的事情，它們已成定局，就不會是其他樣子。我們同樣可以做出選擇，把它們當作一種無法避免的情況，接受並且適應它；或者讓憂慮毀了我們的人生，最終把我們弄得精神崩潰。

以下是我最崇敬的哲學家威廉．詹姆斯說過的忠告：「克服所有困難的第一步，就是心甘情願地接受事實。」

住在奧勒岡州波特蘭市的伊莉莎白．康利，卻是在經歷過很多困難之後才明白這一點。下面這封信是她最近寫給我的，信上這樣寫道：

美國慶祝陸軍在北非取得勝利的那天，我接到了一封來自國防部的電報，我最親愛的侄子在戰場上失蹤。沒過多久，我又收到一封電報，上面說，他已經犧牲了。我的悲傷如同洪水一般。這件事發生之前，我的生活一直都很美好，有一份滿意的工作，侄子也是我努力帶大的。在他身上能夠看到年輕人的所有美好，讓我覺得我的一切努力都有了回報。然而現在，這封電報卻毀滅了我的世界，我失去活下去的動力。我開始對生活中的一切充滿了冷漠和怨恨。為什麼我心愛的侄子會死掉？為什麼這個優秀的孩子還沒有開始他真正的人生，就倒在戰場上了？我沒有辦法接受現實。過度的悲傷讓我決定放棄工作，遠離家鄉，將自己埋葬在淚水和悲傷中。

當我收拾我辦公桌上的東西，準備辭職的時候，突然發現一封已經被我遺忘了的信，這封信是我母親去世的時候，我那侄子寄給我的，信上說：「我們當然都會非常想念她的，尤其是妳。但是我知道妳一定能夠挺過去的，以妳的人生觀，一定可以支撐下去。妳教給我的那些美好的真理，我永遠都不會忘記，不管走到哪裡，不管我們之間的距離有多遙遠，我都會記得妳教給我的樂觀看待事物，並像個男子漢一樣勇敢地面對一切。」

那封信我反覆讀了好幾遍，感覺這些話好像就是他站在我身邊對我說的，他似乎在說：「為什麼不按照妳曾經教給我的道理去做呢？不管發生什麼，都要挺過去，把悲傷藏在笑容裡，堅強地生活下去。」

於是，我重新開始投入工作，不再對人冷漠無情。我一遍一遍地對自己說：「事已至此，我無法改變，然而我能夠像他期盼的那樣努力生活下去。」我把所有注意力都集中在工作上，寫信慰問前線的士兵，那些別人的兒子；晚上到訓練班去學習新事物，找到新的樂趣，認識新的朋友。我幾乎無法相信自己會發生這樣的轉變，我已經不再為過去的事情悲傷了，現在的每一天都是快樂的，就像我的侄子希望的那樣。

我們所有人遲早都要學會的事情，伊莉莎白．康利學到了，就是我們必須承受那些不可避免的現實——「事已至此，就不會是其他情況」。要做到這一點很不容易，就連那些在位的皇帝，也常常這樣提醒自己。已故的英國國王喬治五世在白金漢宮的牆上，刻下了這樣一句話：「不要做不切實際的事，也不要為了已成定局的事而後悔。」哲學家叔本華也有同感，他說：「在人生旅途上，最重要的一件事，就是接受現實。」

顯然，決定我們快樂與否的並不是境遇本身，而是我們對境遇的反應決定了我們的感受。

我們在必要的時候都能夠忍受甚至克服災難和厄運，也許我們會以為自己無法辦到，但其實我們潛在的力量是很驚人的，只要我們能夠利用得好，就能夠克服所有困難。

已故的劇作家布斯．塔金頓生前經常說：「我可以接受人生中的任何事情，除了失明，我永遠都無法忍受變成一個瞎子。」

然而，在他六十多歲的一天，他發覺自己看不清楚地毯的顏色和花紋，於是去看眼科醫師，得到了不幸的消息——他的視力正在逐漸減弱，一隻眼睛幾乎已經失明了，另一隻很快也將完全失明。他最無法忍受的事情，終究還是發生在他的身上了。

面對這種「最難以忍受的事情」，塔金頓的反應如何呢？他是不是覺得人生沒有希望了呢？不，連他都沒想到自己還能夠保持愉快。一開始，那些黑色的陰影讓他很不舒服，它們時而在他眼前浮現，讓他看不清楚東西，然而現在，當最大的陰影出現時，他卻調侃著說：「嘿，陰影老爺又來了，今天天氣這麼好，不知道它要去哪裡。」

當塔金頓完全看不見的時候，他說：「我發覺我對視力喪失的承受，就如同別人對其他事情的承受一樣。如果我全部喪失了五種感官，我知道，我依然可以在我的思想裡生活，因為不管我們是否能夠知道，我們都只有在思想裡才能夠看和生活。」

為了恢復視力，塔金頓在一年內總共接受了十二次手術，他知道自己必須面對這些。只有爽快地接受現實，才是唯一緩解痛苦的方法。他拒絕住在醫院提供的單人病房裡，而是和其他病人一起住在大病房裡，並且試著讓所有人都開心。每當要做手術的時候，他都會想著自己是多麼的幸運。「太好了，」他說，「這是多麼美好的事情啊，現今的科學如此發達，連眼睛裡那麼細小的部位都能夠動手術了。」

十二次以上的手術和暗無天日的生活，換作一般人，恐怕早就出現精神上的問題了。然而塔金頓卻說：「就算用一些更快樂的事去換掉這樣的經歷，我也不會願意的。」透過這件事，他學會了接受現實，他知道生命帶給他的一切，沒有什麼是無法承受的。他也從中感受到了彌爾頓說過的那句話：「失明並不悲慘，悲慘的是你無法忍受失明。」

就算退縮或是悲傷，我們也不可能改變那些無法避免的現實。我們唯一能夠改變的就是自己。

這些道理，我已經明白了，因為我做出過嘗試。有一次，我不肯相信現實，愚蠢地去反抗，反而讓自己痛苦不堪。我讓自己想起全部不願回憶的往事，這樣折磨了自己一年之後，終於接受了那些無法改變的現實。

很多年以來，我一直都能隨口吟出惠特曼的詩句：

不論我身處何方，都要寵辱不驚，臨危不亂，
就像樹木和動物一樣，堅韌面對黑夜風暴，人情冷暖

我有過十二年的牧牛經驗，從沒見過有哪頭母牛會因為草地乾枯、天氣寒

冷，或是公牛追求其他母牛而大發脾氣。動物們總是能夠平靜地面對一切，不論是夜晚、寒冷或是飢餓，這些從來都不會讓牠們精神崩潰或是有胃潰瘍。

難道是要我們對困難低頭嗎？不，只有宿命論者才會那樣。不管發生什麼，只要還有挽救的機會，我們就要努力下去。然而，當常識顯示事情已經不會再有轉機的時候，我們要保持冷靜，不要再自找麻煩。

已故的哥倫比亞大學校長狄恩．霍克斯生前曾告訴我，他把《鵝媽媽童謠集》裡的一首兒歌當作座右銘：

世間疾病多，數也數不了。
有的能醫治，有的治不了；
如果有藥醫，努力把藥找；
要是沒藥醫，就別再放心上。

為了寫作這本書，我曾訪問過許多有名的英國商人，至今仍印象深刻的是，他們中的大多數人都能面對現實，接受那些不可避免的事實，因而他們的生活無憂無慮。否則他們就會承受不了過大的壓力而垮掉。下面就是幾個很好的例子：

美國零售巨頭潘尼百貨的創立者潘尼對我說：「就算我賠光了全部的錢，我也不會為此憂慮，因為憂慮無法改變什麼，我能夠做的就是盡力做好工作，而結果就要看上帝的安排了。」

福特公司的創始人亨利．福特也說過：「如果我遇到的事情，憑自己的能力無法解決，那麼我就讓它們自己解決。」

我向克萊斯勒公司總裁凱勒先生詢問避免憂慮的方法時，他的回答是：「遇到棘手的問題時，如果能想到解決方法，我就去解決；如果想不到，那就乾脆忘記這回事。我從不擔心將來的事情，因為誰都不知道以後會發生什麼，所以沒有必要擔心。」他的觀點和十九世紀以前的羅馬哲學家愛比克泰德的話很相似：「不要為無法達到的事情憂慮。」

莎拉．伯恩哈特可說是最懂得如何去適應那些無法避免的事情的女人了。五十年來，她一直都是全世界劇院裡最受各國觀眾喜愛的一位女演員。然而，在七十一歲那一年，她破產了，失去了所有的錢。而在她乘船橫渡大西洋的時候，突然遇到了暴風雨，她在甲板上不慎摔倒，腿傷十分嚴重，醫師告訴她，她的雙腿必須截肢。伯恩哈特在一陣沉默之後，平靜地說：「如果必須這樣做，那就這樣吧。」

在被推進手術室的時候，她的兒子拉著她的手哭了。她擺了擺手，語氣輕鬆地說：「別離開，我很快就回來了。」

在前往手術室的路上，她嘴裡一直念著演出時的一句臺詞。有人問她是不是為了緩解壓力才這麼做的，她說：「不是的，我只不過是想讓醫師和護士們放鬆一下，他們才是承受最大壓力的人。」

恢復健康後的莎拉·伯恩哈特又繼續了她的世界巡迴演出，在接下來的七年裡，大受觀眾的喜愛。

人不可能有足夠的感情和精力一邊抗拒無法避免的現實，一邊創造新生活。面對生活中不可避免的暴風雨，不是選擇順勢而為，就是抵抗它們而崩潰！

我的農場位於密蘇里州，在那裡，我種植了很多樹木，它們長得很快。後來，一場暴風雪在全部樹枝上覆蓋了厚厚的一層冰雪，然而枝條並沒有因為雪的重壓而彎下去，反而是堅持挺立著，最終被折斷了，失去生機。它們沒有北方的樹木那麼聰明，我去過加拿大很多次，那裡有長達幾百英里的常青樹林，它們知道要彎下枝條，以適應壓力，所以，我從來沒有在那裡發現有任何一棵柏樹或松樹被冰雪壓斷。

日本的柔道老師教導學生們時，常說：「要像柳條那樣柔韌，不要像橡樹那樣堅挺。」

為什麼汽車的輪胎能夠承受顛簸，長時間在路上奔跑呢？一開始，汽車製造商想製造出能夠抵抗路面衝擊力的輪胎，結果卻造成輪胎破裂。他們換了一個角度思考，製造出一種能夠承受路面衝擊力的輪胎，這樣的輪胎才是耐壓耐用的。我們的人生也是如此，如果我們能夠順應坎坷的人生之路上所有的衝擊力和顛簸，我們就能夠更長遠、更自如地走過人生的旅途。

面對人生中的衝擊力，如果我們不去順應而是抗拒，退縮到自己幻想的世界裡，那麼會產生什麼樣的後果呢？答案很簡單，我們只會被搞得心力交瘁，變得憂慮、緊張、煩躁，甚至走向崩潰。

戰爭時期，心懷恐懼的士兵們只有兩條路可走：接受那些無法避免的現實，或者在壓力下崩潰。下面這個故事，是威廉·凱西利亞斯在紐約成人訓練班上講的：

在加入海岸防衛隊後不久，我就被派到大西洋附近做管理炸藥庫的工作。以前，我不過是個賣餅乾的雜貨店店員，而今卻成了管理炸藥的人，一想到要站在上萬噸炸藥上面，我就覺得半邊神經都僵住了。我接受了兩天的訓練，訓練的內容讓我的內心更加恐懼，第一次執行任務的情景，我永遠也不會忘記。

那天又黑又冷，還下著霧，我奉命到紐澤西州的貝永洞穴角碼頭，負責船上第五號艙的裝卸工作。和我一起工作的五名碼頭工人雖然身體強壯，但是卻對炸藥一無所知。他們把重二千至四千磅的炸彈裝卸到船上，每個炸彈都能夠把那艘舊船炸得粉碎。炸彈被我們用兩條鐵索吊在船上，如果萬一有一條鐵索滑了或是斷了，後果不堪設想。這讓我恐懼到了極點，全身打顫，口乾舌燥，雙腿發軟，還能聽見自己怦怦的心跳聲。可是，我不能就這樣跑開，因為這樣就算是脫逃，不但是我，連我的父母也會因此丟臉。而且也有可能我會因為脫逃而被槍斃。我不能逃跑，只能留在那裡。我看著那些工人漫不經心地把炸彈搬來搬去，心裡想著我隨時都可能會死掉。就這樣，一個小時過去了，我開始用一般常識勸說自己：「聽著，你就算被炸死了又能怎樣？反正也不會有感覺了，而且這樣倒死得痛快，比得癌症好多了。別做傻瓜，你不可能一直活著，這些工作逃避不了，所以還不如輕鬆一點看待。」

就這樣，我說服自己幾個小時，然後覺得心情放鬆了些，我最終克服了憂慮和恐懼，接受了無法避免的情況。

我永遠也無法忘記這段經歷。而今，每當一些不可避免的事情讓我憂慮的時候，我就搖搖頭說：「忘了吧。」

歷史上最著名的死亡場景，除了耶穌被釘死在十字架上外，要算蘇格拉底飲毒酒身亡了。雖然經過了千秋萬代，人們依然會捧讀柏拉圖的不朽作品，因為那是所有文學作品中最為淒美動人的篇章。古雅典城內有一小撮人嫉妒赤足行走的蘇格拉底，他們指控他，使他受審並被判處死刑。當同情他的獄卒將一杯毒酒遞給他時，說道：「請暢飲這杯毒酒吧！它是一定要喝的。」蘇格拉底欣然遵命，在死亡面前，他鎮靜、順從，他的秉性絲毫沒有改變。

「面對這必須喝下的毒酒，請舉杯暢飲吧！」這句話是西元前三九九年說的。但在現今這個令人擔憂的世界，我們比以往任何時候都更需要這句名言。

為了找到排解憂慮的良藥，我翻閱了所有蒐集到的書籍和報刊上的相關文章，大家一定很想知道我從中發現了什麼排解憂慮的好辦法吧。這只是短短幾句的忠告，請務必將它貼在浴室的鏡子上，在你洗臉時，就能順手把心中的憂愁洗去。美國神學家萊因霍爾德．尼布爾寫下了這幾句無價的祈禱詞：

願上帝賜予我寧靜，讓我接受無法改變的事情；
賜予我勇氣，去改變我所能改變的一切；
以及賜予我能夠分辨兩者的智慧。

生活得是否快樂，完全取決於人對世間一切的看法，因為思想造就了生活。幾年前，我參加了一個廣播節目，他們問我：「你曾經學過最重要的一課是什麼？」

這很容易回答，對於我來說，最重要的一課是思想的重要性。如果想知道你是怎樣的一個人，只需要知道你在想些什麼。思想創造出了每個人的特性。我們的心理狀態決定了我們的命運。

現在，我清楚地知道我們必須面對的最重要問題，也算得上是我們需要應對的唯一問題，就是怎樣選擇正確的思想。如果我們能夠選擇正確的思想，所有問題都可以迎刃而解。曾經統治羅馬帝國的偉大哲學家馬可斯·奧理略皇帝總結出一句能夠決定你命運的話：「思想決定了人生。」

如果我們總是想悲傷的事情，我們就會悲傷；如果我們總是想著可怕的事情，我們就會恐懼；如果我們總是有不好的念頭，我們就無法安心；如果我們總是擔心失敗，我們就會失敗；如果我們總是自憐，所有人最終都會避開我們。

那麼，我們是不是要以樂觀的態度去面對所有困難呢？不，生活是很複雜的。但是，我希望大家都用正面，而不是負面的態度面對生活。也就是說，我們對於自己的問題必須重視，但不是憂慮。重視和憂慮有什麼區別呢？我說得再清楚一些，每當我在擁擠的紐約市街道間穿行的時候，我都會對當下的事很重視，但我並不會憂慮。關心問題，就是要了解問題所在，然後再找到方法去解決，而憂慮只能讓人發瘋一般在原地打轉。

所以，在憂慮摧毀你以前，先改掉憂慮的習慣的第四項規則是：

勇於面對無法避免的事實。

5 讓憂慮到此為止

有人想知道怎樣才能在華爾街賺到錢嗎？當然，那是無數人的追求。如果我真的能在這裡告訴你答案，那麼這本書的定價就應該是一萬美元了。

但是，我可以跟大家介紹很多成功操盤手經常使用的一種有效方法。投資顧問查爾斯・羅伯茨為我講述了他使用這個方法的經過：

當初，我從德克薩斯州來到紐約時，朋友託付給我兩萬美元，讓我代為購買股票投資。我在股票投資方面很有自信，然而我這次卻賠了個精光，大大出乎我的意料。在那期間，雖然有幾次賺到了錢，但最終還是把所有錢都賠光了。

如果我是用自己的錢投資的，賠錢也就算了，但那些錢都是朋友的，雖然這點錢他們並不在乎，可是我卻滿心愧疚。我覺得沒有臉再去見那些朋友，然而讓我吃驚的是，他們對此毫不介意，不但沒有難過，還對未來抱有樂觀的態度。

我開始認真反省自己，分析失敗的原因。於是，我去拜見一位非常成功的股票分析專家伯頓．凱瑟，我相信自己可以從他那裡學到包括他成功經驗在內的很多有用的知識。但我也知道，他能夠取得成功，絕不是僅僅依靠機會和運氣的。

首先，他向我提了幾個問題，問我以前的投資策略，然後，他告訴我一個非常重要的股票交易原則：「每次我在市場買一檔股票，都要設定一個底線，到達這個底線，就要停止，不能再賠下去。比如，假設我買了一支五十美元的股票，那麼我設定的不能再賠的底線就是四十五美元；換句話說，如果股票價格開始下跌，最晚在跌到四十五美元時就必須賣出去，這樣，我的損失就僅僅是五美元，而不是更多了。」

「如果你投資時候眼光足夠好，」伯頓．凱瑟繼續說，「平均每股你可能賺到十美元、二十五美元，甚至是五十美元。所以，你的損失永遠都不會超過五美元。即便你買的股票有半數的時間都在下跌，然而你最終還是賺了很多錢。」

從那以後，這種方法為我和我的顧客收入了上千萬美元。

沒多久，我就發現這個「設定底線」的方法，同樣適用於其他方面。除了理財投資，生活中的各種憂慮和仇恨，我都為自己設定了底線，並獲得了奇妙的結果。

比如，我的一個朋友很不守時，每次約好共進午餐，我都要在餐廳裡等上半個小時，有一次我終於提醒他，以後我將以十分鐘為底線，如果他遲到的時間超過十分鐘，我就會離開。

這麼多年以來，為什麼我從來都不知道這種「設定底線」的方法呢？我早就應該用它來鍛鍊我的耐心、性情，提升自我認識了，而且，還能夠用它來消除我的煩惱和精神壓力。為什麼我以前沒有想過要克制那些會擾亂我內心平靜的情況呢？為什麼以前我沒有告訴自己：「這件事情沒什麼可怕的，至少沒有必要為此如此操心。」

但是，回頭想想，還是曾經有一件讓我滿意的事情，而且當時的情況很嚴重，是我有生以來遇到的一次重大危機，那個時候，我不得不眼看著我的夢想、計畫以及多年來的努力，都要白費了。事情是這樣的：

那個時候我三十歲，希望能夠一輩子以寫小說為職業，打算做第二個法蘭克·諾里斯、傑克·倫敦或是湯瑪士·哈代。那時，我的心裡滿是夢想，第一次世界大戰剛剛結束的那段日子裡，我在歐洲生活了兩年，當時的生活費用非常低廉。那兩年裡我始終在寫作，撰寫了一部名為「暴風雪」的書稿，這個書名取得十分貼切，就如同所有出版商對它的態度一樣。經紀人對我說，這部作品一點價值也沒有，甚至對我的寫作天賦和才能表示懷疑，這讓我十分絕望。走出他的辦公室時，我覺得整個人都麻木了，這個時候，就算有人用榔頭敲我的腦袋，我大概也不會有什麼反應。我發現自己走到了人生的岔口，該是做出選擇的時候了。我該走向哪裡？幾週後，我才逐漸清醒過來，那個時候，我還不知道「為憂慮『設定底線』」的方法，然而現在回憶起來，正是這樣的方法讓我擺脫了困境。我把埋頭寫作的兩年當作寶貴的人生體驗，然後繼續前進，重新選擇道路，開始了組織和開辦成人訓練班的工作，一有時間就寫一些傳記和非小說類的書稿。

我為我做了這個決定自豪嗎？而今，每當回憶起這件事，我就自豪得想跳舞，可以坦白地說，從那以後，我再也沒有為無法成為哈代第二懊惱過一分鐘。

一百年前的某個夜晚，一隻烏鴉叫著從華爾騰湖畔的樹林穿過，這時，梭羅正在用鵝毛筆蘸著墨水寫日記：「無論是現在，還是將來的事物，都是我們用生命換來的。」

換句話說，把我們寶貴生命過多地浪費在某些事情上，是愚蠢的。吉伯特與蘇利文的悲哀之處正在於此：他們知道如何令其創作的詞曲充滿快樂，卻不知道自己在現實生活中該如何尋找快樂。他們創作了很多為世人所傳頌的輕歌劇，卻無法控制他們自身的情緒。他們只因為一張地毯的價錢，就仇視對方多年。蘇利文曾經為劇院購買了一張新地毯，吉伯特看到帳單時大為惱火，甚至到法院起訴此事，從此兩個人再也沒有來往。當蘇利文作完新歌劇的曲子後，就把它寄給吉伯特，等他填完詞後再寄回來。有一次，兩人不得不同時上臺謝幕，就分別站在舞臺兩側，為避免看到對方，連鞠躬也向著不同的方向。

他們不像林肯，把仇恨打上「到此為止」的限度。在南北戰爭時期，林肯對攻擊他政敵的幾位朋友說：「也許是我很遲鈍，在這種私人恩怨上，我反而不如你們感覺到的多。但我從來都認為，一個人用半生時間與他人爭執，這樣做很不值得。如果那個人不再向我挑釁，我就會當作什麼也沒發生過。」

我多麼希望我的伊迪絲嬸嬸也能擁有林肯那樣的胸懷。

伊迪絲嬸嬸與法蘭克叔叔生活在一棟貸款抵押出去的農場裡，那裡的土壤以及灌溉條件都很差，所以收成也不好。他們的生活很艱難，日子過得十分節儉，屋子裡空蕩蕩的，伊迪絲嬸嬸很想買窗簾和一些小飾物來裝飾一下，於是向密蘇里州馬里維爾市雜貨店賒購了一些。法蘭克叔叔很愛面子，不願意有債務，所以他私下對店老闆說，不要再把東西賒給他的妻子。嬸嬸知道這件事後大發脾氣。現在，這件事已經過去五十年了，她還是對此念念不忘，她曾經對我提起過這件事上百次。我最後一次去看望她的時候，她已經快八十歲了，我對她說：「伊迪絲嬸嬸，法蘭克叔叔給您帶來了羞辱，這肯定是他的不對。但是，這個事情已經過去五十年了，這五十年來您一直都對此埋怨，比起他給您帶來的傷害，您給自己的傷害不是更大嗎？」

班傑明・富蘭克林七歲的時候，曾經犯下了一個讓他七十年來都無法忘記的小錯誤。

那時，他在玩具店裡看到一只哨子，非常喜歡，沒有砍價，就買下了哨子，並且為此花光了他全部的零用錢。「然後，我高高興興地跑回家，」七十年後他在信中對朋友說，「在屋子裡走來走去，吹著哨子，非常得意。」然而，當他的哥哥姊姊得知他買哨子多花了很多錢後，都嘲笑他。後來他說：「當時我哭個不停，心裡非常懊惱。」

很多年過去了，富蘭克林成了美國駐法國的大使，他的名字全世界的人都知道。然而，這麼一件小事，他依然掛念著，那只哨子給他帶來的快樂遠遠不及他給自己帶來的痛苦。

後來，富蘭克林從這件事中獲益極大：「長大以後，我開始觀察身邊的人時，發現許多人都在他們的『哨子』上花費了過多的代價。也就是說，人類對事物價值的錯誤判斷，造成了太多的悲劇。」

吉伯特與蘇利文在他們的「哨子」上付出了鉅款，我的伊迪絲嬸嬸也是如此，很多時候，我自己也無法避免這樣的事情。還有寫出了兩部巨作《戰爭與和平》和《安娜．卡列尼娜》的作家托爾斯泰。根據《大英百科全書》記載，托爾斯泰在他去世前的二十年裡，被人們認為是世界上最偉大的人。這期間，不斷有崇拜者到他家拜訪，為的是希望能夠見他一面，即便只是聽到他的聲音，摸摸他的衣角也好。他隨口說出的話，和不經意間的動作，都會被人們記錄下來，稱為「神啟」。然而，一直到他七十高齡的時候，在日常生活方面，他還沒有七歲的富蘭克林聰明，甚至可以稱得上愚蠢。我為什麼敢這樣說呢？

托爾斯泰和他非常愛慕的女孩結了婚，當時，他們的日子過得非常幸福，他們經常跪著向上帝祈禱，希望能夠永遠這樣幸福地走下去。但是，托爾斯泰的妻子是個天性善妒的女人，經常喬裝成村婦去跟蹤她的丈夫，甚至會跟到森林深處。因為這樣的事情，他們爭吵過很多次。她甚至連自己的親生女兒都嫉妒，曾經用槍把女兒的畫像打了一個洞。她發脾氣時的樣子很可怕，滿地打滾或是將整瓶的鴉片倒進嘴裡，說要自殺，他們的孩子嚇得躲在牆角哭泣。

對於這樣的事情，如果托爾斯泰只是暴躁地把家具打爛倒是可以理解，然而他做的事情實在太糟糕了，他寫了一本祕密日記，在日記中發洩對妻子的不滿，把過錯都推到妻子身上，讓後代原諒自己。然而，他的妻子又是怎樣做的呢？她把日記搶來撕碎，扔到火爐裡燒成灰，然後也寫了一本回擊丈夫的日記，把全部錯誤推到了托爾斯泰身上，甚至撰寫了一本名為《誰之錯》的小說。在小說中，她把丈夫描寫成一個破壞家庭幸福的人，而自己則是一個受苦受難的女人。

一個幸福的家庭，是如何被這對夫妻變成了托爾斯泰所說的「瘋人院」的呢？其中一個原因，就是他們太看重別人的意見，他們最擔心的就是別人會怎麼想。我們會真的在意他們誰對誰錯嗎？當然不，我們真正在意的都是自己的問題，才不會願意在托爾斯泰的家務事上耽誤自己的時間，而這對無聊的夫妻卻為自己的「哨子」付出了這麼大的代價，花費了五十年，把他們美好的家庭變成了可怕的地獄。

他們誰都沒有說過「到此為止吧」，他們也都沒有計算過這樣下去對他們有什麼損失，說一句：「馬上停止吧，不要讓我們的人生浪費了，讓我們到此為止吧。」

所以，在憂慮摧毀你以前，先改掉憂慮的習慣的第五項原則是：

不管何時何地，當我們的生活中出現不利的情況時，在為此付出巨大代價之前，先問自己這幾個問題：

1. 我遇到的問題和我有多大關係，我值得為此如此擔憂嗎？
2. 我如何在這件事情上設個底線，然後將它忘掉？
3. 這只「哨子」究竟價值多少？我所支付的是不是已經超過了它的價值？

6 不為過去的事憂慮

每當我寫作的時候，抬起頭來，就能看見花園裡堆著的有恐龍足跡的化石。這些恐龍足跡化石是我從耶魯大學的皮博迪自然史博物館買來的，還另附了一份說明書，上面說這些足跡產生於一億八千萬年前的遠古時代。當然，即便是最愚蠢的人，也不會想回到一億八千萬年前去改變這些足跡。同樣，我們也不能愚蠢到要去改變那些無法改變的現實，去自找煩惱。但是，卻有不少人會去做這樣愚蠢的事情。就算是一百八十秒前發生的事情，也已經是不可改變的歷史。換句話說就是：我們可以努力改變一百八十秒鐘以前發生的事情所帶來的後果，但是我們沒有辦法改變當時的情況。冷靜地分析錯誤的根源，並從中總結經驗教訓，然後徹底遺忘，這樣才能使過去的錯誤給我們的人生真正帶來建設性的影響。

我知道這是個很有效的方法，但我是否勇敢、聰慧得能夠一直這樣堅持下去？為了回答這個問題，我要告訴你多年前我的一個奇妙經歷。我曾經讓三十幾萬美元從手中溜走，卻沒有收穫一分錢。事情是這樣的：

我創辦了一個頗具規模的成人訓練班，在很多城市設立了分部，我將很多錢投在組織和宣傳上，繁忙的授課讓我沒有時間也不願意去過問財務，我也沒有意識到需要聘請一名財務專家來替我理財。

一年後，我發現了一個令我震驚的事實：雖然我們每天的收入頗豐，但最終結算並沒有獲得任何的利潤。發現這個問題後，我立即做了下面兩件事：第一，我必須像科學家及發明家喬治．華盛頓．卡佛那樣，即便是銀行倒閉，損失了全部五萬美元的積蓄，仍保持心情平靜。當別人問他是否很清楚自己的處境，他也只是淡然地說：「是的，我聽說過了。」然後繼續教他的書。而且他似乎已經把這件事情忘得一乾二淨了，再也沒有說起過；第二，我應該認真地分析一下所犯的錯誤，從中吸取教訓。

然而，這兩件事實際上我一件都沒做到，反而深深地陷入了憂慮和懊悔之中，接下來的幾個月，我過得非常迷茫，睡不著覺，一下子消瘦了很多。我不但沒能從上一次的大錯中吸取教訓，還繼續犯下了許多小錯。

承認自己的愚蠢的確是件丟臉的事情，但是我很早就意識到，開導自己比開導二十個人要難得多。

我多麼希望能有幸在紐約的喬治．華盛頓高中讀書，在作家艾倫．桑德斯的老師布蘭德溫先生的指導下學習。

艾倫．桑德斯家住紐約市布朗克斯區，他的高中老師布蘭德溫教授他們衛生學。艾倫．桑德斯告訴我，他從布蘭德溫老師那裡上了寶貴的一堂課：

在我十幾歲的時候，我就養成了一種習慣，總是為許多事情擔心和憂慮。那時，我經常苦惱自己所犯過的錯誤，總會憂心忡忡地咬著自己的手指，有時在回憶自己做過的事情時，常常後悔，要是當初沒這樣做就好了；或是回想自己說過的話，要是能說得更得體就好了。每次考完試後，夜晚肯定入睡困難，擔心自己考得不理想。

有一天早上，科學實驗室裡聚集著全班同學，我看到在實驗桌上放著由布蘭德溫博士帶來的一瓶牛奶。我們都靜靜地坐著，盯著那瓶牛奶，猜想布蘭德溫博士打算用它來做什麼。突然間，那瓶牛奶被布蘭德溫博士打翻倒進水槽裡，他立刻大聲說：「覆水難收，不要為無法改變的事實哭泣。」

隨後，他要求我們全都集中到水槽邊來。他指著已混進水裡的牛奶，對我們說：「你們看，我希望你們一輩子都記住這件事，已經打翻的牛奶都流散了，無論你怎麼著急，一滴也撈不回來。可是，當初只要我小心一點，瓶子不會被打翻，牛奶也就可以保住。然而，現在我們已經無法挽回了，唯一能做到的事，就是完全忘掉它，做好你的下一件事。」

布蘭德溫博士這次出人意料的表演，在我往後很長的人生裡，一直牢記在我腦海中。後來，我學到的拉丁文和幾何知識在腦中所剩無幾，但這件事依然記憶猶新。事實上，在高中三年所學到的全部知識，都無法和這次表演所教給我的相比。它讓我學會了：要保持警覺，盡可能不要打翻牛奶，如果打翻灑落了，就要把這個事情全部忘掉。

可能有不少讀者會覺得用這麼多時間來講這樣一個老掉牙的道理，很沒意思。我知道，這樣的道理大家很常聽到，已是老生常談。然而，這樣的道理卻是人們在生活中積累下的智慧結晶，是世代流傳下來的人生經驗。如果你有空讀讀歷代偉大學者編寫的關於憂慮的書籍，就會發現，沒有什麼格言比「覆水難收，不要為無法改變的事實哭泣」有更加深刻的內涵了。如果我們不小看它，而是按照它去做，我們就沒有必要看這本書了。如果不付諸行動加以應用，知識就很難形成價值了。

本書提供給你的，都是那些你已經明白的道理，並沒有什麼新的觀點，希望你能在生活中合理地運用那些道理。

已故的弗雷德・福勒・謝德，生前在一家報社擔任編輯，是我非常敬佩的一個人，他總是能夠將古老的哲理用新奇生動的方式闡述出來。在一次演講中，他問大家：「誰曾經鋸過木頭，請舉手！」在座的大部分人都把手舉了起來，然後他繼續問：「那麼，有誰曾經鋸過木屑？」這一次，沒有人舉手。

「沒錯，沒有人會去鋸木屑，」謝德先生說，「因為木屑已經被鋸過，無法再鋸斷了。已然過去或完成的事情也是這樣，什麼也做不了。如果你為那些過去了的事情而憂心，無異於在鋸木屑。」

有一次感恩節，我和傑克・鄧普西共進晚餐。我們一邊吃一邊聊天，他告訴我，在重量級拳王爭霸賽中，當他輸給坦尼時，自尊心受到了嚴重的打擊。他說：

在比賽中，我突然意識到自己支撐不下去了，第十回合結束時，我除了勉強站著，做不了任何事，我的臉腫得厲害，渾身都受了傷，兩隻眼睛幾乎睜不開，裁判舉起吉恩・坦尼的手，宣布他勝利了。我失去世界拳王的頭銜，我冒雨從擁擠的人群中穿過，走向更衣室時，有些人想和我握手加油打氣，有些人則熱淚盈眶。

一年後，我和坦尼又進行一次比賽，我又輸了，我的拳擊生涯就此結束。我不可能完全忘掉這件事，但我告訴自己：「不要總是為這件事難過，雖然對我來說，這是個打擊，但我永遠都不會被它打倒。」

傑克．鄧普西說到做到。但他並不是一直對自己說：「不要再為這件事煩惱了！」如果這樣，只會讓自己更加沉浸於往事中。而是接受了這個事實，把一切失敗都拋卻，然後全身心投入到未來的計畫中。他在百老匯開了一家傑克．鄧普西餐廳，還在第五十七大街開了一家旅館。他舉辦拳擊比賽、安排拳擊展覽會，讓自己忙碌起來，就沒有時間為過去的事情煩惱了。傑克．鄧普西說：「我在這十年裡的生活，比當世界拳王時還要充實很多。」

鄧普西先生沒讀過多少書，但卻在無意間照著莎士比亞的忠告過生活——智慧的人永遠不因失敗而悲嘆，他會輕鬆地尋找減輕損失的方法。

在閱讀了大量的歷史和傳記書籍後，我發現許多人雖然身處逆境，卻能克服人生的苦難與內心的痛苦。他們能夠坦然遺忘不幸，繼續過著快樂的生活，這讓我十分敬佩。

一次，我去探訪辛辛監獄，發現那裡的大多數囚犯看上去和外面的人一樣快樂，這令我感到意外。當與典獄長劉易斯．勞斯見面時，我向他提到此事，他說：「初來辛辛監獄的罪犯，都脾氣暴躁，滿懷仇恨。但過了幾個月，面對坐牢這個事實，大多數人都能保持比較理智的態度，接受它而變得平靜，並盡量做些讓自己開心的事。監獄裡有個主動承擔園藝工作的犯人，他在監獄圍牆裡一邊種花、種菜，一邊唱著歌。」

不管怎樣，就算你用盡全部精力，也絕對不可能改變過去的事實。所以，讓我們記住第七項規則：

不要為過去的事憂慮，為那些過去了的事情而憂心，無異於在鋸木屑。

第三篇　在憂慮擊垮你之前改掉憂慮的習慣・小結

規則一：保持忙碌，把煩惱從你的腦中驅逐出去。行動，是迄今為止治癒憂慮的最佳療法之一。

規則二：不要為小事大驚小怪。不要讓微不足道的小事——生活中的雞毛蒜皮——毀掉你的幸福。

規則三：使用機率來排除你的擔憂。問問自己：「這件事發生的可能性有多大？」

規則四：勇於面對無法避免的事實。如果某個情況超出了你的能力範圍，對自己說：「事已至此，就不會是其他情況。」

規則五：在你憂慮的事情上「設定底線」。決定事情值得焦慮的程度，然後拒絕再憂慮。

規則六：讓過去的事過去，為那些過去了的事情而憂心，無異於在鋸木屑。

第四篇

培養平靜、快樂心態的七種方法

1　憧憬生活的美好

我們內在的精神對我們的身體和力量，有著令人難以置信的影響。著名的英國心理學家哈德菲，在他那本只有五十四頁卻非凡的小書《力量心理學》裡，對這個觀點有讓人驚訝的闡釋。「我請來三個人，」他在書中寫道，「以便試驗心理受生理的影響。我們以握力器來測量。」他要他們在三種不同的情況下，盡全力抓緊握力器。

在這三個人很清醒的狀態下，他們平均的握力是約一〇一磅。進行第二次實驗時，哈德菲將他們催眠，並暗示現在他們的身體非常虛弱。這次實驗結果顯示，他們的握力僅有二十九磅，還不到他們正常力量的三分之一。接著，哈德菲再讓這三個人進行第三次的實驗：在催眠他們之後，暗示強調他們現在很強壯，結果他們的握力平均達到一四二磅。當這三個人在認定自己有力量之後，他們的力量增加到了我們難以置信的程度。

為了說明精神的魔力，我要告訴你發生在美國內戰期間的一個最奇特故事。

這個故事足夠寫一本大書，不過我們還是長話短說吧。

眾所周知，基督科學的創始人是瑪麗・貝克・愛迪。那時在她看來，生命中只有疾病、愁苦和不幸。她的第一任丈夫在婚後不久去世，第二任丈夫與一名已婚婦人私奔，她後來才得知，他死在貧民收容所裡。在她貧病交加的情況下，她將僅有的一個兒子在他四歲時送給了別人，長達三十一年的時間裡，她都不知道兒子的下落。

瑪麗・貝克・愛迪的身體健康狀況不佳，因此她一直對所謂「靈性療癒」抱有極大的興趣。在她的生命中發生戲劇性變化的轉捩點，就是在麻省林恩市經歷的一件事。在一個寒冷的日子裡，她正行走在這座城裡的一條街上時，突然被一樣東西絆倒，摔倒在結冰的路面上，並昏了過去。當她被送到醫院時，醫師看到她的脊椎嚴重受傷，並且不停地痙攣，醫師斷言她活不了多久。即使出現奇蹟存活下來，她也絕對會全身癱瘓無法再行走。

躺在床上等死的愛迪，打開枕邊的《聖經》，看到裡面這樣的一段話：「有人用擔架抬着一個癱子來到耶穌跟前，耶穌見他們的信心，就對癱子說：『孩子，放心吧！你的罪得赦了。……起來，拿你的擔架回家去吧！』那人就起來，回家去了。」

她看完耶穌的這幾句話，心中產生了一股力量，那股力量使她「立刻下了床，開始行走」。

愛迪太太所經歷的這些，她宣稱：「就像那顆蘋果能夠引發牛頓的靈感一樣，我明白了自己好起來的原因後，同樣也能夠幫助別人做到這一點。我可以自信地說，一切都在於你的思想，而心理現象能夠影響一切。」

也許你會說：「這個人只不過是在為基督教科學療癒做宣傳。」你錯了，我並非這個教派的信徒。然而我活的時間愈長，就愈相信思想產生的力量。在從事了三十五年的成人教育後，我了解到無論男人還是女人，都有消除憂慮、恐懼以及多種疾病的能力，想要改變生活，只需要改變自己的想法。

可以透過下列這個例證，說明思想帶來令人難以置信的轉變，由此可以證明思想的力量。我有一個學生，曾因憂慮導致精神崩潰。他告訴我：「我對任何事都憂慮不已——我太瘦了；我感覺我在掉髮；我擔心永遠無法娶妻，因為我沒辦法賺夠錢；我認為自己永遠做不成一個好父親；我怕失去我喜歡的那個女孩子；我覺得現在的日子過得不好；我很擔心給別人留下不好的印象……我很擔憂，覺得自己得了胃潰瘍，無法再工作下去。辭職後，我心裡更加緊張，像一個鍋爐丟了安全閥——壓力終於到了無法忍受的程度，結果出事了。」

如果你從未經歷過精神崩潰，那麼願上帝永遠都不要讓你有這種體驗，因為精神上那種極度的痛苦能超越任何一種痛苦。他又對我說：「我精神崩潰的嚴重程度，甚至到了無法與家人交談。我無法控制自己的思想，內心充滿恐懼，只要聽到一點聲音，我就會跳起來。我不見任何人，經常無緣無故地痛哭。每天生活在痛苦中，覺得自己被所有人拋棄了，甚至也被上帝拋棄了，我真想跳河結束一切。但後來我打算到佛羅里達州旅行，希望透過轉換環境來調整自己的心態。上火車後，父親交給我一封信，他囑咐我，等到了佛羅里達之後再打開看。到佛羅里達的時候正值旅遊旺季，因為飯店訂不到房間，我就在一家汽車旅館裡租了一個房間住下來。我想在邁阿密一艘不定期的貨船上找份工作，但沒成功，於是把時間都消磨在海灘上。沒想到，在佛羅里達的日子比在家更難過。這時我拆開那封信，想看看父親到底寫了些什麼。信上這樣寫道：『兒子，雖然你現在離家一千五百英里，但你並未感到和家裡有什麼不同，對嗎？我相信你不會覺得有什麼不一樣，原因就在於你還帶著你所有煩惱的根源——也就是你自己。你的身體和精神，都沒有任何毛病。傷害你的並不是環境，而是你對各種情況的想像。總之，一個人心裡怎麼想，就會變成什麼樣。當你明白了這點，兒子，那就回家吧，因為那樣你很快就能好起來。』看了父親的信，我非常生氣，我需要同情，而不是訓斥。我氣得永遠不想回家了。那天晚上，我從邁阿密的一條小街上經過，看到一間正在舉行禮拜的教堂，因為沒有別的地方可去，我就進去聽講道。講題是『能征服精神者，勝過攻城掠地』。我坐在殿堂裡，聽到了與我父親平日對我所說的同樣的想法。我這才開始十分清楚而富有理智地去思考，這時才發現自己是個十足的傻瓜。把自己想明白了，真正認清了自己，實在是令我震驚，我常常幻想著去改變世界和所有的人——而真正需要改變的只有我自己，這就是我大腦中鏡頭的焦點。

「隔天清晨，我就啟程回家了。一週後，我又回去從事我的老本行。四個月以後，我娶了那個女孩，過去我一直害怕失去她。現在，我們擁有非常幸福的家庭，有了五個子女，在物質和精神方面，上帝都很善待我。我曾是一個部門的小主管，手下只有十八個人，如今我是一家紙箱廠的廠長，管理著四百五十多名員工。現在我的生活比以前更加充實、更加友善。我深信，現在的我能了解生命真正的價值。每當我感到不安的時候，就會對自己說，要把大腦中的攝影機的焦距調好，一切就都好了。

「坦白說，我十分感謝曾經有過那次精神崩潰的經驗。因為它讓我懂得，思想對身心的控制力有多麼神奇，從那時起，我才學會了讓我的思想為我所用，而不是有損於我。我現在才明白父親是對的。是我對各種情況的看法導致了我的身心痛苦，而不是外在的情況。當我看透了這一點，我的身體就完全好了，而且不再生病。」

這就是那個學生的經驗。

我堅信我們內心的平靜和我們從生活中得到的快樂，並不在於我們在哪、我們擁有什麼，或我們是誰，而只在於我們的心境，這與外在條件沒有多大關係。二百年前，彌爾頓在雙目失明後，也發現了同樣的真理：精神的運用和精神本身，就能把地獄改造成天堂，把天堂變成地獄。

拿破崙和海倫．凱勒就是彌爾頓這句話的最好例證。拿破崙擁有普通人一生所追求的一切榮耀、權力、財富，但在他被流放到聖海倫娜島時，說：「我這一生從沒有過快樂的日子。」而海倫．凱勒又瞎、又聾、又啞，卻表示：「我發現生命原來是這麼美好！」

如果說半個世紀的生活曾讓我學到什麼，那就是：除了你自己，沒有任何東西可以帶給你平靜。我再重複一次愛默生在他那篇〈自立〉的散文裡說的話：「政治上的勝利，經濟收入的增加，身體的康復，或久別好友的歸來，或什麼其他純粹外在的事物，都能提高你的興趣，讓你覺得眼前有那麼多的好日子。但是，請不要相信它，事實並非如此。因為除了你自己，再沒有別的什麼能帶給你內心的安寧。」

愛比克泰德，這位偉大的斯多噶學派哲學家，曾在十九個世紀之前警告我們說：「我們應該盡力消除在思想中的錯誤想法，這比割除『身體上的腫瘤和膿瘡』還重要。」他的這句話，在現代醫學中能找到理論上的依據。羅賓生教授說，在約翰·霍普金斯醫院中有百分之八十病人的疾病，是由於情緒緊張和精神壓力所致，甚至有些生理器官的病例也是如此。他說，「歸根結柢，生活和工作中的各種問題無法協調，是出現這種現狀的根源。」

當我們被各種各樣的煩惱所困擾時，整個人的精神是十分緊張的，我可以大膽地告訴你，可以憑藉自己的意志力改變你的心境。我還要提示你如何做到這一點，這可能要花一點力氣，但祕訣很簡單。

威廉·詹姆斯是應用心理學的權威，我用他曾經說過的話，告訴你如何做。「如果你感到不愉快，那麼唯一能讓自己愉快的方法，就是振奮精神，使自己的行動和言詞好像已經感覺到快樂的樣子。」

這種辦法是否有用呢？你試試看。讓你的臉上露出開心的笑容，先深呼吸一下，再挺起胸膛，然後唱一小段歌，若不會唱，就吹口哨或哼一段歌。你的行為能夠顯出快樂的樣子，也就不再憂慮和頹喪了，此時你就體會到威廉・詹姆斯所說的話的意思了。

如果在生活中找到快樂，就會使我們的言行出現奇蹟，這是大自然的基本真理之一。我曾認識一名女士，她住在加利福尼亞州，倘若她懂得這個真理，她就能夠在一天之內把自己所有的哀愁完全忘記。她是個年老的寡婦，她為此感到很悲傷，但她有沒有嘗試過讓自己快樂的方法呢？她雖然在嘴上總是說：「呵，我還好。」但她的臉色和聲音讓人有無病呻吟的感覺，讓人感到她的內心總是在說：「天啊，要是讓你遇到我所經歷的煩惱，你就能理解我了。」她認為天底下所有女人的情況都不如自己糟糕，假如你高興地站在她的面前，也會讓她煩。她的丈夫給她留下一筆保險金，足夠她維持生計，她的子女都已成家，有能力奉養她，可很少見到她笑過。她一直抱怨她的三個女婿既自私又差勁，雖然她經常到她的女兒家裡居住，有時一待就是好幾個月，但是她還是抱怨說，她的女兒都不會買禮物給她。這位老婦人對她自己的錢看管得非常緊，她總是「替未來打算」。她讓自己成了一個令人討厭的傢伙，這一點對她和她的家人都是不幸的。然而，她是能夠改變自己的，能夠把自己從一個愁苦、挑剔、不快樂的老女人變成讓家人尊敬和喜愛的老人。這主要取決於她自己的意願。首先，她得有迫切要求轉變的心意；其次，她要每天高興地活著；第三，就是將自己的一點點愛給予別人，而不是只專注於自己的不快和不幸。

我認識一位名叫恩格勒特的人。他還活著，就是因為他發現了這個快樂的真理。在十年前，恩格勒特罹患猩紅熱，而康復以後，他又得了腎臟病。他四處求醫，甚至試過巫醫，都沒有治好他的病。

最近，他又併發高血壓症，血壓數值已升高到二一四，醫師對他宣布已經沒有辦法救治了，回去馬上準備後事吧。

他告訴我：

我回到家裡，首先清查一下我所有的保險金是否都已經付過了，然後向上帝懺悔我以前所犯過的各種過錯，最後我非常難過地坐下來默默思考。我的所作所為令家人非常難過，我自己更是深深地埋在頹喪的情緒裡。然而，一週的自憐自艾之後，我警告自己：「你真是個傻瓜。一年內可能你都不會死掉，那麼，要這個樣子生活嗎？既然還活著，何不快快樂樂地生活呢？」

我開始挺起胸膛，臉上常常掛著微笑，嘗試著讓自己表現出好像什麼都沒發生的樣子。我不得不承認起初我那樣去做是相當費力的，那時我只能強迫自己做出一副既開心又高興的神態，我清楚這樣做不僅有助於我的家人，也對自己有很大的幫助。

一段時間以後，我開始感覺情況出現了變化，覺得自己好多了，如同我裝出來的一樣好。這種改進在不斷繼續下去，如今我不僅很快樂、很健康，活得好好的，而且血壓也降下來了。按醫師所說的，現在的我早已經躺在墳墓裡幾個月了。我可以肯定地說：假如我從那時起總是去想會死、會垮掉，那位醫師的預言就會實現。然而，我給自己的身體一個恢復的機會，只有改變自己的心情，才有今天的我的存在，一切別的都是沒有用的。

讓自己的每一天都覺得開心、充滿信心和勇氣，用健康的思想拯救一個人的生命。那麼，你我還會為那些小小的失意和頹喪而難過嗎？只要自己是樂觀的，就能夠創造出快樂來，所以何必讓自己和身邊的人難過呢？

我在多年前曾看過一本小書，它長久地影響了我的生活。書名：《我的人生思考》，作者是詹姆士·艾倫，以下是從書中摘錄的一段：

當一個人改變了對事物和別人的看法時，他會發現事物和他人對他也發生了改變。若有人向著光明的方面進行思考，他會驚訝於那也極大地影響了自己的生活。人所嚮往的不會被吸引，他們擁有的卻可能被吸引，只有我們自身才能改變氣質。一個人思想的直接結果，就是他所能得到的。一個人只有從思想上奮發向上，才能有所成就。

若他趕不上自身的思想，就只能與愁苦為伴。有人說，上帝讓人類來主宰整個世界，這真是一份大禮。但我對這種特權並無興趣。我希望的是，能掌控自己，掌控自己的恐懼感，掌控自己的內心和精神世界。就這點來說，我的成績是驚人的。無論何時，我總在想，只要能掌控住自己的行為，就能掌控住自己的反應。將恐懼演變成奮鬥，就能將內心的邪念變為自身的福祉。

讓我們一起為快樂而努力吧，讓我們擬定一個計畫，讓它每天都能產生快樂。我們將這個計畫命名為「就在今天」。我覺得這個計畫的效果將是顯著的，於是便複印了幾千份送給別人。這是已故的作曲家希貝兒·帕特里奇在三十六年前所寫的，如果能夠照著這個方法去做，我們將消除大部分的煩惱，大量地增加「生活中的快樂」。

1.就在今天，我要非常快樂。林肯說：「大部分的人只要下定決心都能非常快樂。」如果這句話是正確的，那麼快樂就應該存在於內心，而不必向外界索取。

2.就在今天，我應該去適應一切，而不必調整外界來迎合我的欲望。我要抱定這種態度來接受我的家庭、事業和運氣。

3.就在今天，我要愛護自己的身體。我要多運動，愛護並珍惜它，不傷害和忽視它，讓它成為我成功的好夥伴。

4.就在今天，我要完善自己的思想。要學以致用，絕不胡思亂想。要看這樣一些書，它們使你能更集中精神思考。

5.就在今天，我要從兩個方面來鍛鍊自己的靈魂：為別人做件好事，但不要告訴人家；再做兩件自己並不想做的事，而這樣做的目的，就像威廉·詹姆斯所說的，只是為了鍛鍊。

6.就在今天，我要努力討人歡喜，盡量修飾外表，衣著盡量得體，說話輕柔，舉止優雅，對別人的毀譽毫不在意。對任何事都不計較，不干涉或教訓別人。

7.就在今天，我要嘗試只考慮今天的過法，而不試圖將一生的問題一次解決。因為，儘管我能連續十二個小時做某件事，但假設終生如此，我將非常恐懼。

8.就在今天，我要制定一個計畫。安排好每個鐘點該做的事情。也許我不會完全照計畫做，但制定計畫還是必要的，這樣做至少可以糾正兩種缺點——過分倉促和猶豫不決。

9.就在今天，我要留下半個小時，讓自己安靜、輕鬆一下。在這半個小時裡，神會使我的生命更充滿希望。

10.就在今天，我要心無懼怕，追求快樂，要去欣賞一切美的事物，去愛，並且相信我愛的那些人，他們同樣會愛我。

如果我們想培養一種能給自己帶來平靜和快樂的心態，下面是方法一：

愉快地思考和行動，你就會感到愉快。

2 不要報復你的敵人

幾年前的一個晚上，我旅行經過黃石公園。一名公園管理員騎馬過來，跟我們這群興奮的遊客談論有關灰熊的事。他告訴我們，有一隻大灰熊大概能夠擊倒除了水牛和另一種黑熊以外西方所有的動物。但那天晚上，他卻觀察到一隻小動物，那隻大灰熊不但讓牠自由地從森林裡出來，並且在燈光下和牠一起進食。那是一隻臭鼬！大灰熊知道，自己可用一掌之力把這隻臭鼬打昏，但牠為什麼不那樣做呢？因為已有的經驗告訴牠，這樣做十分划不來。

我也認同這一點。當我還很小的時候，曾經在密蘇里州的農莊抓過臭鼬，長大後，我在紐約的街上，也遇見過幾個像臭鼬一樣的人。我從這些不幸的經驗教訓裡發現，無論招惹哪一種臭鼬，都是划不來的。

當我們仇視我們的敵人時，就等於賦予他們取勝的力量。那力量能影響我們的睡眠、胃口、血壓、健康以及快樂。如果我們的敵人知道他們如何令我們擔心、苦惱，讓我們一心想報復，他們一定會手舞足蹈。我們心中的恨意完全不能傷害到他們，卻使我們的生活變得像地獄一般糟糕。

「要是自私的人想占你的便宜，就不要去理睬他們，更不要想去報復。當你想跟他扯平的時候，你傷害自己比傷到那傢伙更多一點。」這段話出自一份由密爾瓦基警察局所發出的通告上。報復怎麼會傷害你自己呢？這傷害的程度遠遠超出你的想像。根據《生活》雜誌的報導，報復甚至會損傷你的健康。「高血壓患者主要的特徵就是容易憤怒，」《生活》雜誌說，「如果不能控制好憤怒，長期性的高血壓和心臟病就會隨之而來。」

現在你該體悟耶穌所謂「愛你的敵人」，不只是一種道德上的教化，還是宣揚一種二十世紀的醫學，他是在教我們如何避免心臟病、高血壓、胃潰瘍，以及許多其他疾病。

最近，我的一個朋友患了嚴重的心臟病，醫師要他每天在床上躺著，不管遇到什麼事情，都不能發脾氣。醫師們都清楚，心臟有問題的人，一旦發脾氣可能就丟了性命。幾年前，華盛頓州斯波坎城的一個飯店老闆就是死於發脾氣。來自華盛頓州斯波坎城警察局局長傑瑞·斯沃索特的信，目前還在我這裡。信上寫道：「幾年前，六十八歲的威廉·法卡伯在斯波坎城開了一家小飯店。他僱用的廚師非要用盛菜的碟子喝咖啡，讓威廉火冒三丈，結果心臟病突然發作，倒地而死。他的驗屍報告上寫著：『他的心臟病是由憤怒引起的。』」

如果我們的敵人得知我們對他的怨恨，讓我們精疲力竭、焦躁不寧、緊張不安，害得我們容顏憔悴，並且患上心臟病，甚至可能使我們短命，是不是就讓他們稱心如意了呢？我們做不到去愛我們的敵人，但至少要學會愛我們自己。讓敵人難以控制我們的快樂、健康和外表。如莎士比亞所說：「不要因為你的敵人而燃起一把怒火，燒傷你自己。」

耶穌基督曾說過，我應該原諒我們的仇人「七十個七次」，要知道，他也是在教我們如何做生意。例如，我的面前有一封喬治．羅納寄來的信，他居住在瑞典的烏普薩拉。喬治．羅納在維也納做律師已經有許多年了，在第二次世界大戰期間，他逃到了瑞典，當時他非常需要找份工作。他能說會寫好幾國的語言，所以希望能到進出口公司擔任祕書工作。他收到多家公司的回信，但都告訴他因為正在打仗，暫時不需要這一類的人，他們會把他的名字存在檔案裡。

其中有一封寫給喬治．羅納的信上說：「你完全錯誤地理解我的生意了。你不僅傻而且又笨，我不用祕書替我寫信。即使我需要，也不會僱用你，因為你連瑞典文都寫不好，你的來信中錯別字連篇。」

看完這封信，喬治．羅納快要氣瘋。那個瑞典人自己的信就錯誤百出，還說他寫不通瑞典文。於是，喬治．羅納也打算寫一封回信，目的是激怒那個人，讓他也大發脾氣。冷靜地思考一會兒後，他自言自語道：「等等。他的這個說法是錯的嗎？我雖然學過瑞典文，但畢竟它不是我的母語，或許我確實犯了很多我並不知道的錯誤。假如是那樣的話，我要得到一份工作，就必須再繼續努力學習。雖然他的本意並非如此，但是他確實有可能幫我一個大忙。他用這麼無禮的話表達他的觀點，但是我依然可以從中受惠，所以應該寫封感謝信給他。」

喬治．羅納一開始想寫封罵人的信，後來卻變成寫一封感謝信。在信中他寫道：「你不怕麻煩地寫信給我，我十分感謝，特別是在你根本不需要祕書時。關於我把貴公司的業務弄錯的事，我感到十分抱歉。我透過別人的介紹才寫信給你的，他們告訴我你是這一行業的領頭人物。另外，我還不知道我的信上有很多文法上的錯誤，我覺得很慚愧和難過。我會更加努力地去學習瑞典文，盡快改正我的錯誤，謝謝你能使我踏上改進的道路。」

沒幾天，喬治．羅納又收到那個人的回信，邀請羅納見個面。羅納去拜訪了那個人，並且在他的公司謀得了一份差事。喬治．羅納由此得出，「消除怒氣莫過於溫和的回答」。

我們也許不能像聖人那樣去愛我們的敵人，但是為了我們自己的健康和快樂，我們至少要原諒他們、忘掉他們，這種做法實在是很聰明。有一次，我問艾森豪將軍的兒子約翰，他父親會不會一直懷恨別人。

「不會，」他回答，「我爸爸從來不浪費一分鐘去想那些他不喜歡的人。」

紐約州前州長威廉．蓋納所用的策略就是這樣。他曾被一家八卦小報抨擊得一無是處，又被一個瘋子打了一槍，險些送命。當他躺在醫院裡生命垂危的時候，他說：「每天晚上，我都設法原諒所有的事情和每一個人。」他這樣做是否太理想化、太輕鬆、太善良了呢？假如是這樣的話，那就讓我們來看看偉大的德國哲學家叔本華的理論，他是「悲觀論」者，他把生命看作既毫無價值又痛苦的冒險。叔本華寫道：「如果可能，應該對任何人不懷有怨恨的心理。」

曾經做過六位總統（威爾遜、哈定、柯立芝、胡佛、羅斯福和杜魯門）的顧問的伯納德．巴魯克，在回答我的問題「他是否因為受到敵人的攻擊而難過」時，曾這樣說過：「我不受任何人的羞辱或者干擾。」他進一步說：「我絕不會讓他們這樣做。」

實際上，確實沒有人能夠羞辱或干擾你和我──除非我們讓他這樣做。

「棍子和石頭也許會打斷我的骨頭，可是言語永遠無法傷害我。」

我曾常站在加拿大傑士伯國家公園裡，仰望那座可能是最美的山。這座山使用艾迪絲・路易莎・卡維爾的名字命名，以此紀念那位在一九一五年十月十二日被德軍槍斃的護士。她犯的是什麼罪呢？因為她在比利時的家中收容和看護了很多受傷的法國、英國士兵，並協助他們逃到荷蘭去。在十月十二日的那天早上，一名英國教士走進她的牢房替她做臨終禱告時，艾迪絲・卡維爾說了兩句不朽的話：「愛國主義是不夠的，我不會仇恨和抱怨任何人。」四年後，她的遺體被轉放到英國，並且在西敏寺大教堂舉行了隆重的安葬儀式。住在倫敦的那年，我常常到英國國家肖像館對面去看艾迪絲・卡維爾的那座雕像，同時默誦她臨刑前不朽的名言：愛國主義是不夠的，我不會仇恨和抱怨任何人。

有一個能幫助我們原諒和忘記誤解並錯怪自己的人的有效方法，就是讓自己去做一些完全超出我們能力的大事。這樣，我們所遇到的侮辱和敵意就不那麼重要了。

一九一八年，密西西比州松樹林裡上演了一件極富戲劇性的事。勞倫斯・瓊斯是當地的一個黑人講師，幾年前，我曾去看過他創辦的一所學校，還應邀對全校學生做了一次演說。到今天這所學校在美國可算是家喻戶曉，但我要說的事情是發生在很早以前。在第一次世界大戰時，人們的感情極易衝動，密西西比州中部就流傳著一種謠言，說德國人正在教唆黑人起來叛變。勞倫斯．瓊斯就是黑人，有人控告他激起族人的反叛，許多白人在教堂外面聽見勞倫斯．瓊斯對他的聽眾義正詞嚴地說：「生命，是一場戰鬥！每一個黑人都該穿上他的盔甲，以戰鬥來求生存和成功！」「盔甲」、「戰鬥」，叛變的證據夠了。這些白人趁夜色衝出去，糾集了一大群暴徒回到教堂，用一條繩子捆住了這個傳教士，把他拖到一英里以外，放在一大堆乾柴上面，迅速點著了火柴，準備一面對他施以火刑，一面把他吊死。正在這時，有一個人叫起來：「在我們燒死他之前，讓這個多嘴多舌的人說句話。說話啊！說話啊！」勞倫斯站在柴堆上，脖子上繫著繩索，為他的生命和理想發表了最後一篇演說。

一九〇〇年，勞倫斯．瓊斯畢業於愛荷華大學，他的純樸、善良、博學，以及他在音樂方面的才華，獲得了所有老師和同學的喜愛。

畢業以後，他拒絕了一家旅館提供的職位，也拒絕了一個有錢人資助他繼續深造音樂的計畫。這是為什麼呢？因為他懷揣一個非常高遠的理想。當他閱讀布克．華盛頓傳記時，就決心投身於教育事業，去教育那些因貧困而無法上學的人。於是，他一畢業就回到南方最貧瘠的地區，就是密西西比州灰克鎮以南二十五英里的小地方，在那裡把自己的手錶當了一．六五美元後，就以樹枝為材料製作桌子，創建了他的露天學校。勞倫斯．瓊斯告訴那些憤怒的、等著要燒死他的人，他曾進行過的各種奮鬥，他教育了那些沒有上過學的黑人男孩和女孩，訓練他們成為出色的農民、工匠、廚子、家庭主婦。他談到有一些白人曾經幫助他建立這所學校，那些白人送給他土地、木材、豬、牛和錢，協助他的教育工作。

勞倫斯．瓊斯後來被人問起，會不會恨那些把他拖出來準備吊死他的那些白人，能否專心地做一些超越自己能力的大事。「我沒有時間去跟別人吵架。」當時勞倫斯．瓊斯的態度非常誠懇，他沒有為自己哀求。他說，他的父親複誦著耶穌基督的那些話，那些只要人類懷揣理想就會一再重複的話：「要愛你們的敵人，為那些逼迫你們的人禱告，祝福那些詛咒你們的人，善待那些恨你們的人。」他父親做到了這些，也使自己的內心得到了貴族與君王都無法追求到的平靜。

要培養平靜、快樂心態的第二種方法就是：

永遠不要對敵人心存報復，那樣對自己的傷害將大過於對別人的傷害。讓我們像艾森豪將軍一樣，「從來不浪費一分鐘去想那些他不喜歡的人」。

3 付出不求回報

一位先哲曾說過：「一個憤怒的人，全身都充滿了怨毒。」最近，我就遇到過一個滿肚子怨氣的人，我們剛一見面他就向我談起那件事，雖然那事已過去了十一個月，但他仍怒氣難消。事情是這樣的：耶誕節那天，他將一萬美元做為獎金，發給了自己公司裡的三十四名員工，每個員工大約得到三百美元，但讓他意想不到的是沒有一個員工前來感謝他。他很生氣地說：「我非常後悔，我竟然發獎金給他們。」

我很同情這位老闆，但也為他感到悲哀。他已經六十歲了，根據人壽保險公司的統計分析，現在人均壽命是七十四歲左右，如果運氣不錯的話，他大約還有十四五年活著的時間。但不幸的是，他在自己所剩的寶貴時間裡，浪費了近一年的時間來為過去的事憤憤不平，這著實讓人同情。

我覺得他除了悔恨之外，還應當反省一下：為什麼員工不感激他呢？是否是因為待遇太低、工作時間太長，或員工認為節日獎金是他們應得的報酬呢？或許他自己也是個苛刻、囉嗦而不知感恩的人，所以員工都不敢也不想感謝他。或許大家還認為，反正大部分工資都要繳稅，還不如當成獎金發給大家算了。

不過，我們再來分析一下他手下的員工，也許他們真的是自私、卑鄙、不懂禮節的人，可是，無論是什麼原因，詹森博士說過：「只有非常有教養的人才知道感恩，你不可能隨便就從一般人那裡得到。」

在這裡需要說明的是：指望別人感恩，就是犯下一個常識性的錯誤，因為你的確不知曉人性。如果你救了一個人的命，你會期待他感恩嗎？也許你會。但著名的刑事律師撒母耳・萊博偉茨在他當法官後，曾讓七十八名罪犯免去了上電椅的極刑。你猜想這些人中有幾個會登門向他道謝，或至少寄張聖誕賀卡來表示感謝嗎？

你應該可以猜對：沒有一個人。

耶穌曾用一個下午的時間讓十個癱瘓的人站立行走，但有誰會回來感謝他呢？只有一個。基督問他的門徒：「其餘九位呢？」他們連一句道謝的話都沒說，就消失得無影無蹤了！試想一下，像我們這樣的凡夫俗子，就算給了別人一些小恩惠，又憑什麼就奢望得到比耶穌得到的還多的感謝呢？

如果是和錢有關，那就根本不必奢望別人的感恩了！有一次，查爾斯・施瓦布對我說，他曾幫助過一個挪用公款去炒股而賠得一塌糊塗的銀行出納，施瓦布幫他彌補虧空，避免了牢獄之災。後來這名出納感謝他了嗎？的確，感謝過他一段時間，但沒過多久，那人就跟施瓦布反目。他完全忘記是因為施瓦布的幫助，才讓自己免除牢獄之苦。

如果你送給你親戚一百萬美元，他會不會非常感謝你呢？安德魯・卡內基就曾送給他的親戚一百萬美元，不過，要是安德魯・卡內基能夠復活，他一定會非常驚訝地發現，他這個接受饋贈的親戚正在惡毒地詛咒他！這是為什麼呢？因為卡內基將三億多財產捐作慈善基金，而只贈送給他的親戚一百萬美元。這就是人世間的事，這就是人性，你不要奢望這些會有什麼改變。還不如坦然面對這個殘酷的事實，就像那位最智慧的羅馬帝王馬可斯・奧理略一樣分析世事，他在日記中這麼寫道：

我天天遇到一些在背後說我壞話、心胸狹窄、自私自利、忘恩負義的卑鄙小人。我沒有必要為此小題大做或為之憂慮，因為我現在還找不到一個沒有這些人存在的世界。

馬可斯・奧理略說的話不是很有道理嗎？我們每天都在埋怨他人不會感恩，這到底是誰的過錯呢？這就是人性。別指望別人對你知恩圖報，如果有時獲得他人的感謝，那是生活給我們的一份驚喜。如果沒有的話，也不必後悔、難過。

忘記別人給自己的恩惠乃是人的天性，要是我們總是在期待別人的感恩，那完全是在自尋煩惱。我認識一個紐約的老太太，她整天埋怨自己非常孤獨，很少有親戚前來看她。當你去看望她時，她會對你嘮嘮叨叨地說幾個小時，講她是如何將侄子們撫養長大，在他們得病的時候，她是如何細心照料。他們和她一起生活了很多年，在她的資助下，一個侄子才能順利完成商業學校的學業。他們住在她家裡，直到結婚。然而，在那之後，她的侄子們是否回來看望過她呢？是的，回來過，但那只不過是出於義務。他們對見到她感到恐懼，因為她會幾個小時地講述過去的事情給他們聽，不停地抱怨和自憐。當她發覺已經沒有辦法再讓侄子們來看自己的時候，她決定使出最後一招：假裝心臟病發作了。

心臟病可以裝出來嗎？當然不可以，然而醫師說她的情緒容易激動，心跳波動很大，她的病完全是因為負面情緒引發的。

或許這名老太太需要的是關注，然而我覺得她真正索取的卻是感恩。但是，她可能永遠都得不到侄子們的感恩，她覺得自己理所當然要得到這些回報，所以她直接向別人提出要求。

生活中有不少人和她一樣，因為別人不懂感恩，便在孤寂中得病。他們渴望被他人關愛，但他們不知道在這個世界上唯一得到愛的方式是：給予，但不求回報。

這話聽起來好像不太實際、過於理想，但這卻是追求幸福的最佳途徑。在我家，我的父母總是熱心地幫助他人，我們家雖然非常貧窮，總欠別人家的債，但父母總要每年湊出一些錢寄給一所孤兒院。他們從來沒有去訪問過這所孤兒院，大概除了收到過回信之外，從來沒有人來我家感謝，但我父母已得到了報償，因為他們從資助這些可憐孩子的過程中得到了寬慰，他們並不期待得到他人的感恩與回報。

我離家去外地工作後，每年聖誕節前，我都會寄錢給父母，讓他們買些自己喜歡的商品，但他們總是很節儉。當我回家過節時，父親告訴我，他們用我寄回的錢買了煤和日用品送給同城一名有幾個孩子的貧困母親。給予而不求回報，這就是他們生活中最大的快樂。

亞里斯多德說過：「真正懂得人生的人，會深深體會到給予的快樂。」我父母的人生，我相信是符合亞里斯多德所說的分享歡樂這一最高標準的。

想要追求真正的快樂，首先就要摒棄他人是否會對你感恩的念頭，真正快樂的祕密在於，只享受付出的快樂。

身為父母的人經常會埋怨兒女不知道感恩，就像莎士比亞戲劇中的李爾王所喊的：「不知感恩的子女，比毒蛇的利齒更痛噬人心。」

但假如我們不教導孩子們，他們又怎麼會知道感恩呢？忘恩原就是人的本性，它就像野地的雜草隨時滋長起來；感恩則像玫瑰，需要投入情感精心培育。如果子女們不知感恩，那責任在誰呢？也許我們先要進行反思。從小不培養子女學會感恩的品德，又如何能期待子女會感謝身為父母的我們呢？

我有一個在芝加哥木箱廠工作的朋友，平時他的工作強度很大，但週薪只有四十美元。他娶了一個寡婦為妻，並被她說服向銀行貸款供她前夫的兩個孩子上大學。他整天像服苦役一樣為食物、房租、燃料、衣服忙個沒完，一做就是四年，但他從來沒有抱怨過。

後來，這兩個養子感謝過他嗎？沒有，他妻子認為這是他應該做的，而兩個兒子呢，更認為這是繼父的責任。他們認為對這位含辛茹苦幫助他們完成學業的繼父沒有任何虧欠，連一句感謝的話都沒有說。那麼責任在誰呢？在他養子的身上嗎？或許是這樣的，但這位母親的責任不是更大嗎？是的，她認為這兩個年輕孩子不應該承擔這種感恩的義務，她不想讓自己的兒子們因這件事情背上心理包袱。因此，她不曾對孩子們說：「你們的繼父貸款資助你們完成大學學業，他是一個多麼好的父親！」她的態度卻始終是：「那是他應該做的事。」

這名寡婦認為她是在替孩子們著想，事實上，她讓他們產生了一種可怕的錯覺，認為別人有義務去幫助自己。後來，在這種錯覺影響下他們犯下了錯誤，她的一個兒子想向老闆「借」點錢，結果被判刑坐了牢。

我們一定要以身作則教育孩子，這對他們日後的人生至關重要。在我的記憶中，我姨媽從不抱怨自己的兒女不懂感恩。在我還是一個小孩時，姨媽把她的母親接到家裡細心照顧，同時也精心照料她丈夫的母親。兩位老人坐在爐火前的情景，讓我記憶猶新。姨媽一個人要照顧兩位老人，一定很辛勞，但你從她的表情上一點也察覺不到。她對她們噓寒問暖，讓老人家體會到家庭的溫暖。而姨媽自己還有六個孩子需要撫養，但她從不認為自己做了件了不起的事。對她來說，這一切都是她應該做的，她所做的一切都源於愛。我姨媽已守寡了二十多年，她的五個已成年的兒子都非常愛她，都想把她接到自己家裡去住。這是出於「感恩」嗎？肯定不是。那是因為她的兒女們非常愛她，這是出自一種真正的愛！他們童年起就生活在充滿愛與溫馨的家庭氛圍裡。如今照顧他們慈祥的母親，是出於真心的愛來回報這位不求回報的母親，這當然是件非常自然的事。

我們一定要記住，如果想要有對自己感恩的兒女，就必須自己先成為對別人感恩的人。我們的一言一行，將深深地影響孩子們的身心。在孩子面前，絕對不能輕易指責他人的善意，比如「你看表妹送我的聖誕禮物，肯定沒花一分錢，是她自己做的」這類蠢話。這種無意間的舉動，卻會對孩子的成長帶來很大的影響。我們應當這樣說：「表妹為準備這份精美的聖誕禮物，得花她多少時間！她太好了！我們得寫封感謝信給她。」這樣，我們的兒女在這種潛移默化中就會養成欣賞和感恩的習慣。

要培養平靜、快樂心態的第三種方法就是：

1.不要因別人沒有表示感恩而憂慮，我們只能期望別人感恩。記住，耶穌一天內治癒了十名癱瘓的人，但只有一個感謝他。我們為何期望得到比耶穌更多的感恩呢？

2.記住，尋求快樂的唯一途徑並非期望別人的感恩，而是因為給予的快樂而付出。

3.記住，感恩是一種讓人具有教養的訓練，如果我們希望自己的孩子感恩，就必須訓練他們學會感恩。

4 珍惜所擁有的

我們每天生活在美麗的童話王國，但卻什麼也看不見，什麼也感覺不到，這是為什麼呢？

哈羅德・艾伯特是我以前的教務主任，我們認識很多年了。有一天，我在堪薩斯城遇見了他，他開車送我回密蘇里州貝爾城我家農莊去。在路上，我問他是怎樣讓自己保持愉快的，他為我講了一個非常有趣的故事：

以前，我經常為很多事情憂慮，然而，一九三四年春季裡的一天，我正在韋伯鎮西道提街上走著，突然，眼前的景象讓我從此再也不去憂慮了。雖然只是短短十分鐘的事，然而，就在這十分鐘裡，我學會了如何生活，這是我過去十年裡學到的全部知識都無法相比的。

我在韋伯鎮開了兩年的雜貨店，為此，我賠光了全部積蓄，還欠下了一筆債。雜貨店倒閉了，我打算去工礦銀行借些錢，然後到堪薩斯城去找一份工作。我在路上走著，像個失敗者一樣，沒有一點信心和勇氣。這個時候，我突然看到迎面來了一個沒有腿的人，他坐在一個下面裝著溜冰鞋輪子的小木製檯子上，兩隻手各握著一根木棍，拄著地在街道上滑行。我看到他的時候，他剛好從街對面橫穿了過來，正要將自己抬高幾英寸，以便到人行道上來。這時，我們倆的目光剛好對上，他對我微微一笑，說：「早上好，先生，今天的天氣真好啊，是吧？」他的樣子顯得很開心。此刻，我才發覺自己是多麼富有，我身體健全，可以做任何事情，我為我的自憐感到羞恥。我告訴自己，殘障人士能夠做到的事情，我同樣也能做到。我抬起了頭，帶著勇氣到工礦銀行裡借了二百美元，並且到堪薩斯城找了一份工作。

我在浴室的鏡子上貼了一張字條，每天早上刮鬍子時，我都能看到上面的字：「我因為沒有鞋穿而感到沮喪，直到在街上，我遇到了一個沒有腳的人。」

我有一次問艾迪·雷肯拜克，當他毫無希望地在太平洋上，和他的同伴在救生筏上漂流了二十一天之久後，他學到的最重要的經驗是什麼，「我從那次經歷所學到的最重要的體會是，」他說，「如果你有足夠的水可喝，有足夠的食物可吃，就絕不要再抱怨任何事情。」

《時代》雜誌刊載過一篇報導，講的是一個士兵在瓜達康納爾島受了傷，喉部被彈片擊中，輸了七次血。他寫了一張紙條問醫師：「我能活下去嗎？」醫師說：「能的。」他又另外寫了一張紙條問：「我還能不能說話？」醫師又回答他說能。然後他又寫了一張紙條說：「那我還有什麼好擔心的？」

你何不現在就問問自己：「我究竟在擔心什麼？」你很可能會發現，自己所擔心的事多半無關緊要也微不足道。

生活裡的事情，大約有百分之九十是正確的，只有百分之十是錯誤的。假如我們要快樂，我們所應該做的事情就是：集中精神在那百分之九十正確的事情上，而不要去理會那百分之十的錯誤。假如想要擔憂，讓自己難過，甚至得胃潰瘍，那麼我們只要集中精神去想那百分之十的錯事，而不管那百分之九十的好事。

英國有很多新教堂裡面的牆壁上刻著「多想，多感恩」，這兩句話也應當銘刻在我們的心中。當然，在這裡它指的是要感恩上帝。

《格列佛遊記》的作者喬納森·史威夫特，應該算得上是英國文學史上最悲觀的一個作家了。他為自己的出生感到難過，因此每次到了他生日的那天一定會穿黑衣服，並禁食一天。但這位英國文學史上有名的悲觀主義者，卻讚頌開心與快樂能帶給人健康的力量。「世界上最好的三位醫師是，」他說，「節制飲食、安靜和快樂。」

我們每天、每個小時，都可以得到「快樂醫師」的無償服務，只要我們把精力集中在我們所擁有的令人難以置信的財富上，那些財富遠超過阿里巴巴的寶藏。你願意把你的雙眼賣一億美元嗎？你肯把你的兩條腿賣多少錢呢？還有你的兩隻手、你的耳朵、你的家庭？把你所有的資產加在一起，你就會發現，你絕不會賣掉你現在所擁有的一切，即使價錢是把洛克菲勒、福特和摩根三個家族所有的黃金都加在一起，也不會賣。

但我們是否欣賞這些呢？不！正如叔本華所說的：「我們很少會想我們已經擁有的，而總是想我們所沒有的。」這世界上最大的悲劇所帶來的痛苦，可能比歷史上所有的戰爭和疾病帶來的更多。這一點，幾乎使約翰．帕爾默「從一個正常人變成一個脾氣暴躁的老傢伙」，也差點因為這個毀了他的家庭。我知道這事，因為他親口對我講過。派瑪先生說：

我從部隊退伍回鄉不久，就開始做生意。我夜以繼日地工作著，一切進行得很順利。然後問題就來了，因為我買不到零件和原料。我為可能被迫放棄我剛剛起步的生意而焦慮不安，從一個普通人變成一個脾氣暴躁的傢伙。那時，我變得非常刻薄，但我自己並不清楚，直到現在我才明白。我幾乎失去了我快樂的家。有一天，在我手下工作的一個年輕傷兵對我說：「約翰，你實在應該感到羞愧。你這個樣子，好像世界上只有你一個人有麻煩似的，就算你把店關上一些時候，那又怎麼樣呢？等到事情恢復正常之後，你可以重新開始。你有太多值得感恩的事，可你卻總是在抱怨，我的天啊，我真希望我是你。你看看我，只有一隻胳臂，半邊臉都傷了，但我不去埋怨。要是你再這樣繼續囉嗦埋怨下去，你不僅會失去你的生意，更會失去你的健康、你的家庭和你的朋友。」

這些話使我猛然醒悟了過來，我發現自己走了很長的彎路。當場我就決定必須改變現狀，重新成為我自己，而我真的做到了這一點。

很多年前，我在哥倫比亞大學的新聞學院選修短篇小說寫作時，認識了露西兒·布萊克。九年前，她正住在亞利桑那州的土桑城，她的生活在那裡發生了巨大的變化。以下，就是她的故事：

我的生活一直都很忙碌。我在亞利桑那大學學風琴，在城裡開辦了一所語言學校，在我所住的沙漠柳牧場上教音樂欣賞課。我到處參加宴會和舞會，在星光下騎馬。一天早上，我的心臟病發作，整個身體都垮了。「妳得在床上安靜地休息一年。」醫師對我說。他沒有鼓勵我，以致我沒有自信恢復健康。

在床上做一年廢人，最後可能還會死掉。我害怕極了。為什麼我會遇見這樣的事，我做錯什麼了嗎？為什麼會得到這樣的報應？我哭鬧著，心裡滿是怨恨。但我還是不得不按照醫師說的在床上靜養。我的鄰居魯道夫先生是個藝術家，他對我說：「現在，妳覺得在床上躺一年是極其痛苦的事情，可是實際上不是這樣的，妳可以有思考的時間，能夠真正地看清自己了。在未來的幾個月裡，妳在思想上的進步，會比妳這輩子得到的還要多。」於是，我平靜下來，開始為自己確立新的價值觀。我看了很多能夠發人深省的書。一天，我聽到一個廣播新聞評論員說：「你只能談你了解的事情。」以前，類似的話我聽到很多，但直到現在才深刻地感受到其中的意義。我決定只想那些愉快而健康的事情。從早上睜開眼，我就逼著自己想一些美好的事情：我沒有痛苦，我有個可愛的女兒，我看得見，聽得到，能夠欣賞優美的音樂，有空閒的時間讀書，吃飯很美味，有很多好朋友，我很快樂。而且，來探望我的人太多了，以至於醫師要在門口掛個牌子，提醒只許在規定的時間裡限制人數探病。

這件事已經過去九年了，現在，我的生活多姿多彩。在床上度過的那一年，是我最難忘的一年，是我在亞利桑那州所度過的最有意義、最快樂的一年，我充滿了感恩。而且，直到現在，每天早上我還會計算一下身邊美好的事情，那是我最寶貴的財富。讓我覺得慚愧的是，直到我為死亡而擔心時，才真正學會了如何生活。

塞繆爾．詹森博士說過：「理智地看待每一件事，比每年賺一千英鎊更有意義。」

需要提醒各位的是，說這句話的可不是一個天生樂觀的人，他曾經過著痛苦的生活，貧困地度過了二十年，然而他最終成為那個時代最著名的作家和演說家。

洛根．皮爾索爾．史密斯曾經說過：「人生應該有兩個目標：第一個是得到你想要的，第二個是在得到之後享受它。第二個目標，只有聰明人才能達到。」

你知道在廚房水槽洗碗也是一種令人開心的體驗嗎？你可以讀一讀由波姬兒．戴爾撰寫的《我希望能看見》這本鼓舞人心的書，就能體會那種感覺。

波姬兒．戴爾是個在失明邊緣生活了五十年的女人，她在書中寫道：「我只有一隻眼睛能夠看到，但是這隻眼睛上滿是傷疤，只能用眼睛左邊的一個小孔看東西。無論看什麼，都要離得很近才行，而且要把另一隻眼盡量側過去。」

然而，她不願意被當成特殊的人，她拒絕接受別人的憐憫，她看不見地上的線，所以不能和別的小孩一起玩「跳房子」遊戲，於是便在別的孩子回家以後，趴在地上，把眼睛貼近那些線努力觀察，把每一條線都牢牢記住，沒過多久，她成了「跳房子」高手。她閱讀時必須把印有大字的書貼在臉上，近得可以碰觸到睫毛。她先在明尼蘇達州立大學獲得了學士學位，又在哥倫比亞大學獲得了碩士學位。

在明尼蘇達州特溫瓦利的一個小村子裡，她開始了教學生涯，然後逐漸升任南達科他州蘇瀑市奧古斯塔那學院的新聞學和文學教授，並且在那裡教了十三年的書。她在很多婦女俱樂部發表演講，還在電臺主持讀書節目。

她說：「我的內心深處經常害怕自己會完全失明，為了克服這樣的恐懼，我對生活的態度是快活而且近乎戲謔的。」

一九四三年，她五十二歲時，奇蹟發生了。著名的梅約診所為她進行了一次手術，她比以前看清楚了四十倍。一個嶄新、美麗的世界出現在她的眼前。她發覺，就算是在廚房的水槽裡洗刷碗碟，都是如此令人開心的事。「我玩著水槽裡的肥皂泡沫，捧起大把大把的泡泡，對著陽光舉起來，我可以在每個泡泡裡看到豐富明亮的色彩。」

我們都應該感到慚愧，這麼多年來，我們每天都生活在這個美麗的世界裡，然而卻無所作為。

培養平靜、快樂心態的第四種方法，就是：

多想想你的幸福，而不是你的煩惱！

5 做自己

一個人如果打算擁有別人的全部優點，那簡直是最荒謬、愚蠢的想法。北卡羅萊納州芒特艾里的伊迪絲·奧瑞德太太曾經寫給我這樣一封信：

從小我就很害羞，而且性格敏感。我很胖，再加上我的大臉讓我看上去比實際要胖很多。我的媽媽是個刻板保守的人，她覺得打扮漂亮是很愚蠢的事情。「寬衣好穿，窄衣易破」，是她經常對我說的話，而且在幫我挑選服裝時，她也遵守著這樣的原則。因此，別的孩子在室外做遊戲時，我從來都不參與，甚至不願意去上體育課。我太害羞了，覺得我不同於他人，是個讓人討厭的人。

長大後，我嫁給一個比我年紀大許多的男人，但我並沒有什麼改變。我丈夫的家人都很好，他們很有自信，他們就是我想成為而現在還不是的那種人。我盡了最大的努力要像他們一樣，可是我辦不到。他們為讓我變得開朗

話。

所做的每一件事，都只會令我更進一步地退縮到我的殼裡去。我因此變得緊張不安，避開所有的朋友，甚至怕聽到門鈴響。我知道自己是一個失敗的人，但又怕丈夫會發現這一點。所以每次我們出現在公共場合時，我都裝成很開心的樣子，結果卻常常做得太過。我知道自己做得太過分了點，並且事後還會為此而傷心好幾天。

我最終難過得失去了活下去的勇氣，甚至有了自殺的念頭。

這個不快樂的女人是因為什麼而改變了生活呢？只不過是脫口而出的一句

一天，我的婆婆談起了她教育小孩的方法，她說：「無論發生什麼事，我都要求他們做自己。」就是這句「做自己」讓我在一瞬間發現了我煩惱的原因，我一直在試圖讓自己適應一個不適合自己的模式。

一夜之間我徹底改變了。我開始做自己，試著研究自己的個性，弄清楚自己究竟是個怎樣的人。我研究自己的優點，盡我所能去解決色彩和服飾搭配的技巧，盡可能用適合我的方式穿衣服。我主動結交朋友，參加社團組織活動，開始時是一個很小的社團，他們邀請我參加活動，把我嚇壞了。但我每發言一次，就增加一分勇氣。這事雖然花了很長的一段時間，但今天我所有的快樂，卻是我從來沒想過會得到的。我在教育孩子時，也總把自己從痛苦經驗中學到的東西教給他們：「不管事情怎麼樣，盡量做自己。」

「做自己的問題就如歷史一樣古老，」詹姆士．戈登．吉爾基博士說，「也如人生一樣簡單。」有的人不願意做自己，是很多精神和心理的潛在原因造成的。作家安吉洛．帕特里曾寫過十三本和上千篇有關育兒教養方面的書籍與文章，他說：「在人的一生中，沒有什麼比想做其他人更痛苦的事了。」

這種想做跟自己不一樣的人的想法，在好萊塢尤為流行。好萊塢知名導演山姆．伍德，說他在啟發一些年輕演員時，遇到最讓自己頭痛的問題，是如何讓他們做自己。他們都想做二流的拉娜．特納，或是三流的克拉克．蓋博。「這一套表演方式觀眾經已經受夠了，」山姆．伍德說，「最好的做法是，盡量丟開那些裝腔作勢的演法，回到自我中去。」

最近我訪問飛馬牌石油公司人力資源部主任保羅．博因頓，並向他請教來應聘的人常犯的最大錯誤是什麼。這個在人力資源部有資深工作經驗的人，曾面試過六萬多名應聘者，還寫過一本名為《求職的六種方法》的求職書籍。他的回答是：「來應聘的人所犯的最大錯誤，就是沒辦法做自己，他們不敢以真面目示人，不能完全坦誠，卻給你一些他認為你想要的回答。」但這種做法一點用都沒有，因為沒有哪家公司需要偽君子，就像從來沒有人願意收假鈔票一樣。

有一個電車司機的女兒，歷盡艱辛才學到了這一點：

她想要成為一名歌手，但她長得並不好看，嘴很大，有點齙牙。她在紐澤西州的一家夜總會駐唱，每次唱歌時總會刻意地用上嘴唇蓋住自己的牙齒，結果反而讓自己沒辦法發揮實力，註定了她的失敗。

但在那家夜總會裡聽她唱歌的一個人，認為她很有天分。「我跟妳說，」他很直率地告訴她，「我一直在注意妳的演出，我知道妳想掩藏什麼。妳是不是覺得妳的牙齒長得很難看？」這個女孩子非常難堪，但那個男人繼續說道：「這是怎麼回事，難道長齙牙就是罪大惡極嗎？不要去遮掩，張開妳的嘴，觀眾看到妳不在乎，他們會更喜歡妳。」他很尖銳地說：「那些妳想遮起來的生理缺陷，說不定還會帶給妳好運。」

卡斯．戴利接受了他的忠告，在演出中不再注意牙齒。從那時起，她一心只想到她的觀眾。她張大嘴巴，熱情而歡快地演唱，最後成為電影界和廣播界的一流明星，現在其他的喜劇演員還希望能像她一樣呢。

著名的威廉．詹姆斯曾談到那些從來沒有發現自己的人。他說，一般人只發掘了自己百分之十的潛力，「相較於我們該用到的，」他說，「我們等於只用了一半；我們身心兩方面的能力，我們只用了很小的一部分。我們具有各種各樣的潛力，可我們卻習慣性地忽視了，不懂得怎麼去利用這些潛力。」

我們都有這樣的能力，所以不該再浪費時間，為我們沒有擁有其他人的優點而苦惱。在這個世界上你是唯一的，過去從未有過，從開天闢地直到今天，沒有誰跟你完全一樣；而將來直到永遠，也不可能再有一個完全同你一樣的人。新的遺傳學告訴我們，你之所以為你，是因為你父親的二十三對染色體和你母親的二十三對染色體的遺傳。「在每一對染色體裡，」阿姆蘭．辛菲爾德說，「可能有幾十到幾百個遺傳因數，在某些情況下，每一個遺傳因數都能對一個人的一生產生影響。」的確不錯，我們就是這樣被「既可怕又奇妙地」造成的。

即使在你母親和父親相遇結婚後，生下的這個孩子正好是你的機會，也僅僅是二十萬億分之一。換句話說，即使你有二十萬億個兄弟姊妹，也不可能和你完全一樣。這是想像嗎？不是，這是科學的事實。

對這一點如果你想了解得更詳細，不妨到圖書館借一本《遺傳與你》，這本書的作者就是阿姆蘭．辛菲爾德。我對做自己這個問題感觸很深，下面我們繼續深談。對這個問題，我曾有過痛苦的經驗，並為此付出了相當大的代價，在這裡向大家介紹一下。

從密蘇里州的鄉下來到紐約時，我進了美國戲劇學院，希望能在這裡當個演員。當時我有一個自認為非常聰明的想法，以為找到了成功的捷徑；這個想法很簡單，很完美，我不明白為什麼成千上萬野心勃勃的人竟沒有發現這一點。這個想法是這樣的，我要去學那些名演員的演戲方法，學習他們的長處，把他們每個人的優點學到手，把他們所有的長處集於一身。這個想法是多麼愚蠢、多麼荒唐！我怎麼能浪費那麼多的時間去模仿別人？最後終於明白，我必須保有自我，我不可能變成他們中的任何人。

這次痛苦的經歷，本應成為永遠難忘的教訓，但事實並非如此。我並沒有因此學乖，可能我太笨了。我計畫寫一本關於演說的書，希望它成為此類書中最好的一本。寫那本書時，我又有了像過去演戲時的笨想法。我打算把其他作者的觀點全部「借」過來，放在我自己的書裡，使它能夠包羅萬象。於是，我買來十幾本有關公共演說的書，用了一年的時間把它們的觀點搬進我的書裡，可是最後我發現，我又辦了一件蠢事。把別人的觀念拼湊在一起，這樣寫成的東西非常做作，非常沉悶，沒有誰能看得下去。我只好將一年的辛苦全丟進紙簍裡，重新開始。這次我對自己說：「你必須做自己，不管你有多少錯，能力多麼有限，你總不能變成別人。」從這以後，我不再嘗試做其他所有人的集合體，相反地，我挽起袖子，做我一開始就該做的那件事：完全以自己的經驗和觀察，以演說家和演說教師的身分寫了一本關於公共演說的教科書。我學到了華特・雷利爵士所學到的那一課，並希望能長久堅持下去。華特・雷利爵士曾於一九〇四年在牛津大學任英國文學教授，他說：「我沒有能力寫一本足以與莎士比亞媲美的書，但是我可以寫一本由我寫成的書。」

保有自我，像歐文・柏林給已故的喬治・蓋希文的忠告那樣。柏林和蓋希文初次會面時，柏林已經名聲在外了，而作為年輕作曲家的蓋希文才剛剛出道，一星期只賺三十五美元。柏林很欣賞蓋希文的能力，他問蓋希文是否願意做自己的祕書，可以付給他三倍的薪水。但他同時也惜才地勸告他，「不過你不能接受這個工作，」柏林忠告說，「如果你接受了，你可能就會變成一個二流的柏林。如果你繼續做自己，總有一天你會成為一個一流的蓋希文。」

蓋希文接受了這個建議。後來他漸漸成為這一代美國最重要的作曲家之一。

瑪麗·瑪格麗特·麥克布萊德初入廣播界時，想做一個愛爾蘭喜劇演員，結果沒成功。後來她發揮了自己的本色，從一個密蘇里州來的很平凡的鄉下女孩，變身成了紐約最受歡迎的廣播明星。

美國鄉村歌手金·奧崔在剛出道時，希望像城裡的紳士一樣，於是他把自己的德克薩斯口音改掉，並自稱是紐約人，結果成了大家背後的笑柄。後來他開始唱自己的西部歌曲，彈奏吉他，成為在電影和廣播裡最受歡迎的西部鄉村歌手，為他那了不起的演藝生涯拉開了序幕。

你應該慶幸自己是這世上的新東西，大自然賦予你的一切都應物盡其用。總的來說，些微的自傳性質，是所有藝術的共同之處：你只能唱自己的歌，畫自己的畫，做一個由你的環境、經驗和家庭造就的自己。不管好壞，你都要獨自創造一個小環境；不管好壞，你都要把自己的樂章，融入生命的交響曲。

如同愛默生在他那篇〈自立〉的散文裡，所說的：「每個人在其接受教育的過程中，一定會在某個時期發現，羨慕意味著無知，模仿意味著自殺。不管怎樣，他都必須保持自己的本色。即便在這廣闊的宇宙間還充滿了無數的美好事物，然而除非他心甘情願在屬於自己的那片土地上耕種，他絕對無法獲得好收成。他所擁有的全部能力是自然界的一種新能力，任何人都不知道他能做些什麼，除了他自己，而所有這些，只有嘗試之後才能知道。」

另一位詩人道格拉斯．瑪拉赫這樣說：

如果無法成為山巔上的一棵勁松，
那就當山谷裡的一株小樹！
但一定要做那最好的小樹。

如果無法成為一叢小灌木，
那就當一片小草地！
帶給道路生氣；
如果你做不了麋鹿，
做一條小魚也不錯！
但一定要是湖中最活潑的那條！

我們無法都是船長，總要有人當船員，
這裡有許多事要做，
有大事，有小事，
但最重要的是，我們要做好分內的事。

當不了大路，就當羊腸小徑，
不能成為太陽，就做一顆小星星；
不能憑大小來斷定輸贏，
但不論做什麼，都要做最好的自己。

培養平靜、快樂心態的第五種方法：

不要模仿別人，要找到自我，做自己。

6 化不利為有利

貝多芬最好的曲子，是在他耳聾之後做出的。由此可見，缺憾對我們常會產生意外的幫助。

寫作本書的時候，有一天，我曾到芝加哥大學拜見羅伯特·梅納德·哈欽斯校長，向他請教如何才能獲得快樂。他回答說：「已故的西爾斯·羅巴克公司董事長朱利葉斯·羅森沃德曾對我有個小小的忠告，我一直試著按照他說的去做，這就是：『如果手中有顆檸檬，把它做成檸檬汁。』」

這是一位偉大的教育家的做法。而常人的做法正好相反。要是一個人發現生命所賦予他的只有一顆檸檬，他就會自暴自棄地說：「我完了，這就是命運，一點機會也不屬於我。」接著他開始詛咒這個世界，讓自己沉浸在自憐之中。然而，當聰明人拿到一顆檸檬的時候，他就會說：「我能從這件不幸的事情中學到什麼呢？我怎樣才能改變現狀，怎樣才能把這顆檸檬做成一杯檸檬汁？」

偉大的心理學家阿爾弗雷德·阿德勒投入畢生心血研究人類的潛能，他說，人類最奇妙的特性之一，就是「變負面為正面的力量」。

下面有一個很有趣的故事要和大家分享，故事的主角是一個名叫席瑪·湯普森的女人，她說：

戰爭時期，我的丈夫駐守在加州莫哈韋沙漠附近的陸軍訓練營裡。為了離他近一些，我也搬了過去。我對那個地方深惡痛絕，從來都沒有那麼痛苦過。我丈夫被派到莫哈韋沙漠出差時，我只能獨自待在又小又破的屋子裡，那裡熱得讓人窒息，就算是在大仙人掌的陰影下，氣溫也高達攝氏五十度。當地都是墨西哥人和印第安人，而他們又不會說英語，簡直無法交流。風吹得沙子到處都是，連吃的東西和呼吸的空氣裡也充滿了沙子。

當時，我難過到極點，於是寫了封信給父母，對他們說我忍受不了，想回家，連一分鐘也待不下去了，住在這裡還不如住到監獄去。我父親在回信中只寫了兩行字，那是改變我人生的兩行字，我永遠忘不了。

兩個囚犯從監獄的鐵窗裡向外看，

一個看見的全是爛泥，另一個看到了滿天的星星。

這兩行字我反覆念了很多遍，感到非常慚愧。我決心找出當時處境下的好事情，我想看到那些美好的東西。

我很快就和當地人交上了朋友，他們對我非常熱情，讓我驚喜萬分。當我對他們自製的布和陶器表現出喜愛時，他們把那些不捨得賣給遊客的東西都送給了我。我認真觀察仙人掌迷人的形態，了解土撥鼠的生活習性，欣賞大漠的日落，還去撿拾貝殼。這片沙漠在三百萬年前還是海床呢！

為什麼我會有這麼大的轉變呢？我身邊的一切都沒有變，但是我變了。我的態度改變了，我把以前感到懊惱的事情當作刺激性的冒險。我發現這是一個讓我感動的嶄新世界，我為此感到興奮。我寫了一本小說，書名為《明亮的堡壘》。我為自己設下了一個監獄，當我從鐵窗向外望時，我看到了星星。

耶穌基督降生前五百年，希臘人曾說出這樣一個真理：「最好的，也是最難得到的。」

在二十世紀，哈利．愛默生．福斯迪克將這句話重複了一遍：「大部分快樂並非享受，而是成功。」不錯，這種成功來自一種成就感，一種志得意滿，也來自我們能把檸檬做成檸檬汁。

我拜訪過一個家住佛羅里達州的快樂農民，他甚至能夠把一個「毒檸檬」做成了檸檬汁。

當買下現在擁有的那片農場後，他沮喪極了，那塊土地非常差勁，無法種果樹，也無法養豬，只有白楊樹和響尾蛇才能在那種土地上生長。然而，他立刻想到了一個好辦法，他要利用那些響尾蛇來賺錢。他把響尾蛇做成了肉罐頭。幾年前我去拜訪他的時候，他告訴我每年到他那裡參觀響尾蛇農場的遊客幾乎有兩萬人。他的生意愈做愈大。他把從響尾蛇毒牙中取出來的蛇毒，運送到各大藥廠做防蛇毒血清，把響尾蛇皮以高價賣去做女人的鞋子和皮包，把響尾蛇肉罐頭運送到世界各地。現在，為了紀念這位先生，這個村子已經改名為佛州響尾蛇村，這也是為了紀念他將有毒的檸檬做成了甜美的檸檬汁。

《十二個與神為敵者》一書的作者，也就是已故的威廉．博利托，曾經說過這樣的話：「不要把你的收益當作資本，這是人生中很最重要的一件事。從損失中獲益，才是我們需要學會的經驗，這需要足夠的智慧，而這一點恰恰是聰明人和常人的區別。」

這段話是博利托在一次火車事故中摔斷了一條腿後說的。還有一個兩條腿全斷掉的人，他也改變了傷痛的負面影響。他的名字叫班・福特森。我曾在喬治亞州大西洋城一家旅館的電梯裡遇見他。在我走進電梯時，發現他坐在電梯角落裡的輪椅上，他的兩條腿都斷了，仍很樂觀的樣子。電梯到了他要去的那一層時，他很愉快地問我是否可以讓一下，好讓他轉動輪椅出去。「真對不起，」他說，「麻煩您了。」說這話的時候，他的臉上露出非常溫和的微笑。

他給我留下了深刻的印象，以致當我離開電梯回到房間後，什麼事情也不願想，腦子裡全是他的影子。於是我去拜訪他，請他講講自己的故事。

「那是一九二九年，」他微笑著說，「我砍了一大堆胡桃木的枝幹，準備在菜園裡做豆子的撐架。我把那些樹枝裝上車，就開車回家。在車子急轉彎的時候，一根樹枝突然滑了下來，卡在引擎裡，這時，車子順勢衝出路外，撞到樹上。我的脊椎受了傷，兩條腿都癱瘓了。

「出事時我才二十四歲，從那以後我就再沒走過一步路。」僅僅二十四歲，就要開始終生的輪椅生活，怎樣才能勇敢地接受這個事實呢？當我提出這個問題後，他說：「我以前並不能接受這個現實。」他說當時自己很憤恨很難過，抱怨命運對自己不公。可是隨著時間一年一年地過去，他終於發現憤恨使自己一事無成，相反地，只能給別人帶來惡劣影響。「我終於明白，」他說，「大家對我友善，非常有禮貌，所以我至少應該做到對別人也要有禮貌。」

我問他，事情已經過去很多年了，他是否還覺得那次意外很可怕很不幸？他很快回答說：「不會了，我現在甚至很慶幸有過那一次遭遇。」他告訴我，當克服了震驚和悔恨之後，他就開始了一種全新的生活。他開始看書，對一些優秀的文學作品產生興趣。他說，在十四年裡，他至少讀了一千四百本書，這些書為他展示了全新的境界，使他的生活比以前所設想的還要豐富多彩。他開始欣賞很多音樂作品，過去認為令人煩悶的著名的交響曲，現在都能使他感動。而最大的改變是，他現在有時間去思考。「生平第一次，」他說，「我能讓自己認真觀察這個世界，有了真正的價值觀念。我開始明白，過去我所追求的事情，大都沒有任何價值。」

閱讀使他對政治發生興趣。他研究公共問題，坐著他的輪椅去演說，透過這些活動結識很多人，很多人也因此認識了他。今天，班．福特森——依然坐在輪椅上——但他現在的身分，已是喬治亞州政府的祕書長了。

在過去的三十五年裡，我一直在紐約市主持訓練班的工作。我發現很多成年人最大的遺憾是沒有上過大學，他們似乎認為沒有接受高等教育是人生的一大缺陷。我知道這話不一定對，因為有許多很成功的人，甚至連中學都沒有畢業。所以，我常常對這些學生們講一個故事，故事的主人公甚至連小學都沒有畢業。他家裡很窮，父親去世後，他靠朋友們的募捐，才把父親安葬了。父親死後，母親在一家製傘廠裡做事，一天工作十個小時，下班後還要帶一些工作回家，一直工作到深夜十一點。

在這種環境裡，這個男孩子長大了，他曾參加當地教堂舉辦的一次業餘戲劇演出活動。演出時他覺得特別痛快，於是他決定去學演講，後來，這種能力又引導他進入政界。三十歲的時候，他當選為紐約州的議員，但他對此毫無準備。他告訴我，其實他根本不知道該怎麼做。他研究那些長而複雜的法案，這需要他投票表決，然而對他來說，這些法案就像用印第安文字寫的。在當選為森林問題委員會委員時，他既吃驚又擔心，因為他從來沒有進過森林。在當選為州議會金融委員會委員時，他同樣特別吃驚和擔心，因為他都沒在銀行開過帳戶。他告訴我，他當時太緊張了，以至於想從議會裡辭職，只是他羞於向母親承認他的失敗。在絕望中，他決心每天苦讀十六個小時，把他那無知的檸檬變成一杯盛滿知識的檸檬汁。經過努力，他從當地一個小政治家變成了一個全國的知名人物，以致《紐約時報》稱他為「紐約最受歡迎的市民」。

我說的就是阿爾·史密斯。

阿爾·史密斯經過十年的自學，掌握了政治課程，此後，他成為評價紐約州政府一切事務最有權威的人。他曾四度被選為紐約州州長，這是一個空前絕後的紀錄。一九一八年，他成為民主黨總統候選人，包括哥倫比亞大學和哈佛大學在內的六所大學，都授予這個甚至連小學都沒有畢業的人榮譽學位。

阿爾·史密斯曾親口對我說，如果他當年沒有一天學習十六個小時、化被動為主動的努力，所有這些事情都不會發生。

尼采對超人下的定義是：「不僅是在必要情況下忍受一切，而且還要喜歡各種具有挑戰性的機遇。」

研究過那些成功者的經歷後，我更加深刻地感受到，他們成功的原因，就在於他們雖有一些會阻礙自己成功的缺陷，但正是這些缺陷促使他們加倍努力，從而得到了更多的回報。正如威廉·詹姆斯所說：「缺陷對我們會產生意外的幫助。」的確，彌爾頓很可能就是因為雙眼失明，才寫出更好的詩篇來；而貝多芬因為雙耳失聰，才做出了更好的曲子。

海倫·凱勒之所以成就輝煌，也是因為她又瞎又聾。柴可夫斯基悲劇性的婚姻，使他瀕臨自殺的邊緣，如果他自己的生活不是那麼淒慘，他也許永遠也寫不出那首不朽的第六號交響曲〈悲愴〉。如果杜斯妥耶夫斯基和托爾斯泰的生活不是那樣歷盡坎坷，他們可能永遠無法寫出流傳後世的小說。

達爾文發現了地球上生命科學的基本概念，他曾經寫道：「如果我身體沒有這樣的殘疾，我也許不會完成這麼多工作。」他坦白地承認殘疾對他有意想不到的幫助。

在達爾文出生的同一天，另外一個孩子也在肯德基州森林的一個小木屋裡降生了，他也是個有缺陷的人，而且他的缺陷也對他產生了幫助。他就是亞伯拉罕．林肯。如果他出生在貴族之家，在哈佛大學法學院得到學位，而婚姻生活又幸福美滿，也許他就無法發自內心地發表那篇在蓋茨堡的不朽演說，也不會有那句如詩般的名言。那句名言是他在連任總統的就職演說上所說的，是美國總統所說的最美最高貴的話：「對任何人都不懷惡意；對所有人都懷有仁慈……」

哈利．愛默生．福斯迪克所著的《堅持到底的力量》一書中，說：「斯堪的納維亞半島人有一句俗話，可以用來鼓勵我們自己：北風造就了維京人。我們為什麼會覺得，安全而舒適的生活、沒有任何困難，這些就能使人變得積極快樂呢？事實正相反，那些可憐自己的人會繼續自憐下去，即使他們舒適地躺在一個大墊子上也不例外。從歷史上看，不同的環境雖然會對一個人的性格和他的幸福產生影響，但重要的是他們的責任感。所以，我要再強調一遍：北風造就了維京人。」

當我們非常灰心喪志，認為我們不可能把檸檬變成檸檬汁時——那麼，有兩個理由讓我們無論如何都應該再試一試，因為我們已經沒有什麼可失去的了，反而可得到更多。

第一個理由，我們可能成功。

第二個理由，即使沒有成功，只要嘗試一下把負面因素轉變為正面因素，就會促使我們向前看而不是向後看。

所以，用肯定的思想來代替否定的思想，這樣就能激發我們的創造力，促使我們忘掉那些已經過去和已經完成的事情，因為我們忙得根本沒有時間去理睬它們。

有一次，世界著名的小提琴家奧雷·布爾在巴黎舉辦音樂會，突然，他小提琴上的A弦斷了，可是奧雷·布爾竟用另外三根弦演奏完了那支曲子。「這就是生活，」哈利·愛默生·福斯迪克說，「如果你的A弦斷了，那麼，你就在其他弦上把曲子演奏完吧。」

這是更可貴的生活，是生命的一次勝利。如果可以的話，我會在每所學校掛上刻有威廉·博利托這句話的銅板：

「不要把你的收益當作資本，這是人生中很最重要的一件事。從損失中獲益，才是我們需要學會的經驗，這需要足夠的智慧，而這一點恰恰是聰明人和常人的區別。」

要培養平靜、快樂心態的第六種方法是：

當命運給了我們一顆檸檬時，試著把它榨成檸檬汁吧。

7 忘掉自己，關心他人

當準備寫這部書時，我曾以兩百美元的獎金向社會徵集關於「我是如何克服憂慮」的真實感人的故事。

我聘請了三個人作為這次徵文比賽的評委：東方航空公司董事長艾迪·雷肯拜克，林肯大學校長史都華·麥克利蘭，廣播新聞評論家卡頓伯恩。我們收集了很多故事，其中有兩篇作品十分精彩，難分軒輊。最終我們決定，這筆獎金由兩名作者分享。

以下是波頓講述的故事：

我九歲後，母親就不在我身邊，父親也在我十二歲那年去世了。在我九歲那一年，母親帶著我的兩個妹妹出門後，就再也沒回過家。我收到母親寄來的第一封信，是在她離開家七年以後。我母親出走三年後，父親死於一次意外事故。在密蘇里州的一個城鎮，父親與人合夥開了家咖啡廳。但那個合夥人趁父親外出辦事時，將咖啡廳轉賣後逃之夭夭。父親的一個朋友發電報告知他此事，並讓他盡快回來。父親在慌亂中，不幸在堪薩斯州發生車禍身亡。我的兩位姑媽都已年高體弱，而且也很貧窮，因此只能收留我們家三個小孩。不過，好在有位好心人，收留了沒人照料的我和小弟。那時我們最害怕其他人把我們像孤兒一樣看待，因為那會讓我們內心充滿不安。一段時間後，我們寄住的那家主人突然失業，這令他們家貧窮得不能再多養活一人。幸好在這時，住在農場的洛夫廷夫婦收留了我，他們的農場距離鎮子十一英里。

洛夫廷先生長年臥病在床，已經七十高齡的他說，如果我想和他們永遠在一起生活，就一定要做到三點：一不能說謊，二不能偷竊，三必須聽話。這三項紀律成了我日常行為的守則，我一直將它們記在心中，並很好地照做。在我進入學校讀書的第一個星期，發生了令人難堪的事情。別的同學總嘲笑我的大鼻子，說我是小笨豬，是沒有父母的小孤兒。我難過得想跟他們打架，但我還是克制住自己，不與其糾纏，因為洛夫廷先生的忠告就在我耳邊：「必須記住，隨便跟人打架，那並不是真正的男子漢的行為！」但有一天，一個男同學抓起一把雞屎拋到我臉上，我忍無可忍，撲過去狠狠地揍了他，旁邊的小孩子們看到，也認為他應該挨揍，就這樣，我和他們交上了朋友。

我很喜愛洛夫廷夫人買給我的新帽子，可有一次，一個高年級女生從我頭上搶走了那頂帽子，並灌上水，把它弄壞了。她用滿不在乎的口氣對我說，她要用帽子裝滿水，澆到我的木頭腦袋上令我開竅。

當時在學校，我並沒有哭，但回家後，我忍不住放聲大哭。洛夫廷夫人叫我過去，教給我一個好辦法，可以與人化敵為友。她對我說：「波頓，如果你嘗試幫助他們，當他們對你有好感時，就不會再欺負你了。」於是，我牢記著她的建議，並開始努力學習。因為總是樂於助人，所以當我成為全班成績最好的學生時，並沒有招來同學們的妒忌。

我教幾個男同學學寫作文，其中有一個同學害怕他媽媽知道我在幫他，就用遛狗作藉口，悄悄過來把狗拴在洛夫廷夫人家的倉庫裡，並讓我幫他補習。我曾經教一名同學寫讀後感，還幫一名女同學補習數學——這用去了我幾個晚上的時間。

在那段日子裡，村裡有兩名老人去世，另外有一個中年婦女被丈夫拋棄，而我成了這幾個家庭的支柱。在兩年裡我一直幫助這幾個可憐人。

我在放學後，去他們家幫忙劈柴、擠牛奶、餵牲口。現在我和大家成為好朋友，人們都用讚揚代替嘲笑。當我從海軍退伍歸來時，他們用真正的熱情與歡迎來對待我。剛到家的那天，我接受了兩百多名鄰居的探望，甚至還有人遠道而來，驅車八十英里來看我，他們對我流露出真正的關切。十三年來，再也沒有人取笑我是笨蛋和孤兒了。現在我的生活中很少有煩惱，因為我一直在幫助別人。

讓我們為波頓先生喝彩！他懂得了與人交往、排解憂慮和享受生活的訣竅。

擁有同樣經歷的法蘭克．盧普博士，已癱瘓在床二十三年。任職於西雅圖《星報》的斯圖爾特．懷特豪斯先生曾對我說：「我曾多次採訪盧普博士，他是在我所知道的人中，最無私也是最會享受生活的。」

這位長年臥床的病人如何享受生活呢？自我中心、一味自憐，還是怨天尤人？不，絕不是。因為他是按威爾斯親王的誓詞去做的：「為人服務。」他收集了許多癱瘓臥床病人的姓名和地址，並寫了慰問信給他們每個人。他還為病友組織一個俱樂部，可以讓他們寫信，以便相互鼓勵，這個俱樂部最後發展成為一個全國性的組織。

躺在病床上的盧普博士平均每年要寫一千四百封信，為很多病友送去快樂和溫暖。

盧普和其他人之間的最大不同是：他擁有神聖的使命感和崇高的信念。他深切地體會到，奉獻精神高於一切，而且會帶給所有人真正的歡樂。就像蕭伯納所說：「一個自私自利的人必定會陷入對生活的抱怨中，因為世界已經不能令他感到快樂。」

著名心理學家阿德勒常對憂鬱症患者所說的話，帶給我很大的震撼：「如果你每天想著，並用盡所有辦法使一個人開心，保證你的憂鬱症能在兩個星期內痊癒。」

這句話乍聽之下有些離奇，因此，為了供大家學習，我從阿德勒博士所著的《生活的意義》一書中，摘錄了幾個段落：

憂鬱症是一種長期對他人抱有怨恨，而病人自己感到沮喪的情緒，其目的是博得他人的關愛、認同與同情。有一件事是憂鬱症病人常會想到的：我記得有一次我很想睡在沙發上，可是哥哥坐在那裡，他不讓開，我就一直哭到他站起來把座位讓給我為止。

自殺是憂鬱症病人經常會選擇的方式，因此作為醫師首先要不讓他有任何理由去自殺。緩和所有會帶來緊張的氣氛，讓他們放鬆，是我所用的治療方法。我會告訴病人：「你不願意做的事，就千萬別去做。」這聽起來像廢話，但我確信所有問題都由此而來。如果病人諸事遂心，那麼他還有什麼好埋怨呢？又有什麼自殘的理由？我提醒他們：「如果你想去看電影或度假，只管去就好。如果半路上你改變了主意，那就儘管隨自己的心意做。」如此這般，他可以像上帝一般來去自由，其優越感就會得到滿足。如果大家事事都隨他心意，他即使想埋怨、支配他人，也沒有藉口了。病人常常說：「任何事情都提不起我的興趣。」我聽過不下一千次，早就知道該怎樣回答，我會對他說：「所有你不喜歡的事，你都不必做。」有時有人會回答：「一整天我都想躺在床上。」我清楚如果我答應，他就不會那樣做，若我不答應，就會使他的情緒爆發。所以我會表示贊同，而且毫不猶豫。

這是交流方法之一，而另一種更直接的方法也可幫助他們，我告訴他們：「請每天想方設法讓別人高興，看他們有什麼反應。如果你照這個建議去做，兩星期內就會痊癒。」大腦早已被自己占滿的他們會想：我去管別人，有必要嗎？也有人會說：「這是我經常做的，我總在想辦法讓別人高興。」

實際上，他們從來沒有這樣做過。他們會把我要求多想想的事，立刻拋到腦後。我對他們說：「在合適的時候，你可以認真想一個你願意讓他高興的人，這對你的健康很有好處。」隔天，我問他們：「昨晚你有沒有認真考慮一下呀？」通常他們會回答：「昨天晚上我躺下就睡著了。」不能讓他們感到任何壓力，這些都是在一種平等、友好的氣氛中進行的。

有人會說：「我做不到，我煩透了！」我說：「繼續你的煩惱吧，只要抽空想一想別人就可以。」我要做的，是把他們的視線暫時轉移到別人身上。很多人問我：「為什麼我要使他人快樂？為什麼不是別人來使我快樂呢？」我回答說：「這樣你會健康起來，將來你也許會比其他人快樂。」我遇到的病人幾乎都不會說：「你的建議我會遵守。」所有我做的，只是令病人漸漸提高對他人的興趣。我知道他們與別人的交流很少，這點也要讓他們認識到，如果有一天他把別人和自己放在同等位置，那麼他的病就好了。「愛你的鄰人」是十誡中最難做到的一條，自私自利的人不但會困擾自身，還會使周圍的人受到傷害，他們幾乎導致了人類的所有失敗。我們對他人的要求及給予他人最高的讚美是：他是個好同事、好朋友、好戀人和好伴侶。

阿德勒博士提醒我們，每天要做一件善事。那麼，怎樣的行為可以算做善事呢？先知穆罕默德說：「善事是能給別人帶來快樂的舉動。」日行一善，這會對我們有很大幫助！因為當我們努力使他人快樂的同時，就沒有自憐自艾的時間了，也沒有憂慮、恐懼與苦悶的理由了。

威廉·穆恩夫人在紐約開辦了一所慈善祕書學校，在不到兩週的時間內，她的憂鬱症就痊癒了。事實上，是一對孤兒的出現，令她在一天之內擺脫了憂鬱的困擾。以下是穆恩夫人向我講述的故事：

五年前的十二月，與我共度多年美滿時光的丈夫永遠地離開了我，這使我的情緒十分低落。隨著耶誕節的臨近，我的哀傷逐漸加深。我愈來愈懼怕耶誕節的到來，因為此前我從未獨自度過這個節日。朋友們邀請我和他們一起過耶誕節，但我不敢答應。因為我明白，看到其他幸福的家庭，我會陷入往日的回憶而愈發傷心，因此他們的好意被我一一謝絕。沒錯，身邊雖然有不少本應慶幸的事，但傷心還是淹沒了我。平安夜那天下午三點，我離開辦公室，漫不經心地獨自在街上閒逛，希望可以忘掉心中的孤單與憂慮。歡樂的人群布滿了街道，這讓我觸景傷情。想到空蕩蕩的公寓，我就不敢回去，不知該做什麼，也不知道目的何在，我不禁淚流滿面。過了一個多小時，我發現自己站在公車站前，當第一輛公車開來時，我不由自主地走了上去，因為這使我想到了和丈夫一起坐公車去旅行探險的情景。乘務員在車經過哈德遜河後不久說：「夫人，終點站已經到了。」我不知道自己是在哪裡下車的，不過那是個非常靜謐的地方。趁回程車還沒來，我去附近的住宅區閒逛。當路過一座教堂時，我聽到裡面傳出了優美的〈平安夜〉樂曲，便走了進去，發現除了一位盡情演奏的風琴手之外，這裡並沒有其他人。我在教友席上靜靜地坐著，看著五彩繽紛的聖誕樹，聽著優美的音樂，漸漸地，一天都沒吃東西的我疲倦地睡著了。

當醒來時，我發現面前站著兩個來看聖誕樹的小孩。其中那個小女孩指著我問：「她是和聖誕老人一起來的嗎？」看到我醒來，他們顯然被嚇了一跳。我對他們說：「孩子，我不是壞人，不要擔心。」

他們的衣著很破舊，於是我問：「你們的父母呢？」他們回答道：「我們是孤兒。」聽到這句話我很慚愧，因為這兩個孩子顯然比我有更多的不幸。我與他們一起欣賞聖誕樹，並去商店給他們買了些糖果點心和小禮物。數月以來，我第一次感到真正的關懷與快樂，是這兩個小孤兒給我帶來的，我的悲傷和孤獨感消失得無影無蹤。與他們交談，我發現自己很幸運。我衷心感謝上帝，讓兒時的我一直在雙親的疼愛與呵護下，快樂地度過每個耶誕節。這兩個小孤兒帶給我的，遠多於我帶給他們的。我從這次經歷中學習到，只有首先讓別人快樂，自己才會快樂。我發覺快樂具有感染力，我因幫助、關心別人，而消除了自憐、悲傷與憂鬱情緒，有了重獲新生的喜悅。我的確有了很多改變，並把這種改變持續至今。

因無私幫助他人而重獲快樂健康的故事不勝枚舉，足夠我寫出一本書。不過，我們再去看一下最受美國海軍歡迎的女士瑪格麗特·泰勒·葉慈的故事吧。

作為作家，葉慈夫人身上發生的事比她寫的小說還要精彩而真實，二戰時，日軍偷襲珍珠港的當天早晨，故事發生了。因心臟病而在家休養的葉慈夫人，在一年多時間內，每天幾乎要在病床上度過二十二個小時。從房間到可以晒太陽的花園，是她所能走的最長的路。而且，這還是在女傭的攙扶下走完的。回憶起當年的情形，她說：

我當時認定自己要癱在床上度過下半生。如果日軍沒有偷襲珍珠港，我幾乎就不能真正重回生活的懷抱了。當轟炸剛開始時一片混亂，我家的旁邊落下一枚炸彈，把我震下了床。軍隊派出汽車，把軍人的妻子兒女送去學校避難。紅十字會的人希望我幫忙做些聯絡工作，因為他們知道有一部電話在我床邊。於是我開始記錄流落在各處的海軍、陸軍家屬的情況，那些軍人接到紅十字會的通知，再打電話給我來查找他們家人的情況。很快，在得知丈夫平安的消息後，我一邊鼓勵那些丈夫生死不明的女人們，一邊安慰著那些一夜之間成為寡婦的女人們。這次共有二千一百一十七名官兵陣亡，另有九百六十名下落不明。

最開始，我還是躺在床上接聽電話，之後我便坐在床上。拜忙碌和緊張所賜，最後我竟忘記了自己的病情，不再躺在床上，而是坐在桌旁，為比我更不幸的人送去幫助。就這樣，我每天要做十六個小時的工作。

我發現，如果沒有日軍偷襲珍珠港，也許我會在床上虛度自己的後半生了。那時，我用消極的態度生活著，在床上舒服地躺著。現在我明白，那時的我早就對恢復健康不抱希望。日軍偷襲珍珠港在美國歷史上是一個慘劇，對我卻是改變一生的大事。我在這次災難中發覺自己以往不知道的力量，它讓我把關注從自身轉移到別人身上，同時賦予我戰勝自我的信心，令我沒有時間去關注或哀歎自己的疾病，而是繼續堅強地生活下去。在忘掉自己的同時，我獲得了新生。

有心理障礙的病人如果都像葉慈夫人那樣去幫助和關心別人，那麼至少會有三分之一以上的人可以痊癒。這並不只是我提出來的。著名心理學家榮格說：「我的患者中，在醫學上找不出任何病因的人有三分之一以上，他們只是不懂得什麼是生活的意義。他們只關心自己，自私自利。」也就是說，他們只想以搭便車的形式度過一生，但滿腔的寂寞和無聊驅使他們向心理醫師尋求幫助。當渡輪在他們趕到之前開走時，他們就會怪罪碼頭上除自己以外的所有人。他們總是自私自利，想讓全世界只為自己服務。

也許你現在會說：「這些事有什麼好說的，如果我在耶誕節遇到了孤兒，也會關照他們的。如果我遇到珍珠港事件，也會很樂於做善事，就像葉慈夫人那樣。然而，我和他們的情況截然不同，我每天照常工作八個小時，生活平淡得從未發生過任何有趣的事。我怎可能有關心幫助他人的興趣，為何要我幫助他人？對我來說，這些又有什麼好處？」

這還算是正常想法，你的疑問就讓我來回答吧。無論你過著多麼無趣的人生，每天還是會遇到一些人，你會怎樣對待他們？你是當作沒看見，還是有和他們交談的意願？比如一天要走幾百英里路程為大家送信的郵差，你是否想了解他住在哪裡，他妻子和孩子的狀況你知道嗎？他是否會感到疲勞或單調，你詢問過嗎？

商店售貨員、郵差、擦鞋童，你注意過他們嗎？他們是和我們一樣的人，也會苦悶，也有對未來的夢想和抱負，他們也希望與人交流，這樣的機會你是否為他們提供過？對他們的生活，你是否曾表示關心？並不需要你成為南丁格爾或社會變革者，但你完全可以幫助和關心他人，就從明天第一個你遇到的人開始。對你來說，這樣做的好處是什麼？當然會使你更滿足、更快樂、更自豪。這種觀念被亞里斯多德稱為「開明的自私觀」。宗教學家查拉圖斯特拉說：「對他人好並不是壓力，它能使你健康快樂，因此應把它看作享受。」富蘭克林說得更簡潔：「實際上，取悅別人就是取悅自己。」

紐約心理服務中心主任亨利．林克曾說：「現代心理學最重要的發現，在我看來，是證明了自我犧牲與紀律，是自我實現與獲得快樂的必要條件。」

多為別人著想，不僅可使自己擺脫煩惱，還能得到更多樂趣，結識更多朋友。我向耶魯大學的威廉．菲爾普斯教授請教，他回答道：

我一定會在去商店、理髮店或旅店時，與我遇到的人交談。我要讓他們覺得他們不是一部機器上的螺絲，而是一個人。有時我會對店裡的女服務員表示讚美，說她們的眼睛或頭髮很漂亮。我會問他一整天站著理髮累不累，他是如何涉足理髮業的，做這一行有多久，為多少人理過髮？並和他一起數。我發現如果你對他們感興趣，他們就會感到很開心。我常跟工作了一天的行李搬運工握手，這會令他們精神振奮。我曾在一個酷熱的夏天到火車餐車上用午餐，餐車很悶熱，人群擁擠，而服務速度很慢。當服務員終於把菜單送來給我時，我說：「今天在廚房做菜的人可要熱壞了。」我以為服務員會抱怨，但他說：「上帝啊！客人都在埋怨飯菜不好，嫌這裡太熱，服務慢，東西又太貴。我聽了十九年這樣的抱怨，你是唯一同情廚師的客人。我真希望像你這樣的客人能夠多一些。」

只因我同情廚師，服務員就如此驚異。人們所希望的都是自己被當作人對待。在路上，有時我會遇到牽著狗散步的人，我總記得對那隻狗表示讚賞。當我經過後再回頭看，往往能見到那人很欣賞地拍拍他的狗，我的讚賞重新引起他對自己愛犬的欣賞。

有一次，我在英國遇到一名牧羊人，我對他那隻健壯聰明的牧羊犬表示真心的稱讚，並向他請教那隻狗是如何訓練的。當我走開再回頭看時，見到牧羊犬的主人讓牠把前爪搭在自己肩上，輕拍牠的頭。那牧羊人很開心，只因別人也對他的狗感興趣，當然主人開心，狗也開心，我自己更開心。

你能想像得到，一個常與搬運工握手，又對廚師表示同情，或經常稱讚別人的狗優秀的人，會整日受憂慮困擾，需要找心理醫師嗎？你絕對不能想像吧！中國有句諺語說：「送人玫瑰，手有餘香。」

一名已經做祖母的女士講述了一個故事。多年前，我去一個小鎮演講時，在這名女士家借宿一晚，第二天，她開車五十多英里，把我送到火車站。在路上，她把自己從未告訴別人的經歷講給我聽，她說：

> 我出生在一個靠救濟金生活的貧困家庭中，當時住在費城。貧困使我非常苦惱，以至於參加社交活動，都不能像其他女孩那樣愉快。我的衣服窄小又不太漂亮，是很舊的款式。因為自覺沒面子，我經常在哭泣中入睡。我突然在沮喪中想到一個辦法，就是在每次聚會時，請我的男伴描述他的人生觀、經歷和對未來的設想。說實話，我只是為了分散他們的注意力，不讓他

們看到我寒酸的衣著，而並非喜歡聽他們所講的內容。但令人感到驚訝的是，我在他們的講述中逐漸學到一些寶貴的東西，對他們抱有的極大興趣，也使我忘記了自己寒酸的衣服。讓我更為欣喜的是：成為一個很好的傾聽者和鼓勵者的我，總能使別人感到快樂。因此從那時起，我就成為最受男士歡迎的女孩，向我求婚的就有三位男士。

也許有人會說：「對別人的事感興趣什麼的，全是胡扯！我才沒精力顧慮別人，只要我賺到錢，能把追求的東西弄到手就行，何必管別人的閒事？」你當然有自由選擇的權利，可以照自己的想法去做，不過，如果你認為自己是正確的，那麼古代的所有聖賢——耶穌、孔子、釋迦牟尼、蘇格拉底、柏拉圖、亞里斯多德等，就都是錯的了。也許你反感宗教大師，那就讓我再舉幾個例子，他們都是無神論者。第一個例子是當代極負盛名的學者，劍橋大學的阿爾弗雷德·豪斯曼教授。一九三六年在劍橋，他曾在演說《詩歌的名與質》中提到：

> 耶穌基督說：「顧惜自己生命的，必要喪掉生命；但為我犧牲生命的，必要得著生命。」這確實是最深刻的道德發現，也是永恆的真理。

那種論調，我們天天都會從傳教士那裡聽到，但豪斯曼教授同時作為無神論者和悲觀主義者，卻仍舊發現，只想著自己的人，他們的生活絕不是真正的人生，事實上，他們的生活會很糟。相反地，無私奉獻的人才能享受到生活帶來的喜悅。

如果你還不為所動，那我們再來看看西奧多．德萊賽——二十世紀美國最優秀的無神論者。

所有的宗教在德萊賽眼裡都是神話，而人生只是「無意義的傻瓜說故事」。但德萊賽遵守著耶穌的一條訓誡——為人服務。德萊賽曾說：「任何人若想得到人生中的快樂，就不能自私自利，而應多考慮他人，因為你為別人、別人為你，這才是快樂的來源。」

如果我們真的聽進德萊賽所說的話，就應立即行動，幫助別人過得更好，不應浪費時間。我只有一次人生，如果有任何善事是我力所能及的，不要拖延，也不要輕視，我要立刻就做，因為在人生的道路上我再也不能回頭。

所以，要培養平靜、快樂心態的第七種方法是：

關心別人，忘掉自己。每天做一件好事，讓別人臉上露出喜悅的笑容。

第四篇　培養平靜、快樂心態的七種方法・小結

方法一：讓我們充滿和平、勇氣、健康和希望的思想，因為「我們的生活是由思想決定的」。

方法二：永遠不要對敵人心存報復，那樣對自己的傷害將大過於對別人的傷害。讓我們像艾森豪將軍一樣，「從來不浪費一分鐘去想那些他不喜歡的人」。

方法三：1.不要因別人沒有表示感恩而憂慮，我們只能期望別人感恩。記住，耶穌一天內治癒了十名癱瘓的人，但只有一個感謝他。我們為何期望得到比耶穌更多的感恩呢？

2.記住，尋求快樂的唯一途徑並非期望別人的感恩，而是因為給予的快樂而付出。

3.記住，感恩是一種讓人具有教養的訓練，如果我們希望自己的孩子感恩，就必須訓練他們學會感恩。

方法四：多想想你的幸福，而不是你的煩惱！

方法五：不要模仿別人，要找到自我，做自己。因為無知的人才會嫉妒，而模仿

是在抹煞自己。

方法六：當命運給了我們一顆檸檬時，試著把它榨成檸檬汁吧。

方法七：忘掉自己的不快樂，試著為別人創造快樂。「善待他人，即是在善待自己。」

第五篇

克服憂慮的黃金法則

我的父母是如何克服憂慮的

正如我在文中不時提到的，我是在密蘇里州的一座農場裡出生長大。那個年代，大多數的農民包括我父母，生活都很艱困。母親在鄉村當教師，父親在農場工作，月薪只有十二美元。母親不僅親手縫製我們的衣服，就連洗衣服的肥皂都是自己做的。我們家一貧如洗——除了一年一度賣掉豬的時候。我們把自家的奶油和雞蛋拿到雜貨店，換麵粉、糖和咖啡。我十二歲時，一年的零用錢連五十美分都沒有。到現在我還記得，有一次全家去參加國慶日慶典，父親給了我十美分，讓我自由花用。當時我覺得自己簡直像是擁有整個印度群島般地富有。

每天我必須走一英里路到只有一間教室的鄉村學校上學。即使是零下二十八度的天候，我也必須踏著厚厚的積雪艱難地走到學校。在我十四歲之前，我從來沒有穿過膠鞋或套鞋。在漫長寒冷的冬天裡，我的腳總是又濕又冷。小時候我完全沒想到過，冬天裡會有人的腳是乾燥和溫暖的。我的父母每天辛苦工作十六個小時，但還總是被債務壓得喘不過氣，被不斷的厄運折磨。我最早的一個記憶，就是看著洪水淹沒我家的玉米田和乾草地，摧毀了一切。七年裡就發生了六次水災，毀掉了我們的作物。而年復一年，家裡養的豬都會死於霍亂，最後只能把這些病死豬焚化了。直到現在，我都還清晰記得焚燒時那刺鼻的氣味。

有一年，終於沒有洪水來犯，我們種的玉米大豐收。我們買了牛隻，並用玉米把牛養得肥壯。然而，因為芝加哥市場的牛肉價格暴跌，只賣到了三十美元，而這是我們一整年的辛苦代價呢！

不論做什麼，我們總是賠錢。我還記得父親曾經買過幾匹小騾子，餵養了三年後，僱人將牠們運送到田納西州孟菲斯市賣掉，價格竟然比三年前買下牠們的時候還低。辛苦勞作了十年，家裡卻始終一貧如洗，負債累累。我們的農場是抵押貸款買來的，然而不管我們多麼努力，依舊付不起貸款的利息。銀行人員不僅辱罵侮辱我的父親，還威脅說要奪走他的農場。

當時父親已經四十七歲，三十年的辛勤工作，除了獲得債務和羞辱之外一無所有。這已經超出他所能負荷的壓力了。他開始整日憂心忡忡，身體健康出現問題。他一點食欲也沒有，儘管在田裡工作了一整天，卻還是得透過藥物來提振食欲。他日漸消瘦，醫師告訴母親，父親活不過六個月了。父親已經憂慮到不想再活下去了。

母親跟我說過很多次，那時每次父親去穀倉餵馬或是擠牛奶的時候，只要超過時間沒回來，她就會心急如焚地到穀倉找他，擔心他想不開做傻事。有一天，父親獨自從馬里維爾回家，經過一座過橋時，他停下馬車，走到橋邊，久久地望著橋下的河水，掙扎著是否乾脆跳下去，結束這一切，因為銀行剛剛告訴他要取消抵押的贖回權。

多年以後，父親告訴我，他沒有跳的唯一原因，是我母親深厚、堅持、樂觀地相信，只要我們愛上帝，遵守祂的誡命，一切都會好起來的。母親是對的，後來一切都慢慢好轉起來。父親又度過了四十二年幸福的光陰，於一九四一年離世，享壽八十九歲。

在那些奮鬥和傷痛的日子裡，母親從未擔憂過。她每天禱告，把煩惱交給上帝。每晚睡覺前，母親總會為我們讀一章《聖經》。父親和母親經常會誦讀耶穌箴言給我們聽：「在我父的家裡有許多住處……我若去為你們預備了地方……我在哪裡，叫你們也在那裡。」然後，我們跪在椅子前，在偏僻的密蘇里農舍裡祈求上帝的愛與護佑。

威廉．詹姆斯還是哈佛大學哲學教授時，他說：「當然，治療憂慮的唯一方法，就是宗教信仰。」你不需要到哈佛大學去發現它，我母親在密蘇里的農場裡就體悟到了這一點。無論是洪水、債務，或其他任何災難，都無法抑制她那樂觀、充滿陽光和必勝的精神。她在工作時唱的那首歌，至今仍縈繞在我耳邊：

平安，平安，奇妙平安，
這是天父所賜的平安，
求主的大慈愛充滿我的心，
使我永遠有奇妙平安。

母親希望我獻身於宗教工作，我也曾經認真考慮過要成為一名外國傳教士。後來我離家去上大學，隨著時光流逝，我的心境發生了變化。我學習了生物、科學、哲學和比較宗教學，閱讀有關於《聖經》是如何成書的著作，但也因此開始質疑它的許多論斷。我開始對當時鄉村牧師所教導的許多狹隘的教義產生懷疑，並陷入困惑。就像詩人華特．惠特曼所寫的詩句：我「感到一種奇怪的、突然的疑問，在心裡翻騰」。我不知道該相信什麼，也看不到生活的意義。我不再禱告，並成了一個不可知論者。

我開始相信人的一生是沒有目的，也沒有計畫的。和兩億年前在地球上漫步的恐龍相比，人類並沒有什麼更神聖的使命，我認為總有一天人類會跟恐龍一樣地滅亡。科學告訴我們，太陽正在慢慢冷卻，即使它的溫度只下降百分之十，地球上將不存在任何形式的生命。我對仁慈上帝按照自己的形象創造了人類的說法，嗤之以鼻。我相信在黑暗、寒冷、毫無生氣的太空運行的無數天體，是由無形的力量所創造出來的。也或許它們根本就沒有被創造出來，而是原本就一直存在。

這表示我已經找到上述問題的答案了嗎？不，從來沒有人能夠解釋宇宙的奧祕——生命的奧祕。我們被神祕包覆著。人體的運作就是個深奧難解的祕密，家裡的電力系統、牆縫中冒出的花朵、窗外的綠草地，無一不是深奧的祕密。通用汽車研究實驗室的天才領導者查爾斯·凱特林曾經自掏腰包，每年捐給安提阿學院三萬美元，用於研究為什麼草是綠色的。他宣稱，如果我們知道草如何把陽光、水和二氧化碳轉化為糖，我們就能夠轉化人類文明。

甚至連汽車引擎的運轉方式，也是個深奧的祕密。通用汽車公司的研究實驗室花費了數年的時間和數百萬美元，試圖找出氣缸中的火花如何以及為何可以點火，從而使你的汽車行駛；但是他們到現在還沒有找到答案。

雖然不了解身體、電或是燃氣發動機的奧祕，但這並不影響我們的使用與享受這些便利。同樣地，我不理解祈禱和宗教的奧祕的這一事實，也不會阻止我享受宗教帶來的更豐富、更幸福的生活。我終於明白了哲學家喬治・桑塔亞那的睿智箴言：「人類不是被創造來理解生活，而是為了體驗生活。」

我重新找回信仰——但是這個說法並不準確，確切地說，我找到了宗教信仰新的定義。我不再對分裂教會之間的信仰差異感興趣，但我對宗教能為我做些什麼非常感興趣，就像我對電、良好食物和水能為我做什麼一樣感興趣。它們能幫助我過更豐富、更充實和更快樂的生活，但宗教的作用遠不止於此，宗教信仰給予我一種精神價值，正如威廉・詹姆斯的形容，它帶給我「一種全新的對生活的熱忱……更多層次的生活，更廣闊、更豐富、更令人滿足的生活」。信仰帶給我信念、希望和勇氣，把壓力、焦慮、恐懼和擔憂阻隔在外。它賦予我人生的意義和方向，極大地增加了我的幸福感和生命力。它幫助我「在生命的流沙中」為自己建造「一座安寧的綠洲」。

三百五十年前，英國哲學家法蘭西斯・培根說得對：「一知半解的哲學思考會引導人走向無神主義和物質至上的錯誤，但深入的哲學思想卻會引人歸向宗教。」

我還記得人們爭論科學與宗教之間的衝突的那個時期，但是現在我們聽不到這種爭論了。所有科學中最新的一門——精神醫學——所教導的，正是耶穌所傳授的知識。怎麼說呢？因為精神科醫師意識到，祈禱和強烈的宗教信仰，可以消除造成我們一半以上疾病的擔憂、焦慮、緊張和恐懼。他們明白，做為他們的領導人之一亞伯拉罕·布里爾博士所說的：「真正虔誠的人不會患神經官能症。」

如果宗教不是真實的，那麼人生就毫無意義，只是一場悲劇性的鬧劇而已。

亨利·福特去世前幾年，我曾經採訪過他。在與他見面之前，我以為他多年來努力地建立和管理世界上最偉大的企業之一，會讓他承受極大壓力。然而，當我見到這位七十八歲高齡的老人時，他的冷靜、心境平和，讓我大感驚訝。我問他是否時常感到憂慮，他說：「沒有。我相信所有一切上帝都自有安排，祂不需要我的任何建議。有了上帝的掌管，我相信每件事最終都會有最好的結果。那麼，有什麼好擔心的呢？」

如今，甚至連精神病學家也成了現代福音傳道者。但他們不是在說服我們過宗教生活以避免陰間的地獄之火，而是在敦促我們過宗教生活以避免現世的地獄之火——胃潰瘍、心絞痛、神經衰弱和精神錯亂的折磨。

如果想進一步了解當代心理學家和精神病學家的看法，可以閱讀亨利·林克博士的著作《回歸宗教》。

是的，信仰基督教在某種程度上，確實是一種鼓舞人心、有益於健康的活動。耶穌說：「我來了，是要叫人得生命，並且得的更豐盛。」耶穌譴責並抨擊了他那個時代僵硬的教條和宗教儀式。他是個叛逆者，他宣揚一種新的宗教——一種威脅、擾亂世界的宗教。這就是耶穌會被釘在十字架上的原因。他宣揚宗教應當為人而存在，而不是人為宗教而存在；安息日是為人而設，而不是人是為安息日而設。他談論更多的是恐懼，而不是罪惡。錯誤的恐懼是一種罪，是對你健康的罪，是對耶穌所宣揚的更豐富、更充實、更幸福、更勇敢的生活的罪。愛默生自稱是「快樂學教授」，而耶穌同樣是「快樂學」導師，他要求信徒要「時常感到喜悅，並因高興而雀躍」。

耶穌稱宗教信仰只有兩件重要的事：你要盡心、盡性、盡意、盡力愛主——你的神；其次就是要愛人如己。任何做到這兩點的，都是有宗教信仰的人，無論他是否自知。我的岳父就是個很好的例證。他的全名是亨利・普萊斯，住在奧克拉荷馬州土爾沙市。他的行事一向遵循最高的道德標準，從來不做任何卑鄙、自私或不誠實的事情。他也從不上教堂，因此認為自己是不可知論者。但事實並非如此。基督徒是什麼樣子呢？我引用愛丁堡大學最富聲望的神學教授約翰・貝利的話，來回答這個問題：「一個人是否為基督徒，不是他在智識上認同某些思想，也不是他遵守某種規則，而是他擁有某種精神，並抱有某種生活態度。」

如果這就是基督徒定義，那麼亨利．普萊斯無疑就是一個高尚的人。

現代心理學之父威廉．詹姆斯在寫給他朋友湯瑪斯．戴維森教授的信中說，隨著歲月的流逝，他發現自己愈來愈「離不開上帝」。

在前文我提到過，我舉辦了一次有關憂慮的徵文活動。當評委們試圖從學員寄來的關於憂慮的故事中挑選出最佳的故事時，其中有兩則出色的故事令他們難以抉擇，因此有兩名學員共享這份獎金。下文就是並列一等獎的另一則故事——一個女人的難忘經歷，她歷經千辛萬苦才發現「沒有上帝她就無法生存」。我稱呼這名女士為「瑪麗．庫什曼」，儘管這不是她的真名。由於她擔心子女和孫子們看到她的故事出版會感到尷尬，所以我同意隱藏她的身分。不過，這名女士的故事是真實發生過的。幾個月前，她就坐在我桌邊的扶手椅上，為我講述了她的故事。她是這樣說的：

經濟大蕭條期間，我丈夫的平均週薪只有十八美元。但很多時候都拿不到這個金額，因為他生病的時候拿不到薪水，而這很經常發生，他遭遇了一連串的小事故，還得了腮腺炎、猩紅熱並且反覆罹患流感。我們因此失去了親手建造的小屋，並欠了雜貨店五十美元的賒款。為了嗷嗷待哺的五個孩子，我為鄰居洗熨衣服貼補家用，從慈善二手商店買舊衣服給孩子們穿，我每天都憂慮不已。有一天，十一歲的兒子哭著告訴我，我們賒帳的那家雜貨店誣賴他偷了兩枝鉛筆。我知道他是個誠實、敏感的孩子，也知道他被人當眾羞辱的難堪。這成了壓垮我的最後一根稻草。我想起了我們所經歷的一切苦難，我看不到未來有任何希望。我一定是憂慮得一時精神失常，我關掉洗衣機，把五歲的女兒帶進臥室，用紙和破布把所有的窗子和門縫都堵實。小女兒問我：「媽媽，妳在做什麼？」我說：「這裡有點風吹進來了。」我打開了臥室裡的煤氣暖爐，但沒有點火。我摟著女兒躺在床上，她說：「媽媽，這真有趣呀，我們才剛起床呢！」我對她說：「沒關係，我們只是小睡一下而已。」

我閉上眼睛，聽著煤氣洩漏的聲音。我永遠也忘不了那刺鼻的氣味……

突然間，我聽到了一陣樂音傳來。我仔細聽了聽，原來是我忘記把廚房裡的收音機關了，但這已經無所謂了。音樂還在繼續著，沒多久我聽到了有人在唱一首古老的讚美詩歌：

耶穌是我親愛朋友，背負我罪擔我憂，
何等權利能將萬事，帶到主恩座前求！
多少平安屢屢失去，多少痛苦白白受，
皆因我們未將萬事，帶到主恩座前求。

聽著這首讚美詩歌，我突然意識到我犯了個可悲的錯誤。我曾試圖獨自面對所有可怕的戰鬥，卻從未在禱告中把一切交給上帝。我立刻跳下床，關掉煤氣，打開所有門窗。

那天剩下的時間裡，我一直在哭泣和禱告。但我不是向上帝祈求幫助，而是傾吐我的心意，感恩上帝的賜福——五個健康快樂、身心強健的好孩子。我向上帝發誓，我再也不會做傻事來辜負祂的祝福，而我也做到了這個承諾。

我們失去了房子，只能搬進月租五美元的鄉下校舍。但即便如此，我也真誠地感謝上帝，至少我們有個可以遮風避雨的處所。我真誠地感謝上帝，事情並沒有變得更糟——我相信祂聽到了我的話。生活開始好轉——哦，不是一夜之間；但隨著大蕭條的緩解，我們賺到了一些錢。我在一個鄉村俱樂部的衣帽間找到一份工作，同時還兼賣襪子。我兒子在農場裡工作，每天給十三隻奶牛擠奶，以賺取他的大學學費。現在我的子女都成家立業了，我還有三個活潑健康的孫子。

每當想起打開煤氣的那一天，我總是一遍又一遍地感謝上帝，讓我及時「醒來」。如果我當時堅持結束一切，我將錯過多少快樂的時刻，失去多少美妙的歲月！如今，每當我聽說有人想要結束生命的時候，我都想大聲告訴他：「不要這樣做！千萬不要！」我們所經歷的最黑暗時刻，只是人生的一小段，只要撐過了，就會看到未來的曙光……

在美國，平均每三十五分鐘就有一人結束自己的生命，平均每一百二十秒就有一人精神失常。如果這些人能從信仰和祈禱中得到慰藉和安寧，那麼大多數的自殺——可能還有許多精神失常——的悲劇，都是可以避免的。

已故的印度聖雄甘地是繼佛陀之後，最偉大的印度領袖。如果不是祈禱的力量持續鼓舞著他，他或許早就崩潰了。我怎麼會知道的呢？因為甘地曾經這樣說：「若不是祈禱賜給我力量，我早就瘋了。」

許多人的經歷都能夠證明祈禱的力量。我的父親——嗯，正如我在前文所說，如果不是母親的祈禱和信仰的鼓舞，他可能已經投河自盡了。

成千上萬個目前正在精神病院裡飽受折磨的靈魂，如果他們能向更高的力量尋求幫助，而不是試圖獨自戰鬥，他們是可以得救的。

當我們疲憊不堪，達到力所能及的極限時，我們中的許多人才會絕望地轉向上帝尋求幫助——就像格言「散兵坑裡沒有無神論者」一樣。但為什麼要等到我們走投無路的時候呢？為什麼不每天恢復我們的力量呢？為什麼要等到星期天才做禱告呢？多年來，我習慣在工作日的下午走進空蕩蕩的教堂裡。每當我覺得自己太過忙碌，忙到沒時間抽出幾分鐘來思考屬靈的事時，我會對自己說：「等一下，戴爾・卡內基，等一下。小人物，你為什麼那麼匆忙呢？你需要停下來，多進行一點思考。」這個時候，我就會去路過的第一座還開放的教堂作禱告。雖然我是新教徒，但在每個工作日的下午，我經常去第五大道的聖派翠克大教堂禱告。我告訴自己，再過三十年我就不在人世了，但教堂傳授的真理是永恆不滅的。我閉上眼睛祈禱，這樣做可以使我的心靈平靜下來，讓我的身體得到休息，使我的觀點更清晰，並幫助我重新評估自己的價值觀。我向你推薦這種做法，可以嗎？

過去六年裡，我一直在寫作這本書，並搜集了上百個人們透過祈禱克服恐懼和憂慮的真實案例。在我的檔案櫃裡塞滿了這些真實經歷的文件，讓我們舉一個典型的例子，一個因失敗、挫折而失去信心，意志消沉的書商，約翰·安東尼的故事。如今安東尼先生成為德克薩斯州休斯頓的一名律師，他的辦公室位於亨布林大廈。他原原本本地為我講了他的故事：

二十一年前，我關閉了自己的私人律師事務所，成為一家美國法律圖書公司的州代表。

我的工作內容是向律師銷售一套法律書籍——這套書籍幾乎是每個律師都必不可少的。

為了這項工作我接受全面的培訓。我知道所有的直接銷售談判，以及如何回答所有可能的反對意見。在拜訪客戶之前，我會先了解他作為律師的評價、業務性質、政治立場和愛好，然後把這些資訊充分運用在我們的談話中。然而，不知道是哪裡出了問題，我就是拿不到訂單！

我感到氣餒。日子一天天過去，一星期又一星期地過去，我加倍努力，但仍然無法達到業績收入來支付我的生活費用。一種恐懼感在我心中滋長。我開始害怕求助於人。在我進入一個潛在客戶的辦公室之前，那種恐懼的感覺會突然變得強烈，以至於我在門外的走廊上不停來回——或者走出大樓，繞著街區走一圈。然後，在浪費了很多寶貴時間，並鼓足勇氣勉強自己走到辦公室大門之後，我顫抖著雙手虛弱地轉動門把——同時心裡又暗想著裡面不會有好事等著我！

銷售經理威脅說，我要是再拿不到訂單，就要停掉我的預付款。家鄉的妻子要求我寄點錢給她，以支付她和三個孩子的日常開銷。我憂心忡忡。日子一天天過去，我愈來愈絕望，不知道該怎麼辦。就如我前面說的，我已經結束了家鄉的律師事務所，放棄了當時的所有客戶。而現在我已經破產了，連旅館的房租都付不起。我沒有錢可以買車票回家，即使有錢買到車票，我是個失敗者，也沒有勇氣回去。最後，在又一個糟糕的一天結束後，我拖著沉重的步伐回到酒店房間——我想這是最後一次了。我已經被徹底打敗了。

我飽受挫折、心情沮喪，已經不知道該怎麼辦了。我不在乎自己是生是死，甚至為自己的出生感到遺憾。那天晚餐我除了一杯熱牛奶什麼也沒吃，即使這樣，我也沒錢可買其他的食物。那天晚上，我明白了絕望的人為什麼會打開旅館的窗戶跳下去。如果我有勇氣的話，我自己也會做的。我開始思考人生的目的是什麼……我不知道，也不明白。

既然沒有其他人可以求助，我就求助於上帝。我開始禱告。我懇求萬能的上帝賜予我光明、理解和指引，帶領我穿越籠罩著我的黑暗、絕望荒野。我請求上帝幫助我為我的書找到訂單，好讓我賺到錢來養活我的妻子和孩子。禱告完之後，我睜開眼睛，看到一本《聖經》靜靜地躺在旅館房間的梳妝檯上。我翻開它，讀到耶穌那些美麗的、不朽的應許，這些應許肯定激勵了無數代孤獨、憂慮和挫敗的人，耶穌告訴他的門徒如何避免憂慮：

「不要為生活憂慮，如吃什麼，也不要為身體憂慮，如穿什麼。因為生命比飲食重要，身體比穿著重要。你們看，烏鴉不種也不收，沒倉也沒庫，上帝尚且養活牠們，你們比飛鳥不知要貴重多少！……你們要尋求祂的國和祂的義，祂必供給你們的需要。」

當我一邊禱告一邊閱讀這些文字時，奇蹟發生了：我的神經緊張消失了；我的焦慮、恐懼和擔憂，轉換成了溫暖人心的勇氣、希望和勝利的信念。我滿心喜悅，儘管我沒有足夠的錢支付我的旅館帳單。我上了床，安然入睡——這是我多年來從未有過的。

第二天早上，我幾乎抑制不住自己雀躍的心情，直到我來到客戶的辦公室門前。在那個美麗、寒冷的下雨天，我邁著大膽而積極的步伐走近了我第一次徘徊不已的辦公室門口，並緊緊地握住門把。一走進辦公室裡，我精力充沛、抬頭挺胸、面帶微笑地徑直走向客戶，說：「早安，史密斯先生！我是全美法律書籍公司的約翰·安東尼！」

「啊，你好，你好，」他微笑著起身張開雙臂迎接我，「很高興見到你！請坐。」

那天我的銷售額比幾週來都要多得多。那天晚上，我像一個英雄凱旋歸來一樣自豪地回到了旅館！我感覺自己煥然一新。我是一個全新的人，因為我有了一種全新的、勝利的心態。那天的晚餐不再是熱牛奶，我吃了一份牛排套餐，而且全部吃完。從那天起，我的銷售額激增。

二十一年前那個絕望的夜晚，我在德克薩斯州阿馬里洛的一家小旅館的房間裡獲得重生。第二天，這幾個星期以來失敗的情況並沒有改變，但我的內心發生了巨大的改變。我突然意識到我與上帝的連繫。只有一個人是容易被擊敗的，但是一個充滿上帝力量的人是不可戰勝的。我很清楚，因為我在自己的生活中看到了它所發揮的作用。

「不斷祈求吧，就會給你們；不斷尋找吧，就會找到；不斷敲門吧，就會為你們開門。」

住在伊利諾州的比爾德夫人面對嚴峻的悲劇時，她發現透過跪下來禱告：「不要照我的意思，乃要照祢的旨意。」可以讓她的內心獲得平靜和安寧。她在來信中這樣寫道：

一天晚上，我們家的電話響了，響了十四聲，我才鼓起勇氣拿起話筒。我知道一定是醫院打來的，我很害怕是打來通知壞消息。我擔心我們的小男孩快死了。他罹患腦膜炎，當時已經給他注射盤尼西林，但盤尼西林使他的體溫落差大，醫師擔心這種疾病已經進入他的大腦，可能會誘發腦部腫瘤，甚至死亡。我所擔心的電話來了，正是醫院打來的，醫師要我們到醫院來。

也許你能想像得出，我和丈夫坐在候診室等待時的痛苦煎熬。候診室裡的每個人都抱著自己的孩子，只有我們的懷裡是空的，不知道是否還有機會能再抱一抱我們的小寶貝。當我們終於被叫進醫師的診間時，他臉上的表情使我們心中充滿恐懼，而他說的話帶來了更多的恐懼。他說，我們的孩子只有四分之一的機會可以存活下來。他還說，如果我們有認識別的醫師，他希望我們也能請他會診。

在回家的路上，我丈夫崩潰了，握緊拳頭重重打在方向盤上，說：「伯茨，我不能放棄我們的小寶貝。」你見過男人哭嗎？這不是一個愉快的經歷。我們把車停下來，商量了一下之後，決定停下來在教堂裡禱告，如果神的旨意是要帶走我們的孩子，我們會順從祂。我坐在椅子上，眼淚順著臉頰流淌下來，我說：「不要照我的意思，乃要照祢的旨意。」

當我說出這些話之後，我感覺好多了。一種很長時間沒有感覺到的平靜感油然而生。回家的路上，我一直重複著：「上帝啊，不要照我的意思，乃要照祢的旨意。」

那天晚上，我一週以來第一次睡得很熟。幾天後，醫師打來電話說鮑比已經度過了危險期。感謝上帝賜予我們今天這個強壯健康的四歲男孩。

我知道有些男人認為，宗教是屬於女人、孩子和牧師的東西，他們以自己是能夠獨自戰鬥的「男子漢」而自豪。

當他們得知世界上一些最著名的「男子漢」每天都祈禱時，他們會多麼驚訝。例如，「男子漢」傑克．鄧普西告訴我，他睡覺前一定要做禱告，吃飯之前也不忘要感謝上帝。他還告訴我，在他賽前訓練時，他每天都會做禱告；而當他在進行比賽的時候，也總是在每一回合比賽的鈴聲響起之前做禱告。

「禱告，」他說，「幫助我有勇氣和信心戰鬥。」

「男子漢」棒球手康尼．馬克告訴我，不禱告他就睡不著覺。

「男子漢」戰爭英雄艾迪．雷肯拜克說他相信禱告拯救了他的人生。他每天都會禱告。

「男子漢」愛德華．斯特蒂紐斯曾經在通用汽車和美國鋼鐵公司擔任高階主管，也是美國前國務卿。他告訴我，每天早晚他都祈禱能有更多的智慧與指引。

「男子漢」約翰．皮爾龐特．摩根是當代最偉大的銀行家，經常在週六下午獨自前往華爾街路口的三一教堂，跪下虔誠禱告。

「男子漢」艾森豪赴英國擔任英美聯合軍隊最高統帥的時候，他隨身只攜帶了一本書，那就是《聖經》。

「男子漢」馬克．克拉克將軍告訴我，戰爭期間他每天都讀《聖經》，並跪下來禱告。

蔣介石和「阿拉曼的蒙蒂」蒙哥馬利將軍也這麼做；納爾遜勳爵在特拉法加

時也是如此；華盛頓將軍、羅伯特・李將軍、石牆傑克森，以及其他許多偉大的軍事領袖也都是如此。

這些「男子漢」都發現了心理學之父威廉・詹姆斯所說的真理：「我們與上帝緊密連繫。敞開自我，接受神的感化，我們就能實現內心最深的渴求。」

許多其他「男子漢」也逐漸意識到了這一點，如今有七千二百萬美國人成為教友，創下了歷史紀錄。正如我前文所說的，就連科學家也開始轉向了宗教。例如，諾貝爾獎得主、《人之奧祕》作者亞歷克西・卡雷爾博士，在《讀者文摘》的一篇文章中這樣說道：

> 禱告，是人們所能產生最強大的能量形式。它是一種和地球引力一樣真實的力。做為醫師，我曾見過一些病人，在所有其他療法都失敗後，他們透過禱告的力量擺脫了疾病和憂鬱……禱告如同鐳一般，是一種光亮的、自發的能量源……人們在禱告中，向所有無限的能量源尋求能量，來補強自己的有限能量。當我們祈禱時，把我們自己與促使宇宙運轉的無窮動力連繫一起。祈求能獲得一點能力，以滿足我們的需求。
>
> 即使只是在向上帝請求中，我們人類的缺陷也能獲得彌補，我們變得更

加堅強與獲得修補……每當我們虔誠地向上帝禱告時，我們的靈魂和身體都會變得更好。任何人哪怕只是祈禱片刻，也都能獲得益處的。

海軍上將柏德知道「把我們自己與促使宇宙運轉的無窮動力連繫一起」意味著什麼，這幫助他度過了人生中最艱難的考驗。他在自傳《獨自一人》書中講述了這個故事。一九三四年，他在南極深處的羅斯冰棚下的一間小屋裡，被困了五個月。他是南緯七十八度唯一的生物。暴風雪在他的小屋上空呼嘯怒吼，室外冷空氣驟降到零下八十二度，無盡的黑夜完全籠罩著他。

然後他驚恐地發現，從爐子裡逸散的一氧化碳正在讓他慢慢中毒！怎麼辦呢？最近的救援點也在一百二十三英里之外，要好幾個月的時間他才可能得到救援。他試著修好爐子和通風系統，但一氧化碳還是不斷逸散出來，讓他不時昏倒地躺在地板上，完全失去知覺。他吃不下，睡不著，身體變得非常虛弱，幾乎離不開床鋪。他時常擔心自己會活不到第二天早上。他深信自己會死在那座小木屋裡，而他的屍體會被永凍的積雪埋藏起來。

那麼，他是如何得救的？有一天，他在絕望的深淵裡，伸手去拿日記，想把自己的人生哲學寫下來。「人類，」他寫道，「在宇宙中並不孤單。」他想到了頭頂上的星空，想到了有秩序地運轉的星座和行星，想到了永恆的太陽終會回來，再次照亮南極地區的荒涼。然後，他在日記中下：「我並不是孤獨一人。」

理查．柏德之所以得救，是因為他意識到自己並非獨自一人——即使是在地球盡頭的冰洞裡也是如此。「我知道這個信念幫我度過了難關，」他說，並接著補充道：「很少有人在他們的一生中，會耗盡他們所擁有的資源。力量之井從未被開啟過。」理查．柏德學會了挖掘這些力量之井，並透過向上帝求助來利用這些資源。

格倫．阿諾在伊利諾州的玉米田裡學到的一課，和海軍上將柏德在極地冰棚所學到的一樣。阿諾在伊利諾州奇利科西市培根大廈擔任保險經紀人，他在談論如何克服憂慮，是這樣說的：

八年前的一天，我把大門鎖上，當時我想這是我最後一次鎖這道門了。然後我鑽進車裡，駛向河邊。我是個失敗者。一個月前，我的整個世界轟然倒塌。我的電器生意陷入了困境，家鄉的母親病危，妻子懷了我們的第二個孩子。醫院的帳單愈積愈多。當初創業的時候，我們把所有的家當，包括汽車和家具全部抵押貸款，連保險單也拿去借了一筆款項。而現在，一切都沒有了。我再也受不了了。於是，我鑽進車裡，駛向河邊——決心結束這令人遺憾的混亂局面。

我在鄉間開了幾英里之後，把車停在路邊，走下車坐在地上，像個孩子似的哭了起來。哭泣停止後，這時我開始真正思考——我試著建設性地思考，而不是在恐懼的憂慮中繞圈。我的情況有多糟？還會再更糟嗎？真的沒有希望了嗎？我能做些什麼來改善現狀呢？

我當時決定把整個問題交給上帝，聽憑祂的處置。我開始祈禱，虔誠地祈禱。我在禱告的時候，彷彿把生命都交託給它了——事實上也確實如此。然後，奇妙的事情發生了。當我把所有的問題都交給比自己更強大的力量時，我的內心立刻感受到了幾個月來從未有過的平靜。我在那裡坐了有半個小時，流著淚地禱告。回到家後，我上床睡得像個孩子一樣。

第二天早上，我充滿信心地起床。有了上帝的指引，我不再有任何恐懼。那天早上，我抬頭挺胸地走進當地一家百貨公司，自信滿滿地應徵電器部門的推銷員一職。我相信我會得到這份工作，我確實做到了，而且我工作做得很好，直到整個家電生意因為戰爭而倒閉。然後，我開始銷售人壽保險——至今仍接受神的指引。這五年的時間，我還清了所有的帳單，家庭美滿，有三個聰明的孩子，擁有自己的房子，有一輛新車，還有價值兩萬五千美元的人壽保險。

現在回想起來，我很慶幸自己失去了一切，並讓我絕望地駛往河邊——因為那場悲劇教會了我要依靠上帝。現在，我擁有了一種過去從未有過的平靜和自信。

為什麼宗教信仰能夠帶給我們安寧、平靜和堅韌？我想借用威廉·詹姆斯的話來回答這個問題。他說：「海面上的洶湧波濤，無法干擾海洋深處的寧靜；對於那些擁有更廣闊、更恆定真實的人來說，他個人命運時時的小波動相對無法打擊他。」因此，真正有宗教信仰的人是無法動搖的，他的內心充滿了平靜，並準備好地坦然面對一切。

當我們焦慮不安的時候，為什麼不試著依靠上帝呢？為什麼不像哲學家康德所說的那樣：「接受對上帝的信仰，因為我們需要這樣的信仰」？為什麼我們現在不把自己與「促進宇宙運轉的永不停歇的動力」相連結呢？

即使你不信教，抑或是個徹頭徹尾的懷疑論者，禱告能給你的幫助比你想像的要多得多，因為這是一個非常實用的方法。為什麼說它實用呢？我的意思是，禱告能夠滿足所有人的三個基本心理需求，無論他們信仰上帝與否：

一．禱告能幫助我們把內心的憂慮用言語表達出來。如我們在第四章中看到，當一個問題處於模糊不清的狀態時，會不知從何解決起。而禱告，在某種程度上，就像把我們的問題寫在紙上。因此，如果我們想向上帝尋求幫助，必須把問題用語言表達清楚。

二．禱告能使我們感覺到有人可以分擔我們的憂慮，不再是獨自承擔。很少有人堅強到能夠獨自承受最沉重的負擔與最痛苦的煩惱。有時我們的憂慮太過私密，即使是最親近的家人、朋友也難以啟齒。那麼，這時禱告就是很好的解決方法。任何一位精神科醫師都會告訴我們，因壓抑、焦慮、不安而導致精神上極度痛苦時，從治療的角度講，告訴別人我們的憂慮是有益的。當不能告訴任何人的時候，可以向上帝傾訴。

三．禱告能促使我們積極採取行動。我想，不會有人日復一日地祈禱收穫，卻從不作為；換個方式說，就是多少會採取某些行動來實現它。一位世界著名的科學家說過：「禱告，是人們所能產生最強大的能量形式。」那麼，為什麼不利用它呢？我們受大自然的神祕力量指引著，無論你要稱呼它為上帝、阿拉或聖靈都沒有關係。

你現在就可以合上這本書，到臥室裡，關上門，跪下來，卸下你心靈上的重負。如果你已經失去信仰，就祈求全能的上帝恢復你的信仰。你要說：「上帝，我無法再獨自戰鬥下去了。我需要祢的幫助，祢的愛。請原諒我所有的過錯。求祢除去我心中一切的惡。求祢指引我通往平安、寧靜、健康的道路，讓我內心充滿愛，甚至愛我的敵人。」

如果你不知道如何禱告，請複頌聖方濟七百年前寫的這篇動人心絃的和平祈禱文：

主啊，讓我做祢的和平之子。哪裡有仇恨，我就播種愛；哪裡有傷害，我就播種寬恕；哪裡有猜疑，我就播種信任；哪裡有絕望，我就播種希望；哪裡有黑暗，我就播種光明；哪裡有悲傷，我就播種喜樂。

噢，主啊，我不求人安慰，但求安慰人；我不求人諒解，但求諒解人；我不求人愛護，但求愛護人。因為給予，便是得著；寬恕人，便是獲得寬恕；在喪失生命時，我們便是得到永生。

第六篇

如何不因受批評而憂慮

1 記住，人紅是非多

一九二九年，發生了一件震驚美國教育界的大事，各地的學者專家都趕到芝加哥去看熱鬧。八年前，一個名叫羅伯特·哈欽斯的年輕人半工半讀地從耶魯大學畢業，之前他曾做過作家、伐木工人、家庭教師和賣成衣的售貨員。僅僅過去了八年的時間，他就被任命為美國排名第四的著名大學——芝加哥大學的校長。他只有三十歲！這真令人難以置信。老一輩的教育專家都大為不滿，對他的批評如同山崩落石一樣，說他這樣、說他那樣，說他太年輕了、經驗不夠，說他的教育觀念很不成熟，就連各大報紙也都參與了對他的批評。

在羅伯特·哈欽斯就任校長的那一天，有人對他的父親說：「今天早上，我看見報上的社論在批評你的兒子，我真是嚇壞了。」

「沒錯，」哈欽斯的父親回答道，「但請記住，人紅是非多。」

沒錯，一個人愈顯重要，嫉妒他的人就愈能從攻擊他的過程中得到滿足。後來成為英王愛德華八世的溫莎王子（即溫莎公爵），他也曾被人狠狠地踢過屁股。那時他正在德文郡的達特茅斯學院（相當於美國安納波利斯市的海軍軍官學校）讀書。溫莎王子當時只有十四歲，有一次，一個海軍軍官發現他在哭，就問他發生了什麼事。剛開始他不肯說，最後終於說了實話——他被軍校的學生偷襲踢了屁股。指揮官把學院所有的學生集合起來，向他們說明王子並沒有告狀，但他想知道這些人為何要這樣暴力地對待溫莎王子。

支吾了半天，那些打人的學生終於承認，他們希望自己成為皇家海軍的指揮官或艦長時，能告訴手下，自己曾經踢過國王的屁股。

因此，要是你被別人踢了，或是被別人惡意中傷，請一定要記住，他們之所以做這樣的事，是因為這能使他們有一種自以為很厲害的錯覺。這些針對你的行為，通常也就意味著你已有所成就，且值得別人注意。許多人在攻擊那些教育程度比他們高，或在各方面比他們成功得多的人時，內心都會有一種粗暴的滿足感。比如，我寫這一章時，就收到過一個女人的來信，是痛罵創建救世軍的卜威廉將軍。因我曾在一個廣播節目裡讚揚過卜威廉將軍，那個女人寫信給我，說卜威廉將軍侵吞了她募來救濟窮人的八百萬美元捐款。當然，這種指責相當荒謬，但這個女人並不是想找出事情的真相，只是想打倒一個比她偉大的人，從而獲得心理上變態的滿足感。我把她那封尖刻的信扔進了廢紙簍，我看不出卜威廉將軍是這樣的人，但對她的心態卻十分了解。很多年前，叔本華就說過：「庸俗的人總是以偉人所犯的錯誤和愚行為樂。」

人們可能很難認為擔任耶魯大學校長的是一個庸俗的人，但擔任過耶魯大學校長的蒂莫西．德懷特，卻顯然是一個以責罵競選上總統的人為樂。

「我們將會看到自己的妻子和女兒成為合法賣淫的殉葬品，我們將會因此大受羞辱，我們的自尊和品德都將消失殆盡，以致人神共憤。」

這段話聽起來像是對希特勒的譴責，不是嗎？實際上是在指謫湯瑪斯．傑弗遜。是哪一個湯瑪斯．傑弗遜呢？想必不是那個不朽的湯瑪斯．傑弗遜吧？是那個寫《獨立宣言》的民主政體的代表人物嗎？對，蒂莫西．德懷特罵的就是他。試想，哪一個美國人曾被人罵作「大騙子」、「偽君子」和「只比謀殺犯強一點」的人呢？

一份報紙曾登過一幅漫畫，一個人站在斷頭臺上，一把大刀正準備將他的頭砍下來。當這個人騎馬從街上走過時，一大群人圍著他又喊又罵。這個人是誰呢？他就是美國國父——喬治．華盛頓。

但這些都是很久以前的事了，也許從那時起，人性已有所進步。讓我們來看一九〇九年四月六日乘雪橇到達北極，因而震驚全球的著名探險家羅伯特．培利海軍上將的例子吧。

幾個世紀以來，無數勇敢的人為了達到這個目標而挨餓受凍，甚至失去生命。培利也差點因為飢寒交迫而死去，他的八根腳趾頭因凍僵受傷而不得不被切除掉，他在路上碰到了各種各樣的災難，他擔心自己會受不了而瘋掉。而那些待在華盛頓的海軍官員們，卻因培利受到如此大的歡迎和重視而嫉妒不已。於是，他們誣衊他假借科學探險的名義聚斂錢財，然後「無所事事地在北極享受追捧」。而且他們可能還相信這是真的，因為不相信你已認定的事實幾乎是不可能的。他們想侮辱和阻撓培利的決心非常強烈，到最後必須要威廉・麥金利總統直接下令，才讓培利能在北極繼續他的科研工作。

假如培利當時就坐在華盛頓的海軍總部辦公室裡，他會不會遭到別人的批評和惡意中傷呢？肯定不會，因為那樣他就引不能起別人對他的嫉妒了。

格蘭特將軍遇到的事比培利上將更糟糕。一八六二年，格蘭特將軍贏得了北軍第一次關鍵性的勝利，頓時成為美國民眾心中的英雄，甚至在遙遠的歐洲也引發了強烈的反響。從緬因州直到密西西比河岸，處處都敲鐘點火以示慶祝。但在他和他的軍隊取得這次偉大勝利六個星期後，他卻遭到逮捕，兵權也被剝奪，這使他因羞辱而失望地痛哭不已。

為什麼格蘭特將軍會在他軍事事業處在巔峰的情況下被捕呢？絕大部分原因是他引起了一些傲慢的上級對他的羨慕與妒忌。

不想因被不公正的批評而憂慮，這裡是規則一：

記住，不公正的批評往往是另一種變相的恭維，所謂人紅是非多。

2　不去理睬不公正的批評

我曾拜訪過被公認「目光銳利」，有「地獄魔鬼」之稱的斯梅德利·巴特勒少將，還記得他嗎？他是統領過美國海軍陸戰隊的將軍中，經歷最多姿多彩、又最會擺派頭的將軍。

他對我說，他在年輕的時候努力想成為一個最受人們歡迎的人物，想讓身邊的每一個人都對他有良好的印象。在那個時候，一個小小的批評都會讓他難過半天。但是他承認在海軍陸戰隊三十年的生活讓他變得堅強了很多。「我曾被人羞辱和責罵過，」他說，「他們罵我是毒蛇、臭鼬、黃狗。我還被『罵人專家』罵過，英文裡所有侮辱人、不堪入耳的髒話，我都被罵過了。這會不會讓我感到難過？不！要是現在聽見有人在身後罵我，我甚至都不會回頭看是什麼人在罵。」

可能巴特勒將軍對別人的羞辱太不在乎。可有件事是可以肯定的，在現實生活中我們多數人會把那種不值得一提的小事，看得過於重大。幾年前，有一個來自紐約《太陽報》的記者參加了我為訓練班舉辦的示範教學，他在會上故意攻擊和詆毀我個人，以及我從事的工作。當時我非常生氣，認為這是對我人格的一種侮辱。我立即打電話給《太陽報》執行委員會的主席吉爾・霍奇斯，強烈要求他刊登一篇文章，說明事實真相，而不是這樣來嘲弄我。我下定決心要讓那個當眾侮辱我的記者，受到應有的懲罰。

而現在，每當回想起自己當時的作為，我就深深地感到羞愧。到現在我才明白，買那份報紙的人多半沒有看那篇澄清事實真相的文章；即使看了，當中至少一半的人會把它當成一件小事；而真正注意這篇文章的人，又有一半會在幾個星期之後就把此事整個忘掉。

一般人根本就不會想到我們，或關心別人批評我們的是什麼話，他們想的都是自己——從早餐前，早餐後，一直到凌晨時分。他們對自己的小問題的關心程度，要強過關心我們的大消息一千倍。

即便是我們被別人說了閒話，被別人當成了笑話，被人騙了，被別人從背後捅了一刀，或者被最親密的朋友出賣——也千萬不要只知道自憐，應當提醒自己，想想基督耶穌所遇到的那些事——他的十二個最親密的門徒裡，有一個人貪圖折合成現在的錢只有區區十九美元的賞金背叛了耶穌；還有一個人，在耶穌遇到麻煩後公然背棄他，還三次公開說他根本不認識耶穌，一邊說還一邊發誓。

十二個門徒中有兩個門徒出賣耶穌，六分之一被背叛的機率。連耶穌都能遇上這樣的事，為什麼我們期望自己能夠比他更幸運呢？

我在多年以前就發現，雖然我無法阻止別人對我做任何不公正的批評，可是我能為自己做一件更重要的事：我能夠決定讓自己不受那些不公正批評的困擾。

讓我把這事說得更清楚些，我並不贊同人們完全不理會所有的批評，相反地，我說的只是不理會那些不公正的批評。有一次，我就這個問題請教過愛蓮娜．羅斯福，問她是如何面對那些不公正的批評的——老天知道，她所遭受的批評可真不少。她有過許多熱心的朋友，也有許多凶惡的敵人，人數大概比任何在美國白宮居住過的第一夫人所遇到的都多得多。她告訴我，她很小的時候就很害怕別人說她什麼。她對批評的害怕促使她去向姨媽，也就是老羅斯福總統的妹妹求助，她對姨媽說：「姨媽，我想做一件事，但是我怕會受到批評。」

老羅斯福總統的妹妹正視著她，說：「不要管別人說什麼，只要妳明白自己是對的就行。」愛蓮娜告訴我，當她在多年後住進了白宮，她姨媽的這個忠告，一直是她的行事準則。避免所有不公正批評的唯一方式，是「只要做你內心認為對的事，就不必在乎別人的批評」。

「做也受批評，不做也受批評」，這就是愛蓮娜對我的忠告。已故的馬修．

布拉什，早年還是華爾街四十號美國國際公司的總裁時，我問過他是否對他人的批評很敏感。他告訴我：「是的，我早年對別人的批評十分敏感。當時我急於讓公司裡的每一個人都認為我很完美，要是他們不這樣認為，我會感到焦急和憂慮。只要有一個人對我有些怨言，我就會想辦法取悅他。可是我取悅了他，總會讓另一些人感到不滿。等我想去討好這些人時，又會惹惱其他的人。後來我發現，我愈是想討好別人，來避免別人對我的批評，敵視我的人就愈多。因此，我對自己說，只要你自己卓越超群，就一定會受到批評，所以還是趁早習慣的好。這一點自我認識，對我個人的發展有很大的幫助。從那以後我就決定盡自己最大的努力去做事，並撐起你的保護傘，讓批評像雨水一樣從身邊流過，而不讓它順著脖子滴進衣領裡。」

迪姆斯．泰勒對待別人的批評更進一步，他會讓批評的雨水流進他的衣領裡，並為此哈哈大笑一番，而且當眾如此。有段時期，每個星期日下午，他會到紐約愛樂交響樂團舉辦的空中音樂會發表音樂評論，以此消磨時間，有個女士寫信給他，罵他是「騙子、叛徒、毒蛇和傻子」。泰勒在他的著作《音樂與人》書中，寫道：「我猜想這個批評我的女士只是喜歡聽音樂，而不喜歡聽樂評。」第二個星期的節目裡，泰勒把這封信透過廣播宣讀給幾百萬的聽眾——沒過幾天，他又接到那名女士的來信，她表示自己絲毫沒有改變對他的看法。泰勒說：「她仍堅持認為，我是一個白痴、騙子加叛徒。」我相當佩服用這種態度來接受批評的迪姆斯．泰勒，他的沉著、毫不動搖的態度與幽默感令人欽佩。

查爾斯．施瓦布在普林斯頓大學對學生發表演講時表示，他人生中所學到的最重要的一課，是在鋼鐵廠裡工作的一個德國老人教給他的。那個德國老人因為跟其他一些工人為戰事問題發生爭執，而被那些人丟進河裡。「當他來到我的辦公室時，」施瓦布先生說，「滿身全是泥和水，我問他對那些把他丟進河裡的人怎麼說？他回答：『我只是一笑置之。』」

施瓦布先生說，後來，他就把這個德國老人的話，「一笑置之」，當成他一生的座右銘。當你成為不公正批評的受害者時，這句座右銘尤其好用。別人罵你時，你可以反唇相譏，可是對那些「一笑置之」的人，你還能如何去說呢？

林肯要不是學會了對那些批評他的話置之不理，恐怕早就受不了內戰時的壓力而崩潰了。他用自身經歷寫下的如何處理批評的方法，已經成為文學上的經典題材。二戰期間，麥克阿瑟將軍就曾把這個方法抄下來，掛在他總部書桌後邊的牆上。邱吉爾也把這段話裱框，掛在他的書房裡。林肯的方法如下：「如果我只是試著要去讀——更不用說去回答所有對我的攻擊，這家店不如關門去做其他生意。我盡我所知道最好的辦法去做——也盡我所能去做，那麼，即使別人花費十倍的力氣來說我做的事是錯的，那也是毫無用處的。」

當你我受到不公正的批評時，讓我們記住規則二：

凡事盡力而為，然後撐起你的保護傘，讓責備之雨從你的身旁流過。

3 學會自我反省

如果去翻看我的檔案櫃，你會發現其中放有私人檔案的一格櫃子裡有個資料夾，裡面裝的是我對「自己所做的愚蠢事」的記錄。有時，祕書會根據我的口述做些記錄。但因為有些事情牽涉到私人隱私，如果讓祕書做記錄，我自己都會不好意思時，我就會自己動手做記錄了。

那個資料夾名為「蠢事錄」，我會不時取出它重新看一遍，進行一番及時的自我批評。這樣能幫我處理一些棘手的問題。

我曾經把自己所做蠢事的責任推卸到別人頭上，但後來我發現每個人都應當承擔起各自的責任。隨著時間的推移，我逐漸變得成熟和理性後才認識到這點。很多人和我一樣，隨著年齡的增長而意識到這點。拿破崙在被流放到聖赫勒拿島後，說：「我不應該讓其他人承擔失敗的責任，全部問題出在我自己身上。我最大的敵人是自己，正是這個原因釀成了我現在的悲劇。」

一九四四年七月三十一日，一個深諳自我管理藝術的人——豪威爾，在紐約大酒店突然身亡。這個消息一經傳出，立即震驚全國，對華爾街的股市造成了很大的影響。因為當時這位美國財經界的菁英人物兼任了幾家大公司的董事，還曾經出任美國商業信託銀行的董事長。沒有受過很多教育的豪威爾，曾經在小鎮做過售貨員，後來在一家國有鋼鐵公司的信用部當經理。從基層做起，經過多次升遷，才有了如此的成就。

我曾在豪威爾先生去世幾年前，向他請教成功的經驗，他這樣告訴我：

多年來，我一直有著一本記事本，上面記錄著我白天的所有約會。我的家人知道我會在週末晚上花些時間進行自我反省，並認真評估自己這一週的工作，所以他們從不會要我與他們共度週末。我會獨自待在房間裡，打開記事本，回憶這一週來經歷過的會面、討論及開會的過程。我對自己說：「我能怎樣改進自己的工作方法？我從這件事情中是否得到了什麼經驗？我那時的發言是否還可以更好？哪些決定是正確的，而哪些是值得再考慮的？」回顧這些事的時候，我甚至不敢相信自己竟然也會做蠢事。一開始，這樣的自我反省使我每週都很沮喪。然而，這樣的情況已經隨著歲月的流逝而變得愈來愈少，而且這種自我剖析的習慣，對我能成就今天的事業有很大的幫助。

這種自我剖析的方法，可能是豪威爾從富蘭克林那裡得到的啟發。但富蘭克林是在每天晚上都進行自我反思，而不會等到週末。富蘭克林發現自己會為小事分心、愛與人爭辯以及虛度光陰，而這只是他發現的自己十三項嚴重錯誤行為裡的三項。富蘭克林清楚地知道，這些毛病必然會阻礙他的事業，必須及時做出改正。他為此制訂出一個計畫：每週必須找出一個缺點去改正，而且每天檢查自己是否做到。當新的一週開始，他又會努力改掉另一個壞毛病。他堅持與自己的缺點戰鬥，並持續了兩年。能夠成為大眾楷模的富蘭克林，難道不正是因為這個原因才獲得成功的嗎？

「每個人的每天中至少會有五分鐘的時間像個蠢蛋，有智慧的人不會讓愚蠢超過這個界限。」阿爾伯特．哈伯德這樣說過。

著名詩人惠特曼也曾說：「難道不能從那些反對你、批評你的人那裡獲得更多嗎？促使你虛心學習的人，難道只是那些認同你、尊重你，並且欣賞你的人嗎？」這番話點出了一種很普遍的情況：很多人對於批評往往很難接受，可真正有智慧的人卻能從別人的批評中收穫進步。

我們盡力把事情做到最好，這樣比等待別人來指出不足更好。還是讓我們先用最嚴格的目光來審視自己吧。我們應當在其他人發現自己的缺點之前，先發現並改正它。為了完成流傳後世的著作《物種起源》，達爾文就是這樣做的。他在長達十五年的時間中不停地自我剖析，並查找更多相關資料。這個里程碑式的學說如他所想像的那樣，震驚了整個宗教界和學術界，這與他不斷挑戰、完善自己的理論是密不可分的。

被別人罵成豬頭，相信任何人都是非常憤怒的。林肯總統如何處理這樣的事情呢？他的戰爭部長愛德溫·史坦頓，曾因為他干預軍務就這樣罵過他。當時為討好部分自私的政客，林肯下達了一項調動軍隊的命令。當有人告訴他史坦頓堅決不執行命令，還罵他腦子進水時，林肯平靜地說：「我這就過去和他討論一下。如果是史坦頓罵我愚蠢，那我真的應該好好反省一下。以前出現這種情況時，他基本上都罵對了。」

林肯是個有勇氣接受他人批評的人。當他覺得你的批評確實有道理的時候，一定會認真思考自己的不足，並虛心接受那些對他有益的建議。林肯來到戰爭部，在史坦頓分析並指出他的命令錯在何處後，立即收回了命令。

羅斯福總統只敢奢望自己做對了百分之七十五的事情。甚至愛因斯坦這位偉大的科學家，也曾承認自己的科學結論也許只有百分之一的正確率，任何時間裡做出的理論，都有可能是錯誤的。沒有任何人能夠從來不犯錯誤，所以也應該懂得接受別人的批評。

法國作家拉羅什福柯說：「人們對自己的看法，往往比不上敵人對自己的看法中肯。」

通常這些話都是被人們認同的。但當受到批評時，人們卻很少提醒自己反思，而是條件反射般地採取抵制和防衛的態度。不管對方是否正確，沒人喜歡被批評，而只喜歡被稱讚。我們經常是很情緒化的，不能接受尖銳的批評，理性往往脆弱得像暴風雨中的小樹苗般不堪一擊。如果清醒些，謙和些，我們也許會想：要是他能指出我更多的不足，那就先虛心接受這些有益的批評吧！當別人談論我們的缺點時，需要先做到不急於辯解。

假如是面對不中肯的人身攻擊呢？我曾和其他人談到一個觀點——當你因惡意詆毀而大怒時，不如先想一想：是的，人並不是完美的。說不定這個批評是正確的，那我應當表示感謝才對，並設法在今後不犯類似的錯誤。連愛因斯坦這樣偉大的人物，都承認自己所做的判斷有百分之九十九的機率是錯誤的，我們至少也會在百分之八十的時間裡犯錯吧。就算不是，至少也具有一種提醒作用。

查爾斯·勒克曼以一百萬美元的高薪聘請鮑伯·霍伯出席廣播節目。鮑伯從來只注重那些批評他的信，而不在意誇獎他的信，因為他清楚地知道從批評中才能獲益。福特汽車公司也會為了摸清公司管理與運作中的缺陷，專門邀請員工對公司提出批評與建議。

我認識一個推銷香皂的業務員。最初，他推銷高露潔香皂時，只能接到非常少的訂單。那時，他覺得這樣下去自己肯定會失去這份工作。他知道產品本身和價位都沒有問題，那麼問題肯定是在自己身上。他經常主動請別人提出批評和意見，在銷售情況不好的時候，他會停在路邊並思考自己哪方面做得不對，是表現得不夠熱情，還是沒把產品的優點講明白？他還會回訪買過東西的客戶：「我來並不是為了銷售香皂，而是希望能得到您的批評與建議。以您豐富的經驗，相信能給我一些有益的忠告和建議。您可否告訴我，我哪裡做得不足？懇請您告訴我您真實的看法。」這種真誠的工作態度使他得到了很多寶貴的收穫，也結識了很多朋友。

後來這名普通的香皂推銷業務員怎麼樣了呢？他成了當代最大的香皂生產公司——高露潔公司的總裁。他就是利特爾先生。

你想如同豪威爾、富蘭克林和利特爾那樣出眾嗎？你能在工作和生活中積極地跟自己的缺點說「不」嗎？

不想憂慮別人的批評，請多想想規則三：

讓我們把自己做過的蠢事記錄下來，並批評自己。既然我們不能凡事做到盡善盡美，就讓我們學學利特爾所做的：主動尋求公正的、有幫助的、有建設性的批評。

第六篇 如何不因受批評而憂慮・小結

規則一：不公正的批評往往是一種變相的恭維，通常這也意味著你已經引人嫉妒和羨慕。記住，人紅是非多。

規則二：凡事盡力而為，然後撐起你的保護傘，讓責備之雨從你的身旁流過。

規則三：讓我們把自己做過的蠢事記錄下來，並批評自己。既然我們不能凡事做到盡善盡美，就讓我們學學利特爾所做的：主動尋求公正的、有幫助的、有建設性的批評。

第七篇

防止疲累和憂慮
讓你充滿活力的六種方法

1 每天多清醒一小時

本書旨在談論人怎樣才能避免憂慮這個問題，那麼，如何消除疲勞將是本書的關鍵了。在日常生活中，一次感冒會讓人全身痠痛，免疫力下降，然後倦怠感就會產生。心理醫師會告訴你，倦怠容易讓人產生憂慮、恐懼的情緒，空虛、煩惱等不良情緒也會出現。因此，預防疲勞就等於是在預防憂慮。

防止倦怠是為了預防憂慮，這只是種委婉的說法。對此，艾文·積及迅醫師說得更直接。同時擔任芝加哥大學臨床生理學實驗室主任的艾文·積及迅醫師，寫過《漸進式放鬆法》和《你必須學會放鬆》兩本書，多年來，他一直潛心研究放鬆緊張情緒的方法。那麼，該如何面對緊張情緒呢？他說：「精神和情緒上的緊張造成了所有的憂慮、煩惱和壓力，只要讓大腦完全放鬆，所有這樣的症狀都會隨之消失。」

因此，休息是消除憂慮的首要途徑，要妥善利用疲倦襲來之前的時間休息，使我們緊張的情緒得以完全放鬆。

休息為什麼對我們如此重要呢？因為疲勞一旦積累到一定程度，將會影響人工作的品質。美國陸軍曾做過多次實驗，證明即使是年輕人，要是在軍事訓練中每小時休息十分鐘，他們的行軍速度就會加快，而且更為持久，因此陸軍軍規規定他們必須這樣做。其實，我們的心臟也像美國陸軍一樣。心臟每天要流過能夠裝滿一節火車油箱的血液量；心臟每天提供的能量，相當於你用鏟子把二十噸煤鏟到高三英尺的平臺上。一個人的心臟能夠完成如此巨大的工作量，真是難以置信，而且，還要這樣持續工作五十年、七十年，甚至九十年。在這樣漫長的時間裡，它如何能承受得了呢？哈佛醫學院生理學家懷特．坎農博士說：「很多人都認為人的心臟一天二十四小時都不停忙碌，事實上，每一次壓縮過血液之後，心臟就會休息一下。心臟以正常頻率每分鐘跳動七十二次，如此算來，二十四小時裡心臟實際上只工作了九小時，而其他的十五個小時都是間隔的休息時間。」

二戰時，年近七十歲的邱吉爾仍在指揮英國軍隊與德軍作戰，他每天要工作十六個小時，真是一件難以置信的事情。那麼，他是如何工作的呢？每天清晨起床後，他開始工作，看報告、下命令、打電話，有時還會在床前召開重要會議，中午十一點才下床吃點東西，然後上床稍微休息一小時。八點鐘吃晚餐前，他會再休息兩個小時。在疲憊的感覺開始之前，他就已經睡覺了，因此疲勞不會困擾他。他預防了身體疲勞感的發生，這樣他就能夠以飽滿的精神工作到深夜。

約翰．洛克菲勒創造了兩項驚人的紀錄：一是，他賺到了巨額財富，成為當時世界上最富有的人；二是，他活到了九十八歲的高齡。那麼，他又是如何做到這兩點呢？當然，他家族裡的人都很長壽，這種遺傳基因是重要的。但最重要的，是他過著有規律的生活，每天午餐後，他都會在辦公室裡休息半個小時，在辦公室的沙發上午睡時，即使是美國總統打電話來，他也不會去接。

《為何而疲倦？》的作者丹尼爾．喬斯萊恩說：「並不是說非要睡得昏天黑地才叫休息，休息其實是及時補充身體所需的養料。即使只是稍稍睡上五分鐘，我們疲勞的身體都會得到改善，也能夠有效預防疲勞。」棒球明星康尼．麥克曾對我說：「每次比賽前，我都會睡一會兒午覺，否則打到第五局時，我全身都會感到非常疲憊。但只要休息即使只有五分鐘，我也會精神飽滿地打到最後一秒鐘。」

愛蓮娜．羅斯福夫人在當第一夫人的十二年中，又是如何面對緊張生活的呢？她告訴我說：「每次需要接見很多人或者在眾人面前發表演說之前，我都會坐在椅子上，閉目養神二十分鐘。」

最近，我在麥迪遜廣場花園的更衣室裡採訪了金．奧崔，他是世界馬術錦標賽的明星人物，我驚訝地發現他的辦公室裡放了一張行軍床。金．奧崔解釋說：「每天下午我都要在這張行軍床上休息片刻，兩場演出中間，我都會休息一小時。在好萊塢拍電影時，即使是在最繁忙的日子裡，我也會找來一把搖椅，以便坐下來休息。我睡上二十分鐘後，工作起來更有精神。」

大發明家愛迪生一生中發明很多東西，個中原因除了他身體強壯精力旺盛之外，還有他想睡就睡的習慣，這些都讓他在工作中精力充沛。

我在商界名人亨利．福特八十歲生日前夕採訪了他。讓我疑惑的是，他的樣子依然精神抖擻。我問他有沒有什麼祕訣，他說：「很簡單，我能夠坐著就絕不站著，能躺下就絕不坐著。」

現代教育之父賀拉斯．曼也採用同樣的方法。他擔任安提阿學院校長時年紀已經很大了，因此接見學生時經常是半躺在椅子上。

我曾向一個朋友提議嘗試這個方法，後來他告訴我，這個方法十分有效，他就是好萊塢大名鼎鼎的導演傑克．切爾托克。幾年前他是米高梅影片公司製片部主任，繁重的工作經常讓他疲憊不堪。他嘗試過很多種方法，喝礦泉水、吃維生素錠等，但一點效果都沒有。

我建議他每天休息一下，方法非常簡單，就是在工作時，時常躺下來讓自己盡可能地放鬆。

兩年後我們再次見面，傑克好像變了一個人似的。他興奮地對我說：「你的方法太神奇了，連醫師都覺得十分驚訝。以前我和別人談劇本時都是坐著，這讓我很疲憊。現在，我都是躺在沙發裡開會。我感到自己的精神比二十年前還要好，每天能多工作兩個小時，再也沒有過疲憊的感覺。」

然而，並不是每個人都適合這種方法。如果你是一個打字員，就沒有辦法像愛迪生或傑克·切爾托克那樣，每天在辦公室裡休息一會兒。如果你是一名會計師，你也沒有膽量躺在長沙發上和上司討論帳目。假如你住的城市不大，每天中午回家吃飯時，擠出十分鐘時間休息，便可避免勞累。二戰時期，喬治·馬歇爾將軍感到指揮美軍部隊非常緊張，因此十分需要午睡。如果你已經年過五十，卻忙得連一點點的休息都做不到，那麼趁早買人壽保險吧。

假如你沒有辦法做到這一點，晚飯前記得一定要抽空休息一小時，這比喝酒提神有效得多。如果你能在下午五點或六點時休息一小時，你每天的生活將增加一小時的清醒時間。因為晚飯前休息一小時相當於夜裡休息六個小時，這樣，大部分疲憊將不再困擾你。

上文所說的經驗不僅對從事腦力工作的人有效，對體力工作者也同樣有效。

只要能休息充分，那麼你將可以勝任更多的工作。科學管理之父泰勒在擔任伯利恆鋼鐵公司工程師時，曾做了一個試驗證明這一點：一個工人如果每天往貨車上裝運十二．五噸鋼材，不到中午他就會非常疲憊。泰勒做了一次定性研究，調查是什麼讓工人們產生疲勞。按照他的計算，人們應該能夠運四十噸以上的鋼鐵而不至於這樣疲勞。

泰勒選擇施密特先生作為他的試驗對象，讓他按照規定的作息時間工作。有個人負責站在施密特旁邊按碼錶測算時間，並下指令：「現在拿起一塊鋼板……現在坐下休息……開始工作……現在休息……」

結果怎樣呢？別人每天只能裝運十二．五噸鋼鐵，然而施密特每天卻能夠輕鬆鬆地裝運四十七．五噸鋼鐵。泰勒在伯利恆鋼鐵公司工作的三年中，施密特的工作效率從來都沒有降低過。他能夠以如此高的效率工作，是因為他能夠在疲勞感到來之前稍作休息，每小時他只工作二十六分鐘，其餘的三十四分鐘用來休整。他休息時間是工作時間的一倍半，但他的效率幾乎是別人的四倍。

我再強調一次：讓我們將美國陸軍的經驗變成自己的經驗吧。按照你的心臟給你的提示去做，在感覺疲勞之前休息。假如你能夠掌握這一技巧，就不會再受到疲勞的困擾了。

2 是什麼讓你疲勞

有一個也許很多人都想像不到的事實．它的確會令你非常驚訝：是的，腦力工作者不會因為用腦而疲倦。這個事實影響了我的一生。不論人的大腦進行多久的運作，都不是產生疲勞的主要原因。這是多年前，對人的大腦功能進行仔細而充分的研究後，從事腦神經研究的科學家們得出的結論。人們曾經從偉大的科學家愛因斯坦身上抽血研究，血液裡並沒有找到任何有害的疲勞毒素，即使是在他已經工作了整整一天的情況下。而從一個正在進行體力勞動的人身上抽出血液研究，卻發現他的血液裡含有多種有害物質和疲勞毒素。這表示，如果只是腦力勞動，大腦並沒有產生疲倦感，即便已經工作八個或者十二個小時之後，它與工作前並沒有什麼不同。那究竟是什麼原因讓你感到疲倦呢？

心理學家透過研究相信，大部分疲勞是由精神和情緒因素引起的。赫德菲，這位英國有史以來最著名的心理學家在其所著《力量心理學》一書中，說道：「人們的疲勞感大部分是由心理因素造成，而不是由生理原因造成的。實際上，單純因生理引發的疲勞反而極其少見。」

美國另一位非常著名的精神病理分析家布里爾博士，對此有這樣的精闢論述：「心理因素，也就是情感因素，這是一個健康的腦力勞動者全部疲勞感的源頭所在。」

哪些心理因素會讓坐在辦公室工作的人感到非常疲倦呢？很明顯，快樂、滿足等積極的心理因素，肯定不是疲勞的原因。使人們感到疲憊的因素，必定是憂慮、煩躁、懊喪、憤怒、仇恨……這些消極的無形殺手。匆忙、失落、猶豫等等，這些會給人們帶來負擔的心理因素，都是導致辦公室工作的人們精神疲憊的原因。心理學專家威廉．詹姆斯的論文〈放鬆的準則〉中說：「美國人有種種不折不扣的壞習慣：精神過度緊張、坐立不安、煩躁，以及自然顯現的痛苦不堪的表情等。」緊張和放鬆都是人們的習慣，只是有好壞的分別。好習慣應該慢慢培養，壞習慣則應該改掉。這種改變也會讓你的生活和工作產生實質性的變化，為此花上很多精力也是非常值得的。

如何才能夠放鬆自己呢？從神經開始，還是從內心開始？其實倘若一個人不能學會首先放鬆肌肉，這些辦法都不可能解決問題。那麼，又要如何放鬆肌肉呢？讓我們先從眼睛開始吧。讀完這段後，將身體靠在椅子上，閉上眼睛，在心中對自己輕輕說：「放鬆，再放鬆，不要再皺眉，不要緊張，要放輕鬆些，再放輕鬆些……」就這樣持續一分鐘，用慢慢的速度念。

過了一會兒後，你是否已經感覺到眼部的肌肉，已隨著你心中所念的放鬆的聲音而輕鬆下來呢？就像一隻無形的手，把那些緊張的、急迫的、讓人浮躁的煩惱都抹去一樣，心情也變得輕鬆起來。你也可以用同樣的辦法，放鬆你的臉、整個頭部、頸部、上肢等等。你的整個身心都可以用這個方法放鬆。你已經學會了放鬆情緒的祕訣，只需花你一分鐘的時間。這也許有些出乎你的意料。當然，你最需要放鬆的也是最重要的器官，就是你的眼睛。芝加哥大學的艾文．積及迅博士說：「你完全有能力忘記你的所有煩惱，假如你能夠徹底放鬆眼部肌肉的話。」眼睛為什麼如此重要呢？醫學告訴我們，眼睛占據我們身體所有精力的四分之一，甚至那些視力正常的人也是一樣，每個人都會因為眼部的原因而覺得疲勞和緊張。

著名女作家維吉．鮑姆小的時候曾經摔過一跤，這一跤給她的人生帶來了很重要的影響。當時她被一位老人救起，老人對她說的一番話，讓她感到終生受益。老人告訴她：「妳應該試著把自己想像成一只襪子那樣柔軟，像一只柔軟的舊襪子那樣。這樣才能讓妳放鬆下來。懂如何放鬆會讓妳不容易受傷。來，小女孩，我示範給妳看，妳也來試試。」

接著，那個老人就教維吉和她的小夥伴們如何像一只舊襪子般放鬆。如何跳、如何跑、如何翻筋斗，他教她們如何照那句有益的話做：「假如能把自己想像成一只柔軟的舊襪子，你就能夠放鬆下來。」

放鬆，能讓你消除全部的壓迫感和緊張感。你在任何地方都能隨時放鬆下來，但不必特別刻意。首先，重點放鬆一下眼部，然後是臉上的肌肉，直到你可以感覺出臉部肌肉甚至整個身體，都如同嬰兒般自然地放鬆。這期間你只需不斷地提醒自己：「放鬆！放鬆！再放鬆！」

著名女高音加麗－庫契也經常採用這個辦法。她在表演前會讓全身的肌肉放鬆，連下顎也低垂著。她就這樣完全癱在一張長沙發裡，從而讓身心鬆懈下來。她每次登臺之前都會這樣放鬆自己，這也是她不會感到緊張的祕訣，並且有效地防止了疲勞的產生。

對於如何放鬆，本書有四項詳細的建議：

首先，能夠時刻讓身體柔軟得像一只舊襪子。也許很好笑，但工作的時候，將一只舊襪子放在書桌上能夠很好地提醒我們應當放鬆到怎樣的程度。如果不能找到一只舊襪子，那就換成一隻貓吧。印度瑜伽術的始祖應該算是貓了，當你抱起牠時，就能真切地感受到牠的柔軟和放鬆，那毛茸茸的頭和四肢像打濕了的報紙一樣軟。當你想不起應該如何放鬆時，就應該多觀察觀察貓。要是能像牠一樣放鬆自己，一切煩惱肯定煙消雲散。

其次，盡量保持正確的舒服的工作姿勢。因為肩膀的痠痛和精神上的疲勞，多是因為身體的緊張和姿勢的不正確引起的。

還有，每天都要告誡自己，多反省幾次：「有沒有把不好的精神力量用在了工作上？我能否再放鬆和舒適些？」這些都能幫你養成正確的放鬆自己的好習慣。如大衛．哈羅德．芬克博士所說：「三分之二的疲倦，都是由不良習慣引起的，完全可以避免。」

最後，當夜晚來臨時再反省一遍，問自己：「我是不是疲倦了？如果真的感到疲倦，就應該從我做事的方法中找原因。」丹尼爾．喬斯萊恩說：「我應該看到的是一個十分有精神的自己，如果感到勞累或精神上十分疲憊，並不是我的工作多麼好，反而是一種失敗。我明白，這一天在工作上我是失敗的。」如果人們都可以掌握放鬆和對抗疲勞的方法，那麼精神病院裡，再也不會有因過度疲勞而精神崩潰的人。如果美國企業的管理者也能了解並督促員工使用這一方法，就能大大降低因精神緊張而引發疾病、甚至導致死亡的機率。

希望有更多人能掌握讓精神煥發的關鍵，讓疲勞遠離生活。

3 讓疲勞永遠消失

我的助手在去年秋天的一個下午參加了在波士頓舉行的一場醫學座談會，這次會議是為了幫助因焦躁苦悶而發病的人們，實際上是一次心理治療實驗，所以，與會者都是一些經醫院診斷為精神失常的女人。

為什麼要開這樣的座談會呢？一九三〇年，著名心理醫師約瑟夫・普拉特博士發現了一項令人震驚的事實：多數來看病的患者在生理上其實並沒有什麼問題，但是在別人看來，他們的病症卻是很嚴重的。有個婦女患的是嚴重的手指關節炎，十根手指都痛得動不了。而另外一個好像患有胃癌。還有很多人，她們頭痛、背痛，總是覺得疲憊，甚至無緣無故地突然感覺疼痛。雖然她們有這些古怪的現象，但是在進行了全面的身體檢查後，卻查不出任何生理上的病變，如果換做老派的醫師會說這全是想像——「全是腦子裡幻想出來的」。

普拉特博士是個經驗豐富的醫師，他清楚地知道，這個時候，無論對她們說什麼，都不會有什麼效果的，也根本不能解決問題。而且，如果真的那麼輕易就能解決，她們哪裡還需要跑到醫院來呢？

因此，他決定舉辦這種特殊的座談會。十八年來，幾千名患者透過參加這種座談會得到了康復，有一些人每年都會參加。我的助手和一名連續九年參加這種座談會的婦女進行交談。她說，一開始，她堅信自己得了腎臟病和心臟病，這讓她長期處於憂慮之中，有時甚至會引發間歇性失明。透過參加座談會，她想開了很多，對人生也恢復自信。現在，她已經到了花甲之年，並且當上外婆，然而別人都以為她不過四十歲。她說：「無論如何，你都不會覺得以前的我和現在的我是同一個人。以前，我曾經痛苦得想要自殺，而現在我終於知道那些不良情緒會損害健康。我還明白了，要想創造出新生活，只有靠自己的力量。」

蘿絲．希佛丁博士認為，找知心朋友傾訴，是治療煩惱最有效的良方，她稱之為「宣洩療法」。她說：「每次病人來看病，總是牢騷滿腹，她們不能控制自己苦悶的情緒，急切地將鬱悶、憂愁、苦惱都說給你聽，希望從你這裡得到寬慰。當然，我們有責任幫助她們排解憂愁，我要做的是盡可能減少她們的痛苦，使她們看到人世間的真情，從而感受到生活在這個世界上是有意義的。」

我的助手曾親眼目睹這種方法的奇特療效。

有一名女士最初來參加座談會時，活像一隻受驚的小鳥，內心恐懼不安。不久，她就可以正常交流了，她滔滔不絕地傾倒自己的苦水，大談與這個世界格格不入的看法和觀點，並很快平靜下來。座談會結束時，她笑了，笑得非常輕鬆。那麼，這是否意味著她已康復？不會那麼容易，她只是在語言的交流中體會到了大家庭的溫暖，感到在這個世界上自己還是被關心和同情的。這短暫的成功來自語言的魅力，語言在治療過程中產生了巨大的作用。

說實話，語言的溝通使心理分析產生功效，自佛洛伊德時代起，心理學家就明白，如果病人將長期的苦悶傾訴出來，他們就可以獲得放鬆，至少他們的憂慮可以減輕許多。這是什麼原因呢？大概他吐出了心裡話，就可以擺脫內心的不安，讓自己清醒一些，從而發現問題的根源。或者說，「傾吐心中的鬱悶」，能讓自己完全放鬆一次。

因此，下次當你再感覺煩悶的時候，不妨找個人來傾訴一番。這樣做並不是讓你變得嘮嘮叨叨，而是要挑選對象，起碼是你信得過的朋友，比如醫師、親戚或者神父。告訴他你自己有些什麼苦悶需要傾訴，即使他們幫不了你，卻能坐在那裡認真地做你的聽眾，這樣對你也是非常有益的。把煩惱全都傾訴出來，是最基本的治療手段，再配合一些別的方法，這對你自我療癒或許有一定的促進作用。

把心事說出來，是波士頓醫院安排的課程中使用的主要療法之一。下面是我們在那個課程裡所學到的一些想法，我們在家裡就可以做到：

一．有些作品能夠使人獲得精神力量，你不妨將它們剪輯成冊，當遭受挫折時，就將它翻出來，並找到那些使你心情愉悅的文字讀一讀。現在大家都比較認可這種療法。

二．不要過分計較別人的過失，就算你的丈夫（或妻子）有什麼樣的問題，你也要清楚，如果他樣樣都完美，那他就是「神」，而不是「人」了。

難道不是這樣嗎？有一次，有個每天只知道對丈夫挑三揀四的女人參加治療座談會，主持的醫師問她，如果她的丈夫突然去世了，她會怎樣呢？她頓時清醒了，在一張紙上寫下丈夫滿滿的優點。

如果妳對和某個男人結婚感到後悔，妳不妨試試這種方法，然後妳會發現，他並不是像妳認為的那樣討厭，而且非常愛妳。

三．盡量向身邊的人多奉獻愛心。有一個保守的女人，她沒有一個朋友，但是後來，她努力讓自己學會放鬆，並且主動與他人交往，現在，她正過著非常快樂的生活。

四．在入睡之前，把明天要做的事情計畫好。繁重忙碌的工作讓人心情厭煩並且沮喪。為了讓自己不至於手忙腳亂，就必須事先把事情的條理梳理清楚，而且要掌握好時間。當所有的事情都能順利完成，你自然就會有滿足感。

五．遠離疲勞和緊張，讓自己放鬆下來。疲勞和緊張對你的傷害，遠遠超出最厲害的魔鬼。如果你想安靜下來做點事情，就必須學會放輕鬆，你可以輕鬆地躺在地板或者沙發上，木板床是更好的選擇，利於消除煩悶和緊張的情緒。你不妨試試下面這幾種方法，堅持一週，或許會有效果：

- 一旦感覺不舒服，就在地板上平躺好，舒展四肢，然後打個滾。每天這樣做兩次。
- 閉上雙眼，對自己說：「陽光照在我的臉上真舒服，蔚藍的天空是溫柔的，大自然是美好寧靜的，我是上帝的孩子，此刻正與自然界融為一體。」在心裡反覆默念這些句子。
- 如果躺在地板上不方便，可以坐在硬木椅上，也能產生相同的作用。將腰桿挺直，雙手平放在大腿上，保持輕鬆的心情，伸伸脖子，活動一下筋骨。
- 從腳趾開始收放肌肉，慢慢移至腿部，最後到達頭頂，並使頭部和腳部一樣用力地收放。這樣反覆多次，然後，輕輕對肌肉說：「別緊張，要放鬆！」

- 嘗試以一定節奏的深呼吸來調整內心的焦慮。
- 想像一下自己臉部的皺紋，再想像將它慢慢撫平。一天重複兩次，這樣產生的快樂心境能消除衰老的痕跡，或許能使你不必進美容院，就能恢復美麗的容顏。

4 四個良好的工作習慣

要形成良好的工作習慣，首先應做到：書桌上除急需處理的文件外，其他的都收起來。芝加哥和西北運輸公司的總裁羅南・威廉說過：「將桌上不用的文件收拾整齊，與將桌上堆滿各種文件相比，前者的工作效率要遠高於後者。我認為前者是一種聰明的方法，也是提高效率的第一步。」

當步入位於華盛頓的美國國會圖書館時，你會在天井的石雕上看到著名詩人波普的名言：和諧的秩序乃是天堂的首要法則。

第一個良好的工作習慣是：把事情安排得井然有序。

但現實中人們的表現又如何呢？職員中的絕大多數，都會在辦公桌上堆放大量的閒置文件。《紐奧良報紙》的發行商曾對我提到，他的祕書在清理桌子時，竟意外發現一臺兩年前丟失的打字機。

桌上堆放著的信箋、文件及備忘錄，那些東西讓人看了就頭痛，工作起來更是毫無頭緒。而人們也不去收拾，還會找來各種藉口，什麼最近太忙啦、無從下手啦等等，給自己製造出不必要的麻煩，最糟糕的是會因此引發高血壓、心臟病及胃潰瘍。

賓夕法尼亞大學醫學院教授發表了一篇題為〈器質性疾病的併發症——功能性神經官能症〉的報告，這篇報告很有見解。教授在這篇報告中提出了十一項需要患者改進的精神狀態，第一項是：「責任感過於強烈，工作起來無休止。」

然而，就算是把書桌整理得很乾淨整潔，你的心理疾病也未必就能因此得到控制。

著名的心理醫師威廉·山德勒沒花多少時間就治癒了一名神經衰弱者。那個人是芝加哥一家大公司的主管，他有嚴重的憂鬱症，於是來到山德勒醫師的診所。這名主管一點也不清楚自己每天都在做什麼，雖然病情愈來愈嚴重，但是他看上去並不像得了什麼病，所以他沒有理由退出工作崗位，只好向心理醫師求助。

山德勒醫師是這樣描述那天的情況的：

那天，我正要和他交談，但是卻有好幾通電話接連打進來。第一個是醫院打來的，我迅速給了答覆；第二個是緊急電話，我和對方稍微討論了一下便做出回應；第三個是我的朋友打來的，向我詢問精神病患者的治療意見。當我接完電話正要向他道歉時，卻發現他已經放鬆下來，像換了一個人似的。

他說：「沒關係，醫師，在你接電話的時候，我想了很多，我突然明白自己的不足之處。我回去後會努力改進，讓自己過得輕鬆些。在那之前，能否讓我看看你的抽屜？」

我拉開抽屜，裡面除了一些辦公文具，幾乎什麼都沒有。他說，你沒有要做的文件嗎？我說都已經做完了，沒有任何工作拖欠下來，如果工作太忙，就由我口授讓祕書執筆。

六週以後，我應他邀請來到他的辦公室，我們又見了面。他發生了很大的改變，他的桌子和抽屜除了文具什麼都沒有，這一點是跟我一樣的。他對我說：「在六週前，這裡還有兩間辦公室，那裡擺放著三張辦公桌，桌子裡塞滿了文件，不曾想過要去整理。但我在你那裡受到啟發，回來後，馬上清理辦公室裡的雜物。你看，我現在只用一張桌子，心情感到非常輕鬆，只要有了工作，我就立刻做完，決不拖延，也不再為以前累積的欠帳而發愁了。

這個功勞應歸於你，我現在有非常好的精神狀態和健康的身體。」

查爾斯・伊凡斯・休斯曾是美國最高法院院長，他這樣說過：「再多的勞動也不會致命，而過度的煩惱和憂愁卻能使人喪命。」在工作上，致人死命的真正原因是煩惱過多和憂慮過度。

第二項良好的工作習慣是：處理事情要有重點。

創建城市服務公司的亨利・多爾蒂曾經說過：「思維敏捷和分析事情的輕重緩急，是用多少金錢都買不到的兩種具有創造性的能力。」

查爾斯・勒克曼是派索登公司的老闆，他原來是一個窮光蛋，奮鬥了十二年後，最終躋身於百萬富翁之列，他是多爾蒂所提到的兩種才能的受益者。勒克曼說：「不知從何時起，我養成了清晨五點起床的習慣。一起床，我的思路就相當清晰，馬上開始一天的工作安排，很快決定如何進行具體執行。」

富蘭克林・貝特格從事保險業，他是全美業績最好的保險業務員。他安排一天工作的時間是在前一天夜間而不是在清晨五點，並且要求自己在第二天達到某個標準。如果第二天沒有達到，就將其差額再加在第三天的標準數額上。

經驗告訴我們，要人總是井井有條地做事是件困難的事情。但是有秩序地開展工作，要比蒙著眼睛瞎做事更有效。

如果蕭伯納做事沒有條理，他就無法成為世界聞名的作家，只能一輩子做一個小小的銀行職員。他希望自己出人頭地，所以為自己制訂下每天寫五頁作品的計畫，即便是在過得最絕望的九年裡，他的總收入只有三十美元，他也沒有放棄這樣的計畫。

第三項良好的工作習慣是：當機立斷、趕快行動。

我以前的學員豪威爾雖然已去世了，但他曾對我講過一件至今仍令我記憶猶新的事。當時他擔任美國鋼鐵公司董事，在董事會審議提案時，花了大量的精力準備的許多提案，只有小部分被通過，大部分在爭吵中被擱置了。這使得各位董事還得將這些提案帶回家去繼續研究。經過據理力爭，他說服董事會每天只對一個提案進行審議，而且必須討論出最終結果，不可留到下一次會議。這樣，效率果然大大提高了，問題順利解決了，董事們再也不會因為這些事情煩躁不安了。所以，這個好習慣值得每個公司的董事會借鑑。

第四項良好的工作習慣是：學會領導、權力下放和監督。

許多事業有成的老闆不懂得權力下放，獨攬大權，然而人的精力畢竟是有限的，要想事事都做得完美是不可能的。所有的事情都親自去做，肯定導致憂慮。我知道，想放心地把權力分給別人是很難的，如果用錯了人，後果將不堪設想，但是為了避免不必要的憂慮和苦悶，除了下放權力，沒有別的辦法。

自主創業的人多半都很忙，如果不養成領導、權力下放和監督這三項好習慣，就準備五六十歲便死於勞累吧。若你不相信，認為這些是聳人聽聞，那就去看看每天在報紙上發布的訃聞吧。

5 如何預防煩悶

看看艾麗絲的例子，就能明白心理上的厭倦確實是導致身體疲勞的最主要原因了。

艾麗絲是公司裡的主管，忙了一天的她回到家後，感覺全身像要散了一樣，倒在床上就能立刻睡著，當然什麼東西也吃不下。媽媽做了美味食物關心地勸她吃，她也只是應付著吃上幾口。但當男朋友這個時候打來電話，約她出去跳舞，她頓時精神抖擻，如吃過興奮劑一般。她開心地哼歌，上樓換了最好看的衣服，直到凌晨三點才回到家。在她躺到床上之後，還興奮得睡不著。

她是不是真的累了呢？為什麼她的男朋友打來電話約她玩，她所有的勞累全都不見了呢？是的，她的確累了。由於厭倦自己的工作，她感到十分疲憊和不開心。但她會帶著希望憧憬著未來。或許你也像她一樣，因為有這種相似心理的人不在少數。

心理上的厭倦比工作中的勞累更容易讓人感到疲倦，這一點是無可爭議的。幾年前，約瑟夫．巴馬克博士為了證明疲勞是由厭煩情緒產生的，曾經讓他的學生參與實驗。實驗中，學生們都表現出昏昏沉沉、焦慮不安、異常疲憊的情況，甚至有人覺得胃口也出了毛病。這個實驗就記錄在他的那本《心理學文獻》中。這些不適的表現是故意裝出來的嗎？

答案當然是否定的。對學生們新陳代謝的檢查顯示，工作順利的情況下，他們的情緒就會比較穩定，新陳代謝也大大加快。相反地，感到疲倦時，氧的消耗量會成倍下降，新陳代謝也降低了。

我曾在加拿大洛磯山度假，在那次長途旅行中，我穿過惱人的灌木叢、荊棘林，冒著隨時會摔倒的可能跋山涉水，並沿途在科拉爾河中釣魚。我並沒有感到十分疲勞，縱使長途跋涉是如此辛苦。這是為什麼呢？要知道，釣魚對我來說是多麼有意思的事情，我所有的辛苦就在釣到很多大魚的時候變成了甘甜。假如我對釣魚毫無興趣，結果又會怎樣？人們對某些事情產生熱情時，就不會有疲勞感。否則對任何人來說，要翻過一座海拔七千英尺的大山都是一種痛苦的折磨。

登山這種體力消耗極大的運動，是否會把身體搞垮，主要取決於人的思想和精神。讓我們看看明尼阿波利斯農工儲蓄銀行總裁金曼先生以下的經歷，相信你更能體會到這點：

為幫助森林巡邏隊訓練，一九五三年七月，加拿大政府指定登山協會抽調一些高手為他們做嚮導，這其中也有我。在五十歲左右的嚮導的帶領下，經過一百一十五個小時的歷程，我們過河、爬山，經過專業訓練的年輕登山隊員全都累趴了。

甚至大部分人沒有吃晚餐就睡了，年長他們很多的嚮導們不僅從容地吃過晚餐，還在睡覺前談笑風生，絲毫看不出疲倦的樣子，這是為什麼呢？這就是因為他們十分熱愛這項體育運動。

那些年輕人又為什麼疲憊不堪，因為訓練沒有目的性嗎？當然，有點常識的人都不會認為是這個原因。其實，最大的原因是登山活動沒有激發出他們的熱情，他們對此並不熱衷。愛德華・桑代克博士曾讓幾個年輕人，透過不同的方式在一個星期內沒睡覺。根據這項有趣的實驗，他寫出一份報告，說明產生疲勞的根源是煩悶心理。如果你是一個腦力工作者，工作中的壓力和緊張情緒，就成為你工作效率下降最可能的原因。不是因為工作量大，而是這一切讓你感到很厭煩：要經手很多的瑣事，信函也處理不完，工作效率不高，還沒有時間赴約。你就這樣拖著沉重的腳步回到家，沮喪、疲憊，並且感到很頭疼。但隔天，你卻能夠很好地處理這一切，並且效率驚人，回家後也覺得一切都是那麼舒暢。相信大部分人肯定有過這種經歷，我們能從中得到些什麼樣的啟示呢？那就是疲勞的根源在於煩悶情緒。我看了傑洛米．克恩的音樂劇《演藝船》，裡面棉花號船長安迪有這樣一段臺詞：「我一生的好運就在於我做著自己喜愛的工作。」能做自己喜歡的事，並從中得到一些樂趣，沒有太多的煩惱和厭倦，這其實就是一種幸福。這對我寫作的這段日子，也有很好的啟示。

有個奧克拉荷馬石油公司的女職員，她每天上班的內容，就是把一些資料寫在已經印好的合約書上，然後機械式地進行統計。這種工作實在是沒什麼發揮創造性的空間，枯燥得很。她能憑讚譽、感激、晉級、加工資來犒賞自己嗎？不，她將工作做了調整，使它變得有趣。即使沒有任何獎勵，她也能從中享受到真正的快樂。本來的枯燥工作變得有趣了，她也因此沒有了煩惱的感覺。這個真實故事中的女職員，後來成為我的妻子。

下一個故事的提供人是戈登小姐，對工作非常富有熱情的她告訴我們：

在我工作的單位裡有四名女同事，每人負責處理四到五人的信件。忙不過來時，我經常感到焦頭爛額。一天，我拒絕了副經理要我重新列印一封很長的書信的要求。我對他說沒必要重新打，修飾一下就可以。他很直接地對我說：「不想做的話，還有別人。」我非常氣憤。但當我重新打字時，一想到這份工作得之不易，就平靜下來。在那一刻，我決定要讓自己成為最出色的女祕書。我要調整心態，這時我發現，如果工作快樂，精神上就沒有壓力，心情舒暢。如果再把工作當作享受，效率就會成倍增長。透過這樣的改變和自己的努力，我得到了上司的表揚。不久，經理讓我做他的祕書。吃苦耐勞的確是人生最大的財富。

瓦利．戈登小姐的成功，與威廉．詹姆斯教授的哲學相符，他要求我們在痛苦中尋找快樂，去「想像」工作中的樂趣並堅持下去，這樣，對不感興趣的工作，你也就會產生興趣，甚至喜歡上它。那麼，也就避免了你的憂愁和煩悶。

幾年前，哈倫．霍華的工作十分單調，他想讓自己的工作變得有樂趣一些。

當那些同齡的男孩不是在打棒球，就是在與女孩子談情說愛時，他卻被安排到餐廳裡洗盤子、擦櫃檯、分送霜淇淋。他不喜歡這份工作，但為了生存，還是得做下去。他試圖「誘導」自己的興趣，他對什麼感興趣呢？他要自己對霜淇淋的生產過程發生興趣。就這樣，他很快成了頂尖化學高手。接著，他又對營養化學產生濃厚興趣，並立志要主攻食品化學，結果他得償所願，考入了麻省理工學院。紐約可可交易所以「怎樣使可可變成最佳巧克力」為題開展徵文活動，並提出為獲獎的學生資助獎學金，他參加了這次徵文活動，榮獲金獎。

大學畢業後，因為還沒有找到合適的工作，他便租了一間地下室做為自己的工作室。不久，新法規的制定為他帶來了希望，政府規定：牛奶公司的產品必須經過細菌數目檢測後方可上市。他在牛奶公司找到很多工作，一個人忙不過來時，他還僱用了兩名幫手。

再過二十五年，那些年輕人將成為食品營養化學方面的主力，而我們將告老退休。二十五年後，霍華也許已經成了該領域的導師，他的同學卻可能在接受救濟，也可能還沉湎在自暴自棄中，或哀歎懷才不遇。事實上，如果不想方設法把自己認為的低賤工作做得富有樂趣，他就不會有成功的機遇。

山姆因為找不到適合他的好工作，只得留下來繼續做他覺得十分枯燥的工作

——生產螺絲。他無奈地想，是否可以把工作變得有趣一點呢？他還要靠這份工作生存。他這樣想著，便與另一名工人在這份生產螺絲的工作中開展競賽，比誰做得又快又好。山姆不久就因技術精湛被調入另外一個部門。這個部門需要高技術，他的工資也連升好幾級。原本十分厭惡這項工作的他，三十年後成為一家工廠的董事長兼總經理。不難想到，如果不是他想辦法使工作變得有趣而勤奮努力，也許這輩子他都只能是個普通工人。正是他的上進，決定了他日後的成功。

卡滕伯恩用了一年的時間淨賺五千美元，成為當時法國的推銷之王，但是誰又知道他年輕時，其實是個法語掌握得不多的毛頭小子呢？他成功後自豪地對人們說，這一年在法國的工作經歷，比在哈佛大學進修一年，單純學習書本上的知識來得更有意義，他也確實了解到自己有這方面的能力。

他對法國的文化習俗有相當深入的了解，這期間積累的寶貴經驗，讓他可以勝任之後從事的歐洲報導。在法國，不太懂法語的人做推銷，而能躍居一流推銷員的行列，是什麼原因呢？他告訴大家自己的經歷：

我在上門拜訪前，就把所有法文版的推銷臺詞背熟。主婦聽到門鈴開門出來時，我開始說法語，背出那些拗口的廣告詞，當然是用我那顯得滑稽的美國口音。她們聽到我用美式法語推銷，被逗得哈哈大笑，我說：「我是美國人、美國人。」我遞給她們法文的宣傳單和廣告詞，當氣氛逐漸融洽時，再遞上更多圖片。當然，我每天必修的功課，就是出發前對著鏡子鼓勵自己，因為我也不是每次都充滿信心。

他覺得自己如果不做這些顯得滑稽的表演，做任何事都會沒意思。他樂於從按動門鈴的那刻起，就讓自己成為在舞臺上閃耀的吸引人的角色。從這樣的經驗中我們可以看出，當對工作投入極大熱情的時候，它也會讓你贏得豐厚的回報。

他說：「每天早上不如給工作下個賭注，提醒自己，就這樣加把勁吧！這樣還未完全清醒的身體就動了起來，身體的每個部位也都充滿活力。」渴望獲得成功的美國青年從他這裡得到了激勵，他們崇拜這位靠努力在國外站穩腳跟的同鄉。

心理學家說，每天用積極向上的思想鼓勵自己，是健康心理所必需的。一廂情願地對自己進行鼓勵，這似乎有點可笑。但就在一千八百年前，羅馬皇帝馬可斯．奧理略在《沉思錄》中，說過一句流傳後世的名言：「我們的人生是由思想所創造！」

我們如果能夠經常激勵自己，就能在生活和工作中都充滿熱情。常常提醒自己吧，讓我們多一些時間思考勇氣、幸福和安寧的意義，你會得到更多的收穫。

想降低你心中對工作的厭倦感，就要有正確的策略。主管分派任務的時候，一定是希望員工可以很好地接受，並且出色地完成任務。而多拿一些薪水又何嘗不是員工的想法呢？先不論你的主管將如何考慮，從個人的角度出發，你當然也想在自己的職位上獲得更多的成功和更大的進步，不是嗎？當你因為這種想法而踏實地工作，並竭盡所能為更高的目標努力並取得進步，還會擔心沒有出路嗎？更詳盡的說法就是，如果因個人的努力把工作做得出色，這樣不僅煩惱會消失，也會不斷得到晉升，獲得的薪水也將不斷增加，這是一個很好的良性循環。就算沒有物質上的獎勵，工作中的你也可把煩惱降到最低限度，這樣工作中的快樂才真正屬於你。

6　不再為失眠憂慮

人在睡眠中度過了三分之一的人生，然而睡眠的價值卻不為人所知，只被當成很自然的事情，實際上，我們對人體對睡眠時間的需求並不了解。

失眠會使你憂慮嗎？國際著名律師安特梅爾一生竟沒有睡過一天安穩覺。還是在上大學時，他患了哮喘病，這使他無法安睡。因無法醫治，氣喘和失眠幾乎要了他的命。因為無法入睡，他只能看書，這倒造就了他出色的成績，乃至被譽為「天才」。當律師後，失眠症狀仍然不見好轉，他只有不斷自我激勵。他有堅強的信念，儘管睡眠時間短，但身體依然很強壯，精力比任何律師都充沛，每天的工作量幾乎超出常人的承受範圍。

雖然他年僅二十一歲，但年薪卻已經達到七．五萬美元，這是許多同齡人所無法企及的高度。一九三一年，他辦了一件案子，律師費超過了一百萬美元。這時的他業績非常突出，但依然失眠：午夜，他還在看書讀報，凌晨五點時還在寫信。別人剛開始工作，他的工作差不多已經完成。他一輩子都不知道睡好覺的滋味，但他對此一點也不在意，不然的話他早就見上帝去了。雖然如此，他卻很長壽，一直活到八十一歲。

保羅・肯恩是一名匈牙利士兵，一戰中他腦部受傷，痊癒後就無法入睡，世界上任何催眠術、鎮靜藥都無濟於事。這真是一大奇蹟，人們對睡眠的認知也因此打破了。

人們對睡眠有不同的需求，差別非常大。交響樂指揮大師阿圖羅・托斯卡尼尼每天只睡五小時就夠了，卡爾文・柯立芝總統的睡眠時間卻超過他兩倍以上，柯立芝每天需要十一個小時的睡眠。也就是說，柯立芝總統的一生花在睡眠上的時間差不多有一半，而托斯卡尼尼只要五分之一就足矣。

我的一個學生艾拉・桑德納因為失眠幾乎要自殺。失眠帶來的憂慮所造成的危害，遠遠超過失眠本身。桑德納對我說：

我真的快瘋了！一開始的問題在於我睡得太熟，鬧鐘叫不醒我，所以經常遲到，總挨老闆的罵，他甚至說要開除我。

我的一個朋友建議我睡前注意鬧鐘的聲音。結果可以想像，那討厭的滴答聲攪得我不得安寧。結果我整夜都不能安眠，甚至無法入睡。好不容易熬到天亮，我沒有一點精神，像得了一場大病。失眠後，我的精神幾乎崩潰，整夜焦躁不安地在房間裡走動，甚至想從窗戶跳下去。

我去找心理醫師，他說：「我幫不了你，只有靠你自己解決。你晚上躺下時，就不要想睡覺這回事，告訴自己：有什麼大不了的，不就是一夜不睡嗎？然後閉上眼，什麼都不要想就行了。」

說來也怪，經過兩個多星期的試驗，我漸漸能睡著了。不到一個月我就恢復了正常。

睡不著而想自殺，原因不在失眠，而是失眠引起的焦慮。

芝加哥大學著名的失眠研究權威納撒尼爾．克萊特曼教授說：「失眠沒什麼可怕的，其引發的生理傷害也比無故而生的心理壓力要小，而後者才是健康的最大敵人。」他說，那些擔心自己失眠的人，通常比自己想像的睡得多。那些發誓自己一整夜都沒闔眼的人，事實上很可能睡了幾個小時。

舉個例子：

赫伯特．史賓塞是十九世紀著名的社會學家、哲學家，他一直到老年都沒有結婚。他每天不停地說自己失眠的事情，大家都被他弄得很煩。為了睡覺，他會用耳塞塞住耳朵以阻隔外界的吵鬧聲，甚至吃鴉片催眠。一個晚上，他和牛津大學教授塞斯在旅館同一個房間住，第二天早上史賓塞說他一夜都睡不著，實際上，一夜未眠的是塞斯，因為史賓塞的鼾聲吵得他沒法睡覺。

有安全感是睡眠安穩的第一個必要條件。大衛．哈羅德．芬克博士曾寫過一本名叫《消除神經緊張》的書，提出了和自己身體交談的方法。他認為語言是所有催眠法的關鍵。如果你想擺脫失眠困擾，就要對你身上的肌肉說：「放鬆下來，放鬆下來。」每個人都知道，人的肌肉緊張時，思想和神經也會跟著緊張。因此，想要入睡，就要先放鬆肌肉。讓自己的下顎、眼睛、手臂和雙腿都放鬆下來，這樣我們就能很自然地睡著了。

此外，還有一種治療失眠的有效方法，就是讓自己疲憊。你可以去種花、游泳、打網球、打高爾夫球、滑雪……著名作家西奧多．德萊塞就是這樣做的。當他還是個為生活苦惱的年輕作家時，也曾經因為失眠而憂慮過。他在紐約中央鐵路公司找了一份鐵路工人的工作。在做了一天打釘和鏟石子的工作之後，累得還沒吃完晚飯就睡著了。

如果我們疲憊到了極點，走在路上都能睡著，即使是在打雷，或者打仗，都能睡得很香。著名的神經科醫師福斯特．甘迺迪博士告訴我，一九一八年，英國第五軍在歐洲戰場上撤退時，他就見過一些士兵，累得倒在地上就睡著，像昏死過去一樣。就算撐開他們的眼皮，他們也不會醒來。他們每個人的眼球都在眼眶裡往上翻起。「從那時起，每當我睡不著，就把眼珠那樣翻起。不到幾秒鐘，我就會開始打哈欠，很想睡覺，這是一種自動反應，我沒有辦法控制。」

從沒有人會選擇以不睡覺的方式來自殺。大自然不管一個人的控制力多強，都會迫使他們進入睡眠。長時間不喝水或不進食，我們都可做到，不睡覺卻是無法做到的。

作為心理障礙診所的副總裁，亨利．林克博士曾多次與因憂慮而沮喪的人交談。他曾在《人類重現》一書中的「消除恐懼與憂慮」這章裡，談到他對一個堅持要自殺的人說的話：「既然你要自殺，何不像個英雄那樣，繞街道跑至力竭而亡。」

果然，那個人去試了，不只試了一次，而是好幾次，每次都會讓他感到舒服一些。直到第三天晚上，林克博士最初的目的終於達到了——這個病人很快睡著並睡得很沉，因為他的身體十分疲勞（同時也放鬆了肉體）。後來他加入了一個體育俱樂部，以便嘗試多種體育項目，不久便打消了自殺的念頭。

所以，要預防失眠，以下五種方法可供嘗試：

1. 失眠時不妨先起來做其他事，不要勉強自己入睡。
2. 失眠不會導致死亡，導致健康下降的原因，是由失眠而引發的緊張情緒和精神壓力。
3. 多做禱告，多唱讚美詩。
4. 經常鍛鍊身體，使心情放鬆。
5. 以超常的運動來消耗更多體力，這樣也可使人入睡。

第七篇　防止疲累和憂慮，讓你充滿活力的六種方法・小結

方法一：疲倦之前先休息。

方法二：學會在工作中放鬆。

方法三：如果妳是一個家庭主婦，在家放鬆可以保護妳的健康和維持外表年輕。

方法四：養成這四個良好的工作習慣

- 清理你桌上的所有文件，除了那些與眼前問題有關的文件。
- 按事情的重要性來排序。
- 當你面臨問題時，如果你掌握了做決定所必需的事實，立即解決它。
- 學會組織、代理和監督。

方法五：為了防止擔心和疲勞，把熱情投入到你的工作中。

方法六：記住，沒有人會因為睡眠不足而喪命。造成傷害的是對失眠的擔憂，而不是失眠本身。

第八篇

如何找到令你快樂的事業並取得成功

人生最重要的決定

這一章是寫給那些還沒有找到他們想做的工作的年輕男女。如果你也是，閱讀這一章或許會對你以後的生活產生深遠的影響。

如果你還不到十八歲，很快地，你也會面臨必須做出你人生中最重要的兩個決定——這兩個決定將深刻地改變你的一生：不僅會影響你的幸福、你的收入和你的健康，也會決定你未來成功與否。

是哪兩個重大決定呢？

第一，你打算如何謀生？也就是你準備做什麼工作，當農民、郵差、化學家、森林管理員、速記員、獸醫、大學教授，還是要開個漢堡攤？

第二，你會選擇誰做為你的人生伴侶？

不論哪個決定都是種賭博。「每個男孩，」哈利．愛默生．福斯迪克在他的書《堅持到底的力量》中說，「每個男孩在選擇職業時都是一個賭徒，他拿自己的一生為賭注。」

那麼，選擇職業時，怎麼做才能減少風險？請繼續往下讀，我們會盡己所能地告訴你方法。

首先，如果可能，試著找一份你喜歡的工作。有一次，我問固力奇公司輪胎製造商董事會主席大衛．固力奇，他認為事業成功的首要條件是什麼，他回答說：「工作愉快。如果你喜歡你正在做的事情，」他說，「即使你的工作時間很長，你也不會覺得你是在工作，反而像是在做自己興趣的事。」

愛迪生就是一個很好的例子。愛迪生——一個沒有受過教育的報童，長大後卻改變了美國的整個工業環境——吃住都在他的實驗室裡，每天在那裡辛勤工作十八個小時。但對他來說，這並不是一件苦差事。「我一生中從來沒有工作過一天，」他強調，「我每天都樂在其中。」

難怪他會成功！

查爾斯．施瓦布曾對我說過類似的話。他說：「一個人只要充滿熱情，做任何事情幾乎都能取得成功。」

也許你會說，剛入社會，對工作一點概念都沒有，要如何對工作產生熱情呢？埃德娜．克爾夫人曾經為杜邦公司招聘過數千名員工，現為美國家庭用品公司的勞資關係部副總經理，她說：「我認為，很可悲的是，竟然有那麼多的年輕人不知道他們真正想做些什麼。我想，如果一個人只從他的工作中獲得薪水，而其他則是一無所獲，那真的是很可憐。」克爾夫人說，有些大學畢業生來應徵時會說：「我有達特茅斯大學的文學士學位或是康乃爾大學的碩士學位，你公司裡有適合我的職位嗎？」他們不曉得自己能夠做些什麼，也不知道自己想做些什麼。也難怪有那麼多人在剛踏入職場時懷抱夢想、充滿鬥志，但到了中年，一事無成，因而感到痛苦沮喪，甚至精神崩潰。事實上，合適的工作對你的健康也至關重要。約翰·霍普金斯醫院的雷蒙·佩爾醫師與幾家保險公司聯合進行一項調查，研究使人長壽的因素，他把「合適的工作」排在第一位。這正好符合了蘇格蘭哲學家湯瑪斯·卡萊爾的名言：「一個人若是找到了適合自己的工作，是幸福的，他已無須企求其他幸福了。」

最近，我與美孚石油公司的人力資源總監保羅·博因頓聊了一個晚上。在過去的二十年裡，他面試了七萬五千多名求職者，還寫了一本名為《找到工作的六種方法》的書。我問他：「現在年輕人在找工作時犯的最大錯誤是什麼？」「他們不知道自己想做什麼，」他說，「這令人感到震驚。人們用來思考買哪件衣服的時間往往多過於思考職業的時間，但衣服只能穿幾年，職業卻決定了未來，關係著人一生的幸福和安寧啊！」

那麼，你能做些什麼？你可以利用一種叫做「就業指導」的新型專業輔助手段。它可能對你有幫助，也可能沒有，這取決於你的指導顧問的能力和性格。這種專業輔助還不成熟，但前景可以預期。要如何利用這門新科學呢？可以向你所在的社區尋求專業的職業測試和職業建議。

這種指導只是提供建議，必須由你做最後決定。記住，這些指導顧問並非絕對正確，意見也並不總是一致。他們有時會犯下荒謬的錯誤，例如一個就業指導顧問建議我的一個學生成為一名作家，僅僅因為她會大量的詞彙。多麼荒謬！寫作沒那麼簡單。一篇好文章必須能把你的想法和情感如實傳遞給讀者——要做到這一點，你不需要有很大的詞彙量，但你需要有想法、經驗、信念、例證和熱情。建議這名詞彙量大的女孩成為作家的就業指導顧問，只成功做到了一件事：他把一個從前快樂的速記員，變成了一個失意的、想成為小說家的人。

我想說的是，職業指導專家就跟你我一樣，都有可能犯錯。也許你最好多諮詢幾位指導顧問，然後用常理來判斷他們所提供的建議。

你可能會覺得奇怪，我為何要在一本關於憂慮的書中加入一章談職業的內容。當你明白我們有多少憂慮、遺憾和挫折，都是因我們所厭惡的工作而產生的，就一點也不會感到奇怪了。不妨問問你的父親——或者你的鄰居，或是你的老闆，他們是否有這樣的情況。英國經驗主義哲學家、經濟學家約翰．彌爾說，與工業社會格格不入的人是「社會最大的損失」。是的，在這個世界上最不快樂的人當中，也包括了那些討厭自己的工作的「工作不適配者」！

你一定曾聽說過部隊裡有士兵精神崩潰的消息，他們是去錯地方了！我指的不是在戰爭中傷亡的人，而是那些在軍隊的一般服役中崩潰的士兵。威廉．梅林哲醫師，當代最偉大的心理醫師，在戰爭期間負責陸軍士兵的神經精神評估。他說：「我們學到了很多在軍隊的選拔和任命的重要性，把合適的人放在適配的工作上……對自己的工作抱有熱情是極其重要的。當一個人對在做的工作不感興趣，覺得自己被放錯地方，認為自己不被賞識，甚至相信自己的才能被浪費了的時候，那麼不是導致了精神疾病，也有誘發精神疾病的可能性。」

出於同樣的原因，一個人可能會在職場上「精神崩潰」。如果他厭惡自己的工作，他也可能把工作搞砸。

以菲爾．詹森為例。菲爾．詹森的父親擁有一家洗衣店，他讓兒子在洗衣店裡工作，希望他以後能繼承家業。但是菲爾厭惡洗衣店，所以不是態度懶散，就是做事拖延、不做，甚至有幾天他會搞「失蹤」。他的父親想到自己的兒子如此懶惰、沒有進取心，心裡很難過，甚至在員工面前感到羞愧不已。

一天，菲爾．詹森告訴父親，他想在一家機械廠當一名機械工。什麼？當工人？老父親聽了震驚不已。但菲爾已打定主意。他穿著油膩的工作服，做的工作比洗衣店要求的要辛苦得多，工作時間也變長了，但他卻是一邊工作一邊愉快的吹著口哨！他主動學習工程學，研究發動機構造，整天和機器打交道。一九四四年菲爾．詹森去世時，他是波音飛機公司的總裁，他正在研發後來在關鍵時刻幫助贏得戰爭的轟炸機！如果他一直守著家裡的洗衣店，他和洗衣店的命運又會如何呢？特別是在他父親死後？我猜，他會毀了這家洗衣店，把它搞砸了。

我想對年輕人說的是：即使冒著與家人鬧翻的風險，也不要迫於家人的壓力而進入一家企業或接手一份工作！除非是出自內心的意願，否則不要去做一份你不喜歡的工作！不過，父母的建議你也不該都拒絕，他們年長你至少兩倍以上，他們有著來自於豐富的生活經驗和歲月累積的智慧。但是歸根結柢，最終做出決定的人是你，將來工作時，會快樂或悲哀的是你自己。

說到這裡，我想提供給大家幾點建議，其中有些是關於選擇工作的忠告：

一．閱讀和研究下列五個關於如何選擇就業指導顧問的建議。這些忠告十分受用，來自美國著名的就業指導顧問，哥倫比亞大學的哈利．迪克特．凱森教授。

- 不要相信那些跟你說他能預測你「職業性向」的魔法系統術士。這些包括摸骨算命、占星、「性格分析」和筆跡占卜等，這些方法都「不靈」。
- 不要相信那些告訴你，只要你做個測試就能知道應該選擇什麼職業的人。這樣的人違背了就業指導顧問必須考慮到就業者身體狀況、社經地位等條件來提供建議，他應該在就業者可選擇的機會範圍內來提供服務。
- 選擇那些具備豐富職業資訊，並且在輔導過程中使用這些資訊的就業指導顧問。
- 一個完整全面的就業指導服務，通常需要多次的面對面溝通。
- 不要接受郵寄通訊的就業指導。

二．避免選擇那些從業人員已經飽和的熱門行業和工作吧！在美國至少有兩萬種不同的謀生方式。但是，年輕人知道嗎？除非他們請占卜師觀察水晶球來告訴他們還有其他的選擇，否則他們並不知道。結果呢？一所學校裡，有三分之二的男孩把他們的選擇限制在五種職業上——兩萬種職業中的五種——五分之四的女孩也是如此。難怪一些行業和職業人滿為患，也難怪不安全感、憂慮和「焦慮症」在白領階層十分普遍。在決定擠進那些人滿為患的領域，如法律、新聞、廣播、電影和一些「吸引人的職業」前，要謹慎考慮之。

三．避免選擇那些只有百分之十賺錢機率的工作，例如銷售人壽保險。每年都有不計其數的人——通常是找不到工作的人——開始嘗試推銷人壽保險，卻不願事先知道他們的成功機率有多小！聽聽在費城房地產信託大樓工作的富蘭克林．貝特格是怎麼說的。二十年來，貝特格先生一直是美國最成功的保險推銷員之一。他說，有百分之九十的推銷員在進入這行業的第一年，就會因挫敗感而放棄；在留下來的人當中，十個人裡只有一個人能夠完成總業績的百分之九十，而剩下的九個人爭奪餘下百分之十的生意。換句話說，如果你開始銷售人壽保險，一年內你可能就會因失敗而退出；即使你撐住留下來了，收入也只夠勉強維持生計，真正每年成功賺到上萬美元獲利的機率只有百分之一。

四．在你決定全心投入一項工作之前，花幾個星期甚至幾個月的時間，盡可能地了解它，必要時，可以請教已經在該行業工作了十年、二十年，甚至四十年以上的人。

這些請益可能會對你的未來產生深遠的影響，我從自身的經驗中體悟到這一點。在我二十歲出頭的時候，我向兩位年長的男士尋求職業建議。現在回想起來，我覺得那兩次交流是我職業生涯的轉捩點。事實上，如果沒有那兩次前輩的指導，很難想像我現在會過著什麼樣的生活。

要如何才能獲得前輩的就業指導呢？舉例來說，假設你想要成為一名建築師。在你做出決定之前，你應該花幾個星期的時間拜訪你所在與鄰近城市的建築師。可以從黃頁電話簿中，查到他們的姓名和地址。有時不用預約就可以前往他們的辦公室拜訪，如果你想提前預約，可以寫一封類似這樣的信給對方：

能冒昧請您幫我一個小忙嗎？我需要您的建議。我今年十八歲，正在考慮學習成為一名建築師。但在做決定之前，我想徵求一下您的意見。

如果您工作繁忙，不方便在工作時間見我，請允許我能前往貴府叨擾半小時，我將不勝感激。

我想向您當面請教下述問題：

- 如果能夠重新選擇，您還會選擇做建築師嗎？
- 在您對我有些基本了解，並評估過我之後，想請問您，您覺得我是否具備了成為建築師的條件？

- 建築業的人員需求是否已經過剩？
- 如果我大學念建築系，四年後畢業，那時建築相關工作會不會很難找？入行時，從什麼樣的工作做起比較好？
- 如果我的工作能力一般，前五年的薪資大概會有多少？
- 當建築師的優、缺點為何？
- 如果我是您的孩子，您會鼓勵我當一名建築師嗎？

如果你生性靦腆，不敢獨自面對「大人物」，下列兩點建議或許對你會有所幫助。

第一，找一個與你年齡相仿的朋友同去。你們倆會增強彼此的信心。若找不到適合的同齡朋友，可以請你們的父親陪同前往。

第二，要知道，向對方徵詢建議，某種程度上就是在向他致敬，他可能會對你的請益倍感榮幸。成年人樂於傳授自身經驗給年輕人，建築師應該會高興你的來訪。

如果你對寫信請求預約拜訪感到猶豫，那麼就直接到對方的辦公室拜訪，告訴對方如能獲得他的一點建議，你將感激不盡。

假如你拜訪了五位建築師，但他們都忙到沒有時間見你（這不可能發生），那麼就再拜訪五位。他們之中總有人會願意見你的，並給你寶貴的建議，這些建議也許可以讓你免去多年的迷失和傷心。

記住，你正在做你人生中兩個最重要、影響最深遠的決定之一。所以，在你行動之前，花點時間充分了解相關事實。如此一來，你才不會在懊悔中度過下半輩子。如果你負擔得起，可以支付對方諮詢費，以感謝對方特地花費時間與你見面並提供建議。

五．不要錯誤地認為你只適合一種職業！每個人都能勝任多種工作，當然也會在很多工作上失敗。以我自己為例，如果我在下面這些領域深入學習與做好準備，我相信我有機會取得一些小成功，也能樂在工作中，這些領域指的是農業、水果種植、科學農業、醫藥、銷售、廣告、報紙編輯、教學和林業等。另一方面，我敢肯定，諸如簿記、會計、工程、經營酒店或工廠、建築、機械等行業，以及上百種其他工作，我會做得不快樂，以失敗告終。

第九篇

如何減少經濟上的憂慮

百分之七十的憂慮與金錢有關

如果我知道如何解決每個人的財務問題，我現在不會坐在這裡寫這本書，而是進白宮為總統獻策。但是，我可以提供你，財務權威人士所提出的非常實用的建議，並告訴你有哪些相關書籍能給你更多指導。

根據《婦女家庭雜誌》的一項調查，我們百分之七十的憂慮都與金錢有關。蓋洛普民意調查公司的創始人喬治．蓋洛普說，他們公司所做的調查研究顯示：大部分人相信，只要收入再增加百分之十就能解決他們的財務問題。在一些情況下確實如此，但令人驚訝的是，有更多例子則並不盡然如此。我在撰寫這一章的時候，曾請益財務專家艾希．史塔雷頓女士。她曾擔任沃納梅克百貨公司和金貝爾兄弟百貨公司的財務顧問，提供顧客及員工財務諮詢服務。同時她還以獨立諮詢師的身分，提供那些被金錢所困的人幫助。她幫助過的人各個收入階層都有，有年收入不到一千美元的行李搬運工，也有年薪超過十萬美元的企業高層主管。她告訴我：「大多數人的財務困境，並不是只要再多賺一點錢就能解決。事實上，收入增加了，開支也跟著增加，不僅沒有解決財務問題，反而徒增煩惱，這種例子太多了。」她接著說道：「財務出現問題，並不是他們錢賺得不夠多，而是不知道該如何明智地花錢。」（你對最後一句話不以為然，是嗎？好吧，在你再度表示輕蔑之前，請記住，史塔雷頓女士指的是「大多數人」，不是所有人，並沒有含括你在內，但你可以看看周遭的親朋好友是否如此。）

有些讀者大概會說：「這個叫卡內基的傢伙要是拿跟我一樣的薪資，來支付我這麼多的帳單，養那麼多的家人，他就不會在那裡說風涼話了。」嗯，我也曾有過經濟困難：我每天在密蘇里州的玉米地和乾草倉裡工作十小時，每天辛勤地做著艱苦的體力勞動，直到筋疲力盡才休息。這樣辛勤艱苦的工作，我得到的報酬不是每小時一美元，也不是五十美分，甚至是十美分。我一天工作了十個小時，每小時的薪水只有五美分。

我知道住在沒有浴室也沒有自來水的房子裡是什麼滋味，而且一住就是二十年；我知道睡在零下十五度的房間裡是什麼滋味；我知道為了省五美分的車錢，每天必須走數英里路、穿有破洞的鞋和打補丁的褲子是什麼滋味；我知道在餐館裡只能點最便宜的菜是什麼滋味；我還知道每晚把褲子鋪在床墊下壓平是什麼滋味——因為沒有錢可以送洗衣店洗熨衣服。

然而，即使在這樣如此艱困的時候，我也會設法從收入裡省下幾塊錢，如果不這麼做，我會沒有安全感。由於這段經歷，我意識到，如果想避免債務和財務上的經濟危機，我們就必須像大公司一樣：做預算，並按照預算規畫支出。但我們大多數人不會這麼做。例如，我的好朋友，同時也是本書出版公司的總經理里昂・施姆金，向我指出，許多人在處理自己的金錢上總是很盲目。他說，他認識的一名簿記員在公司工作時，對於數字非常精明，但在處理個人財務方面……我舉個例子吧，這個人在發薪日有了錢，在經過街上的商店，看見櫥窗裡展示的外套時，總會毫不猶豫地買下——卻沒想過房租、水電費和其他「固定」費用，也需要這份薪水來支付。但是他又很清楚，如果一家公司也是以這樣一種輕率的態度來經營業務，它最終會破產。

在財務方面，你應該把自己的收入視為公司的帳務來管理。雖然你如何花錢是你自己的事，但它實際上也可說是一種「業務」。

但是，理財的原則有哪些？如何開始做預算和計畫？可以參考下列的十一項規則。

規則一：記帳

五十年前，阿諾德．貝內特來到倫敦，開始了他的小說家生涯。當時，他一貧如洗，生活拮据，因此他會把每筆花費都仔細地記錄下來，甚至連六便士的小錢也都記下來。他是想知道錢都花到哪裡去了？不是的，他非常清楚每筆錢的去向。他喜歡記帳，這讓他受益良多，甚至在他變得富有、舉世聞名，並擁有了一艘私人遊艇之後，他仍然保持著記帳的習慣。

約翰．洛克菲勒也有一本記帳本。在每晚做完禱告上床睡覺前，他都要如實記錄每一筆開銷、花費，仔細地對帳且不錯過每一分錢。

那麼，我們也要開始記帳記一輩子嗎？不，不需要。理財專家建議我們至少持續記錄一個月——最好三個月——如實地記下花費的每一分錢。清楚知道自己的金錢支出與用途，這樣有助於我們制定預算。

你知道你的錢都花到哪裡去了嗎？嗯，或許知道，但如果你真的都清楚每塊錢的去向，那你就是懂得理財的少數人之一了！史塔雷頓女士告訴我，人們來找她諮詢時，她常常要花幾個小時協助他們把支出明細逐一寫下，當他們看到帳目結算時，就會難以置信地驚叫道：「我的錢就是這樣花掉的嗎？」換做是你，可能也會是這樣的反應呢！

規則二：擬定一個真正適合你需求的預算

史塔雷頓女士告訴我，即使是兩個條件相同的家庭——住同樣的屋宅，住同一個區，育有有同樣多的小孩，收入也一樣——他們的預算需求也會完全不同。為什麼呢？因為每個人的需求不同。史塔雷頓女士說，預算必須視個人需求量身訂做。

擬定預算並不是要把生活中的樂趣都抹煞掉，而是爲了給我們物質上的安全感——在很多情況下，物質上感到有安全感，能夠進而讓你在情感上感到安定、沒有憂慮。「依據預算生活的人，」史塔雷頓女士告訴我，「往往生活得更快樂。」

但是，該怎麼做呢？首先，如同我所說的，你必須列出所有費用，然後尋求理財專家建議。許多人口超過兩萬人的城市裡，都可以找到願意讓你免費諮詢的家庭理財機構，協助你擬定符合你收入的預算。

規則三：學會如何明智地消費

我的意思是：學習如何讓你的錢發揮最大的價值。所有的大公司都有專業的採購員和採購代理商，他們的任務就是以合理的價錢爲公司採買到最好的東西。作爲你個人財產的管理者，你爲什麼不這樣做呢？

規則四：不要讓你的收入增加你的煩惱

史塔雷頓女士告訴我，她最怕被每年有五千美元收入的家庭要求諮詢預算規畫。我問她爲什麼，她說，「因爲，每年有五千美元的收入，可說是大多數美國家庭的目標。他們可能經過多年的艱辛奮鬥才達到這一目標——然後，當他們的收入增加到每年五千美元時，他們就會認爲自己已經『取得成功』了。他們開始放寬支出範圍：在郊區買一棟房子，認為『不會比租一套公寓貴多少』；買一輛車，買一大堆新家具，以及一大堆新衣服——可想而知，他們很快就入不敷出。事實上，他們也比以前更不快樂了——因爲隨著收入的增加，他們支出得更多。」

這很自然，我們都要想過更好的生活。但是從長遠來看，哪一種才能帶給我們更多的快樂呢？是強迫自己按照預算生活，還是讓催帳單塞滿信箱、債主找上門來？

規則五：努力建立良好信譽，以防萬一你必須借錢

當你遇到緊急情況需要借錢時，人壽保險單、國防債券和儲蓄存單實際上就是你口袋裡的錢。但是，要確保你的保險帶有儲蓄性質，這意味著具有現金價值。有些類型的保險屬於「定期險」，只具有一段時期內的保障功能，並不提存

準備金。這類保險顯然無法讓你向銀行貸款。因此，在購買保險前要先問清楚，這份保單是否具有現金價值，在你需要籌集資金時才能用得上。

假如你沒有可以借錢的保單，也沒有債券，但你有房子、車子或其他抵押品，能借到錢嗎？當然可以，去銀行！銀行受到嚴格的規章制度監管，並需要在社區中維護聲譽，其計息利率受法律規範，會公平地對待所有客戶。如果你陷入財務困境到銀行借款時，通常銀行會和你討論並制定適合你的計畫，幫助你解決你的債務和憂慮。我再重複一遍，如果你有抵押品，可以選擇到銀行貸款！

然而，假如你沒有抵押品，沒有任何財產，除了薪水之外沒有任何擔保品，該怎麼辦？如果你珍惜自己的生命，請不要這麼做：向在報紙上刊登誘人廣告的「貸款公司」借錢。這類公司的廣告通常會把他們包裝得就像聖誕老人一樣慷慨，別相信！好吧，我不想嚇唬你，但下面是真實發生過的事情：

明尼阿波利斯市的一份報紙，曾經針對那些按照拉塞爾塞奇基金會的規定運營的貸款公司進行調查。道格拉斯·盧頓是參與這項調查的人之一，他現在是《你的生活》雜誌的編輯。道格拉斯·盧頓告訴我，貧窮階層的債務人所受到的壓榨讓人感到恐懼。剛開始只是五十美元的借款，但在高利息利滾利的情況下，還沒還清之前借款金額已經激增到三四百美元了。債務人薪資通常會被高利貸公司扣押，而債務人也往往因此被公司解僱。在很多情況下，當債務人無力償還貸款時，高利貸公司就會派人到債務人家中「評估」他的家具——然後把房裡的東西全部搬光！很多人只是小額貸款，但償還了四五年的債務，仍然還不完！是不是很離譜？道格拉斯·盧頓說：「在調查過程中，我們不斷把這些高利貸案件移交法院，案件多到讓法官們認輸求饒，最後報紙不得不成立一個仲裁部門來專門處理這數百起案件。」

貸款公司的利息為什麼都這麼高呢？答案就在所有隱藏費用和額外的訴訟費中。逼不得已向貸款公司借款時，一定要記住：你必須確信自己可以迅速還清貸款，這樣你的利息會較為合理，也不會衍生後續的麻煩。但如果你償還不了，利滾利之後的高額本息連愛因斯坦都會算不清。道格拉斯·盧頓告訴我，在某些情況下，這些額外的費用已經使最初的負債膨脹到百分之二千，大約是銀行收費的五百倍。

規則六：為疾病、火災等意外情況做好保障

可以針對各種事故、災難和可能出現的意外情況，做小額保險。我並不是建議你連在浴室裡滑倒、染上德國麻疹等都保險，但我確實建議你要保護自己免受重大不幸的傷害，因為這些不幸可能會讓你付出重大金錢代價，也會讓你憂慮。相較於這些，小額保險的保費可說是很便宜。

例如，我認識的一名女士去年住院十天，住院費只需支付八美元。為什麼這麼少呢？因為她有購買醫療保險。

規則七：不要將你的人壽保險收益以現金形式支付給受益人

如果你爲了讓家人往後的生活有所保障而購買了人壽保險，我建議你，不要讓保險公司一次付清你的保險金給你的遺屬。

突然有了一筆錢的遺屬通常會怎麼做呢？我讓馬里恩·艾伯利女士來回答這個問題。她是紐約市東四十二街六十號人壽保險協會婦女部的負責人。她在全美各地的婦女俱樂部進行巡迴演講，建議如何使用人壽保險來保障遺屬的生活，但不是一次償付一筆保險金。她告訴我，曾有一名遺孀拿到了兩萬美元保險金後，把錢借給兒子做汽車零件生意。但生意失敗了，她現在一貧如洗。另一名遺孀被房仲的花言巧語說服，把大部分的受益保險金投資在「一年內肯定會增值一倍」的一塊空地上，三年後，她賣掉這塊土地的時候，價值只剩當初原價的十分之一。她還提到了另一名遺孀，在她獲賠一萬五千美元的人壽保險金之後的一年內，她不得不向兒童福利協會申請補助金來贍養她的孩子。類似這樣的悲劇，還有成千上萬個例子。

《紐約郵報》財經記者希薇亞．波特發表在《婦女家庭雜誌》上的文章寫道：「當一名女性擁有兩萬五千美元時，平均不到七年就會把它花光。」

幾年前，《星期六晚間郵報》的一篇社論寫道：「由於婦女多半沒有受過商業訓練，也沒有理財專家給她建議，因此只要有精明的推銷員對她花言巧語地遊說，就會貿然地把丈夫的人壽保險理賠金做不可靠的投資。逝者在生前多年省吃儉用所存下來的全部積蓄，僅僅是因爲家人相信了一個狡猾惡棍的話，就這樣被席捲一空。這類事情時有所聞，任何律師或銀行家都能舉出許多這樣的例子來。」

如果你想讓家人未來的生活有所保障，可以向約翰．摩根——世界上最睿智的金融家之一——請教。他在遺囑中聲明把財產留給十六位繼承人，其中有十二位是女性。他留給她們的是現金嗎？不是。他交付信託管理，以保障這些女性終生每個月都有收入。

規則八：教導孩子對金錢有責任感

我永遠不會忘記在《你的生活》雜誌上讀到的一個教育觀念。作者史黛拉．

韋斯頓·特特爾在文章中，講述了她如何教導自己的小女兒對金錢有責任感。她向銀行申請一本支票簿，然後把它給了她九歲的女兒。當女兒拿到每週的零用錢時，她就把錢「存」到母親那裡，然後在這一週當中，只要她想取用一兩分錢，她就「開一張支票」支付這筆錢給女兒，並記錄餘額。這個小女孩不僅從中得到樂趣，也學會了對自己的金錢負責。

如果你家裡有學齡兒童，而你也希望孩子能學習如何理財，我認為這是一個很好的教導方式。

規則九：必要時，設法賺點外快吧

如果在你按照預算理性消費之後，仍然入不敷出，那麼你可以選擇責罵、煩惱、擔心、抱怨，或者你也可以計畫賺取額外的收入。如何？這樣說吧，此時你該做的，就是賺錢來填補現在還沒有被充分滿足的迫切需求。住在紐約傑克森高地的奈莉·施佩爾女士就是這麼做的。

一九三二年，獨居在一套有三個房間的公寓裡的施佩爾女士，突然感到自己很孤單。她的丈夫已經過世，兩個孩子也都有了各自的家庭。一天，她到一家雜貨店購買冰淇淋時，注意到冰櫃裡也有販售甜派，但看上去一點都不美味。於是，她問店主是否願意跟她購買一些真正的手作甜派，店主訂了兩個。「雖然我善於烹飪，」施佩爾女士告訴我，「但我們還住在喬治亞州的時候，有請傭人幫忙做事，我親手烤過的派不超過十二個。」有了兩個甜派的訂單後，她向鄰居主婦請教蘋果派的做法。我做了一個蘋果派，一個檸檬派，雜貨店店主對這兩個手作甜派很滿意，第二天又訂了五個派。然後，好口碑逐漸散播開來，其他的雜貨店和小餐館也開始向我訂購派餅。在兩年的時間裡，我平均一年烤了五千個派餅——所有的工作都是我一個人在狹小的廚房裡獨力完成。一年就淨賺了一千美元，除了支付製作餡餅的成本費用之外，沒有其他額外的花費。」

施佩爾女士自製糕點的銷量愈來愈大，她不得不搬出廚房，開了一家糕餅店，並僱用了兩名女孩協助她烘烤派餅、蛋糕、麵包和蛋卷。即使是在戰爭期間，人們還是願意耐心地排一個小時的隊，來購買她所烘焙的糕餅點心。

「我這輩子從來沒有這麼開心快樂過。」施佩爾說，「我每天在店裡工作十二到十四個小時，但我不覺得累，因為我從不把它當成是在工作，而是一場生活冒險。我正在盡己所能地帶給人們一點快樂。我太忙了，沒有時間寂寞，也沒有時間憂慮。這份工作填補了我生命中，因母親、丈夫的逝去而留下的空虛。」

我問施佩爾女士，其他擁有好廚藝的女性是否也能在人口一萬以上的城鎮裡，以同樣的方式賺錢。她肯定地說：「當然可以！」

奧拉．斯奈德女士也會給出同樣的答覆。她住在伊利諾斯州一個三萬人口的小鎮——梅伍德，用自家廚房和十美分的原料，開始了自己的小生意。她的丈夫生病了，她必須賺錢養家。但該怎麼做呢？她只是一個家庭主婦，沒有工作經驗、沒有一技之長，也沒有資本。於是，她試著用蛋白、糖製作了馬林糖，然後來到學校附近，以一便士一塊糖的價格賣給放學回家的孩子們，並告訴他們：「明天多帶點零錢來吧，我每天都會來這裡賣我自己做的馬林糖。」

在第一個星期裡，她不僅賺到了錢，也對生活重新產生熱情。現在，她和孩子們每天都很開心，沒有時間憂慮。

然而，這位安靜內向的家庭主婦並未滿足於此，她打算擴展生意，讓人在熱鬧、人口眾多的芝加哥代銷她自製的馬林糖。她膽怯地走近一個在街上賣花生的義大利人，一開始他不以為然，因為他的顧客想要的是花生，不是糖果。她讓義大利人試吃，沒想到他很喜歡，於是開始代銷她的馬林糖，第一天就爲斯奈德女士賺進了一些錢。四年後，她在芝加哥開了第一家店。她晚上做糖果，白天販賣。這位靦腆的家庭主婦從自家廚房烤爐開始，一步步走到開了一家餅乾糖果工廠，現今已擁有十七家店，其中十五家位於芝加哥繁榮的盧普區。

我想說的是，不論是紐約傑克森高地的奈莉・施佩爾，還是伊利諾斯州梅伍德的奧拉・斯奈德，在面對經濟壓力時並沒有哭喪著臉，而是以積極的態度來應對。她們從自家廚房以非常小的規模開始——不用擔心管理費、租金、廣告和薪水開支。在這種情況下，幾乎不會被經濟上的壓力所擊敗。

只要多留意周遭、多思考市場需求，你會發現其實有很多事可以做。例如，如果你擅長烹飪，可以考慮在家開設烹飪課程，住在附近、對烹飪有興趣的年輕女孩就有可能上門學習。

市面上已經有很多關於如何利用多出來的時間賺錢的書，可以到圖書館借閱。無論男女都有很多的創業機會。但是，我要給你一個忠告：除非你有推銷的天賦，否則不要嘗試挨家挨戶推銷的工作。大多數人都討厭被強迫購買東西，會讓你以失敗告終。

規則十：永遠不要賭博

那些希望透過賭賽馬或玩吃角子老虎機來發財的人，總是讓我驚駭不已。我認識一個靠經營老虎機維生的人，他對那些天真地妄想打敗操控了他們的機器的賭徒，只有蔑視，沒有同情心。

我還認識在全美最著名的博彩公司工作的人，他是我訓練班裡的一名學生。他告訴我，儘管他對賽馬瞭如指掌，他還是不會把錢全押在賭賽馬上。然而事實上，愚蠢的人們每年在賽馬上下的賭注高達六十億美元——這是我們在一九一〇年總國債的六倍。這名莊家還告訴我，要毀掉一個人的最好方法，就是說服他去賭賽馬。我問他，如果根據賽馬的內幕消息來下注，是否就能贏得賭金？他回答說：「即便如此，你還是可能會把錢全部輸光光。」

如果還是想賭博試運氣，至少要學聰明點，計算一下勝算有多大。奧斯華．雅可比的著作《如何計算賠率》，可以讓你多少了解這方面的知識。作者是橋牌和撲克牌專家、頂尖數學家、專業統計學家和保險精算師。這本書用了二百一十五頁告訴你，賭馬、輪盤賭、花旗骰、老虎機、抽牌撲克、梭哈撲克、橋牌、競叫皮納克爾紙牌遊戲和股票市場的賠率。這本書同時也告訴你，在其他各種活動的獲勝機率，非常實用。作者並不是要鼓勵你賭博，只是想告訴你，在這些常見的博彩活動中，你的獲勝機率。當你了解這些博彩的賠率後，你會同情那些把辛苦賺來的錢全投注在賽馬、紙牌、骰子或老虎機上的可憐傻瓜。

規則十一：如果無法改善經濟困境，那麼就對自己好一點，停止怨恨無法改變的事情

如果經濟困境無法改變，至少我們可以改變自己的心態。要記住，其他人也有各自的財務問題。我們可能會因為經濟狀況比鄰居差而憂心，但小康家庭的鄰居夫婦也可能會因為跟不上中產階級腳步而憂慮，而中產階級也會煩惱無法躋身富裕階級。

美國歷史上的一些名人也都有過經濟困難，例如林肯和華盛頓都必須四處借錢籌措旅費，才能參加總統就職典禮。

如果不能得到想要的一切，也不要用憂慮和怨恨來毒害我們的日子，腐蝕我們的性情。對自己好一點，放寬心。羅馬最偉大的哲學家辛尼加曾說過：「如果你不能對現在擁有的一切感到滿足，那麼縱使讓你擁有全世界，你也不會幸福。」

請記住這一點：即使我們擁有整個美國，並用籬笆把它嚴嚴實實地圍起來，我們一天也只能吃三餐，睡覺一次也只能睡一張床。

想要減少經濟上的憂慮，請遵循這十一項規則：

1. 記帳
2. 擬定一個真正適合你需求的預算
3. 學會如何明智地消費
4. 不要讓你的收入增加你的煩惱
5. 努力建立良好信譽，以防萬一你必須借錢
6. 為疾病、火災等意外情況做好保障
7. 不要將你的人壽保險收益以現金形式支付給受益人
8. 教導孩子對金錢有責任感
9. 必要時，設法賺點外快吧
10. 永遠不要賭博
11. 如果無法改善經濟困境，那麼就對自己好一點，停止怨恨無法改變的事情

第十篇

「我是如何克服憂慮的」

——三十二則真實故事

六個大麻煩一次襲來

布萊克伍德

一九四三年的夏天，世界上一半的憂慮似乎都落到了我的肩上。四十多年來，我一直過著平順、無憂無慮的生活，平常遭遇的問題，也不過是做為丈夫、父親和生意人所遇到的常見麻煩。但突然間，砰！轟！！轟！！轟！！轟！！！轟！！！轟！！！生活給了我連續六個重擊。整整一夜，我在床上翻來覆去，害怕一天的到來，因爲我面臨了六件讓我憂慮的事情：

第一，我經營的商學院正在破產的邊緣，因為男孩子們都要上前線打仗了，而大多數的女孩子不用接受學習就能在兵工廠工作，賺的錢比我的商學院畢業生所賺的錢還多。

第二，我的大兒子也在軍隊服役，我跟全天下的父母一樣，為在戰場上的兒子擔憂不已。

第三，奧克拉荷馬市近期為建造機場開始大面積徵收土地，而我的家——父親留給我的家——就位於規劃用地的正中央。我知道政府只會補助土地價值的十分之一，更糟糕的是，我會失去我的房子。由於城市內的住屋不足，我擔心會找不到可以安置一家六口的房子。我擔心我們得住在帳篷裡，甚至擔心買不買得起一頂帳篷。第四，我家附近挖了一條排水渠，導致我家的水井乾涸了。挖一口新井要五百美元，但因為土地即將被徵收，這時挖井的錢就白白浪費掉了。因此兩個月來，我每天早上都必須到別的地方運水回來，以餵養家裡的牲畜。我擔心在戰爭結束前，我還要這樣一直辛苦下去。

第五，我家離商學院有十英里遠，而我的加油卡是B級，這表示按規定我不能買新輪胎。所以我擔心，當我那輛老福特汽車上的舊輪胎報廢後，我要怎麼去上班。

第六，我的大女兒提前一年從高中畢業了。她一心想上大學，但我沒錢可以供她繼續念書。如果她知道這件事，一定會心碎。

一天下午，我坐在辦公室裡爲這些煩惱發愁時，決定把它們都寫下來，因爲不會有人比我更擔心這些事了。如果能找到解決辦法，我並不介意與那些擔憂鬥爭，但這些擔憂似乎完全超出了我能控制的範圍。我無能為力，所以我把這張憂慮清單收進檔案夾裡，幾個月過去了，我完全忘記這件事。一年半以後，我在整理檔案文件時，又看到了這張憂慮清單，上面寫著曾經幾乎擊垮我的六個大麻煩。我深感興趣地閱讀它們，而且感慨良多——我理解到，那些憂慮事實上最終一個也沒有實現。

以下就是事情的後續發展：

一．我理解到，我對關閉商學院的所有擔憂都是徒勞的，因為政府開始補貼願意招收退伍軍人的商學院，我的學校很快就招滿了學生。

二．我理解到，我對服役中兒子的擔憂都是徒勞的，因為他在戰爭中毫髮無傷，平安歸來。

三．我理解到，我對土地徵收的擔憂都是徒勞的，因為在離我農場不到一英里的地方發現了石油，因而購置機場用地的費用也高得讓人望而卻步。

四．我理解到，我爲沒有井水可餵養我的牲畜而擔心的一切都是徒勞的，因爲我一得知我家的土地不會被徵用蓋機場時，就花錢挖了一口新井，一直挖到更深的地方，找到了源源不斷的水。

五．我理解到，我為輪胎出問題的擔憂都是徒勞的，因為輪胎胎面經過翻新後，我又小心駕駛，那輛老福特汽車一直開到現在。

六．我理解到，我對女兒教育上的所有擔憂都是徒勞的，因為就在大學開學前六十天，我幾乎奇蹟般地得到了一份審計的兼職工作，這份工作使我能夠支付她上大學的費用。

我經常聽人說，我們擔心、煩惱和憂愁的事情百分之九十九都不會發生，但這句老話對我來說並沒有多大意義，直到我偶然翻出十八個月前那個沉悶的下午，我所寫下來的擔憂清單，我才真正理解這句話的涵義。

我現在很感激，有那樣一段與六個可怕的憂慮搏鬥卻是徒勞的經歷。這次的經歷給了我一個畢生難忘的教訓。它讓我明白爲尚未發生的事情焦慮有多麼愚蠢和可悲——因為那些事情不在我們的掌控範圍內，甚至可能永遠也不會發生。

記住，今天就是你昨天所擔心的明天。不妨問問自己：我怎麼知道我擔心的事情必定會發生？

只需一個小時就能驅走憂慮

羅傑・巴布森

每當我不順遂而感到沮喪時，我都能夠在一小時之內趕走憂慮，立刻讓自己變成一個樂觀主義者。

我是這樣做的：我走進書房，閉上眼睛，走向只放歷史書的書架，仍然閉著眼睛地伸手取出一本書，不論是普萊斯考特的《征服墨西哥》，還是蘇埃托尼烏斯的《羅馬十二帝王傳》，我仍舊閉著眼睛隨意地把書打開。然後，我睜開眼睛，從我翻開的那一頁開始讀上一個小時。我讀得愈深入，就愈深刻地意識到，這個世界一直在痛苦中掙扎，文明一直在崩潰的邊緣蹣跚前行。歷史篇章充滿了戰爭、饑荒、貧窮、瘟疫，以及人類對人類不人道的殘忍故事。讀了一個小時的歷史後，我體會到，儘管現在的條件很糟糕，但還是比過去要好得多。這使我能夠以正面的態度看待和面對我目前的困境，並認識到整個世界正在不斷地變得更好。

這個方法值得用上一整章來詳述。讀歷史！試著從上萬年歷史的角度來看問題——你會發現，你的煩惱在永恆的世界裡，是多麼地微不足道。

我如何擺脫自卑感

艾瑪・湯瑪斯

在我十五歲時，憂慮、恐懼和自我意識總是折磨著我。我身高一八八公分，體重約六十五公斤，就這個年紀而言，我的個子很高，又瘦得像竹竿。儘管我個子很高，但我身體很虛弱，不論是打棒球或跑步都比不過其他男孩。他們總是取笑我，叫我「馬臉」。我很煩惱，也很不自在，生怕遇見任何人，而事實上我也很少遇見別人，因為我們的農舍不在主要道路上，四周樹林茂密，這些樹木自古以來從未被砍伐過。我們農舍距離公路有半英里遠，因此除了我的父母和兄弟姊妹之外，我常常一個星期都見不到任何人。

如果我任憑那些擔憂和恐懼不斷鞭笞我，我會有個失敗的人生。當時，每一天的分分秒秒，我都沉浸在那瘦高、虛弱身體的煩惱中，對任何事情都提不起興趣。我的尷尬、恐懼，強烈到言語無法形容。我母親過去是一名教師，知道我的感受，所以她對我說：「兒子，你應該接受教育，用你的頭腦來謀生，因爲你的身體將永遠會是你的一個障礙。」

由於父母無力供我上大學，我必須自己想辦法。因此，整個冬天，我都在森林裡獵捕負鼠、臭鼬、水貂和浣熊；到了春天，我把獸皮賣了，賺得四美元，然後用這四美元買了兩隻小豬。我用廚餘、玉米餵養這些豬，第二年的秋天把牠們賣了四十美元。賣掉這兩頭豬所得的錢，讓我得以到位於印第安納州丹維爾的中央師範大學念書。我每週付一美元四十美分的食宿費，五十美分的房租。我穿了一件媽媽為我做的棕色襯衫（很明顯，她選用棕色的布，是因為即使弄髒了也不會馬上看出來），以及父親的舊衣服，但爸爸的衣服對我來說太大了，而我穿的那雙舊半統靴也不合腳，那是雙兩邊有鬆緊帶的鞋，但是鬆緊帶也早已失去彈力，我走路時鞋子都快掉下來了。我不好意思和其他同學交往，所以我總是躲在房間裡讀書。當時，我最大的願望，就是能夠有足夠錢到商店裡選購適合我的衣服，那些不會讓我感到羞恥的衣服。

不久後，發生了四件事，這些事幫助我克服了憂慮和自卑感。其中一件事給了我勇氣、希望和信心，並徹底改變了我以後的生活。我簡要地描述這幾件事：

一．在師範學校上八週課之後，我參加考試，獲得了在鄉村公立學校教書的三級證書。雖然這張證書只有六個月的有效期，但它證明了我的價值——這是我有生以來，除了母親之外，第一次獲得他人的認可。

二．一個叫快樂谷的鄉村裡，有一所學校聘用我教書，薪資每天兩美元，或者月薪四十美元。這就更能證明有人對我有信心。

三．我一拿第一張支票，就到商店裡買了一些衣服——我穿起來不會覺得難爲情的衣服。

即使現在有人給我一百萬，那種興奮之情也不及我花幾美元買第一套衣服時的一半。

四．我人生的真正轉捩點，與尷尬和自卑抗爭的第一次重大勝利，發生在每年在印第安納州班布里奇舉辦的普特南縣市集上。母親鼓勵我參加市集上舉辦的一個公共演講比賽。對我來說，這個想法本身就很不可思議。我連對一個人說話的勇氣都沒有——更不用說對著一羣人了。但母親對我的信心讓我相當感動，她對我的未來懷有美好的夢想，把人生的全部希望寄託在我身上。她的信念激勵我參加比賽，我抽到的演講題目是我最不想要的「美國的藝術與人文」。坦白說，當我開始準備演講內容時，我根本不知道什麼是「人文」，但這不重要，因爲我的觀衆對此也一無所知。

我把詞藻華麗的演講內容背得滾瓜爛熟，還對著樹和牛排練了上百遍。爲了母親，我是如此渴望表現良好，我真情流露地發表演說。無論如何，我獲得了演講比賽第一名。我震驚萬分，觀眾的掌聲和歡呼聲包圍了我。那些曾經嘲諷我、取笑我、叫我「馬臉」的孩子們，現在卻拍著我的背說：「我就知道你行的，艾瑪。」母親抱著我喜極而泣。當我回首往事，我明白贏得演講比賽是我人生的轉捩點。當地報紙在頭版刊登了一篇關於我的文章，並預言了我的未來。贏得那場比賽讓我在當地聲名鵲起，給了我聲望，更重要的是，它使我的自信心倍增。我現在意識到，如果我沒有贏得那場比賽，我可能永遠也不會成爲美國參議院的一員，因爲它開闊了我的眼界，並讓我發現了我從未夢想過的潛能。然而，最重要的是，演講比賽第一名的獎品，是中央師範學院一年的獎學金。

在那之後，我渴望接受更多的教育。因此，在一八九六年到一九〇〇年這幾年裡，我邊教學邊讀書。爲了支付德堡大學的學費，我在餐館當侍者、修剪草坪、做簿記員，夏天在麥田和玉米田裡務農，還在道路施工時去當運碎石的臨時工。

一八九六年，當時我只有十九歲，卻已經進行了二十八場公共演說，懇請人們投票給威廉．詹寧斯．布萊恩當總統。為布萊恩助選的熱情激起了我自己從政的願望，因此我在德堡大學修讀法律和公共演講。一八九九年，我代表學校，參加了一場在印第安納波利斯巴特勒學院舉辦的辯論，辯論的題目是「美國參議員是否應透過普選產生」。我還在其他演講比賽中獲獎，並擔任學校年刊與校報的主編。

在德堡大學獲得文學學士學位之後，我接受了霍勒斯·格里利「年輕人，到西部去」的號召——只是我沒有往西去，而是去了西南部的奧克拉荷馬州。當開放基奧瓦族、科曼奇族和阿帕契族等印第安部落保留地時，我提出了申請，並在奧克拉荷馬州的勞頓開了一家律師事務所。我在奧克拉荷馬州參議院服務了十三年，在國會下議院服務了四年，在五十歲時，我終於實現了畢生的抱負：在一九二七年三月四日被選為奧克拉荷馬州參議員。奧克拉荷馬和印第安領地在一九〇七年十一月十六日加入聯邦，成為美國的第四十六個州，我仍受到民主黨的提名肯定，先是提名爲州參議員，然後是國會議員，後來是美國參議院議員。

我講過這個故事，不是為了吹噓自己短暫的成就，別人對這些事也不會感興趣。在我穿著父親的舊衣服，以及幾乎要從腳上掉下來的不合腳的鞋子時，這些都讓我感到憂慮、難為情和自卑。所以，我純粹只是希望我的故事能為一些可憐的孩子，帶來勇氣與信心。

（原版編者注：有趣的是，年輕時曾爲不合身的衣服而感到羞愧的艾瑪·湯瑪斯，後來卻被評選為美國參議院穿著最佳者。）

住在真主的花園裡

博德利

一九一八年，我離開自己所熟悉的世界，去了非洲西北部，和阿拉伯人一起住在被當地人稱為「真主的花園」的撒哈拉沙漠裡。我在那裡住了七年，不僅學會了遊牧民族的語言，我也與他們穿同樣的衣服，吃同樣的食物，並以他們的方式生活，而這種生活方式在過去的兩個世紀裡幾乎沒有改變。我擁有自己的羊群，住在阿拉伯人的帳篷裡。我還深入研究了他們的宗教信仰，因此寫了一本關於穆罕默德的書，名爲《使者》。

和這些四處遊牧的牧羊人一起度過的七年，是我一生中最平靜、最滿足的歲月。

我的人生經歷豐富且多采多姿。我的父母是英國人，但我在巴黎出生，在法國住了九年。後來我在英國伊頓公學和桑德赫斯特皇家軍事學院接受教育。之後，我到印度當了六年的英國陸軍軍官，在那裡時除了軍旅生活，閒暇時我打馬球、打獵，到喜馬拉雅山探險。我參加了第一次世界大戰，在戰爭尾聲時，以副武官的身分被派去參加巴黎和會。我在巴黎的所見所聞，讓我感到震驚和失望。

在前線作戰的四年中，我相信我們是在爲拯救文明而戰。但在巴黎和平會議上，我看到利欲薰心的政客們正為第二次世界大戰埋下伏筆，每個國家都在為自己攫取一切，製造國家對立，並重啟祕密外交的陰謀。

我厭倦了戰爭，厭倦了軍隊，也厭倦了社會，在我的職涯中，第一次因為擔憂未來的人生規劃而徹夜難眠。政治家勞合．喬治鼓勵我從政，正當我考慮接受他的建議時，一件奇妙的事情發生了，這件事情決定了我接下來七年的生活——一場與湯瑪斯．愛德華．勞倫斯不到三分鐘的談話。這位「阿拉伯的勞倫斯」，是第一次世界大戰中最多彩多姿、最浪漫的人物。他和阿拉伯人一起住在沙漠裡，他建議我也這樣做。起初，這聽起來有點不切實際。

然而，我決定離開軍隊，我必須做些什麼。一般僱主不會僱用像我這樣的人——以前是正規軍的軍官——尤其是在勞動力市場充斥著數百萬失業人口的時候。於是，我接受勞倫斯的建議，到撒哈拉和阿拉伯人住在一起。我很高興我這樣做了，他們教導我如何克服憂慮。像所有虔誠的穆斯林一樣，他們都是宿命論者。他們相信穆罕默德在《古蘭經》中所寫的每一個字，都是真主阿拉的神聖啓示。所以，他們對於《古蘭經》中，「上帝創造了你，和你一切的行爲」的真言深信不已。這就是爲什麼他們生活得如此平靜，當事情出錯時從不匆忙，或陷入不必要的負面情緒中。他們知道註定的事，除了上帝，沒有人能改變任何事情。然而，這並不意味著在面對災難時，他們會什麼也不做地坐以待斃。我住在撒哈拉沙漠時，曾經歷一場猛烈熱風的襲擊。熱風肆虐了三天三夜，風勁如此狂暴、凶猛，把撒哈拉沙漠的沙子橫掃數百英里，跨過地中海，落在了法國的羅納河谷。燥熱的風都快把我的頭髮燒焦了，我的喉嚨乾渴，眼睛灼痛，牙齒滿是沙礫。我覺得自己好像站在玻璃工廠的熔爐前，都快被熔化了，我處於崩潰邊緣。但是阿拉伯人並沒有抱怨，他們只是聳了聳肩地說：「宿命！」……「一切都是天意！」

但等風勢稍歇，他們就會立即行動起來：宰殺所有的小羊，因爲他們知道在這樣惡劣的氣候下，小羊無法存活，而這麼做可以至少保下母羊。宰殺小羊羔之後，羊羣就會被趕到南方的水邊。這一切都是平靜地進行的，沒有憂慮、抱怨或為他們的損失難過。部落首領說：「這還不算太糟，我們有可能會失去一切的。但是感謝上帝，我們還有百分之四十的羊可以重新開始。」

我記得還有一次，在我們開車穿越沙漠時，一個輪胎爆了。司機忘記提前補好備用輪胎，所以我們只剩三個輪胎行駛。我既緊張又生氣，激動地問阿拉伯人現在怎麼辦。他們提醒我，生氣也無濟於事，只會讓人更燥熱。他們說：「輪胎爆了是真主的旨意，沒有人可以改變它。」於是，我們只好開著扁了一個輪胎的車子緩慢前進。不一會兒，車子又熄火了，汽油用完了。酋長只是說了一句：「天意！」沒有人因為司機沒有加滿油而對他咆哮，而是全都心平氣和地下車，一邊唱著歌，一邊向目的地走去。

我與阿拉伯人共同生活的那七年使我確信，在美國和歐洲出現的神經衰弱、精神錯亂、酒精成癮，都是我們在所謂的文明生活中，匆忙、緊張和焦慮生活下的產物。

住在撒哈拉沙漠裡的那段時期，我從不會憂慮。在真主的花園裡，我找到了許多人所遍尋不著的心靈平靜和健康身體。

許多人對宿命論不以為然，認為人定勝天，也許他們是對的，誰知道呢？但我們還是必須明白，很多時候命運決定了我們的未來。例如，如果在一九一九年八月那個炎熱的午後三點，我沒有和「阿拉伯的勞倫斯」談話，那麼，我之後的人生將會完全不同。回首往事，止是這些我無法掌控的事件一件件、一次次地形塑了我人生的未來走向。阿拉伯人稱爲 Mektoub——真主的旨意，你想怎麼稱呼它都行，確實會對你產生奇妙的影響。我只知道至今——在離開撒哈拉十七年之後——我仍然保持著從阿拉伯人那裡學到的，對無法避免的事情欣然接受的態度。這種人生哲學安撫人心的效果，遠比各種鎮靜劑來得有效。

你我既不是穆斯林，也不是宿命論者，但當猛烈、灼熱的暴風襲向我們的生活時——我們無法預測也阻止不了——就讓我們接受不可避免的事實吧。然後振作起來，努力恢復正常生活。

我消除憂慮的五種方法

威廉・里昂・菲爾普斯

（在比利・菲爾普斯去世前不久，我有幸與他共度了一個下午。以下是根據那次採訪所整理的內容，菲爾普斯教授用來消除憂慮的五種方法。——戴爾・卡內基）

消除憂慮的第一種方法

二十四歲的時候，我的眼睛突然視線模糊。不過是讀了三四分鐘的書，雙眼就好像被針刺一樣的疼痛，即使沒有看書，眼睛對光也很敏感，所以我都不敢看向窗戶。我諮詢了紐黑文和紐約最好的眼科醫師，他們也幫不了我的忙。每天下午四點過後，什麼也做不了，我只能坐在屋子最黑暗的角落裡，等待就寢時間。我嚇壞了，我擔心必須放棄教師一職，只能到西部去當伐木工人。然後，神奇的事情發生了，證明了心態可以戰勝身體的病痛。在那個不愉快的冬天，當我的眼睛處於最糟糕的狀態時，我受到邀請，為一羣大學生演講。

演講廳的天花板上懸掛著巨大的環狀煤氣燈，照亮了整個大廳。強烈燈光刺痛了我的雙眼，坐在臺上等待演講時，我只能看著地板。然而，在我三十分鐘的演講中，卻完全沒有感到眼睛的疼痛，我可以直視這些燈光而不眨眼。但是演講完畢，我的眼睛又開始疼痛。

我當時心想，如果我能集中精力在某件事上，不是三十分鐘，而是一個星期，我可能會痊癒。因爲，這顯然是積極的心態戰勝了身體上的疾病。

後來一次坐船橫渡大洋時，又出現類似的經歷。當時我腰痛得厲害，以至於不能走路，我試圖站直卻是疼痛難耐。在這種情況下，我被邀請在船上做一次演講。我一開口說話，疼痛和僵硬就消失得無影無蹤。我站直了身子，靈活四處走動地講了一個小時。演講結束後，我從容地走回艙房去。我以爲我已經痊癒了，但那只是暫時的，一進房間我的腰痛又發作了。

這些經歷讓我了解到一個人的心態至關重要，同時也教會我，盡可能地享受生活的重要性。所以，我現在每天都過得很充實，把每一天都當作是人生新的一天，也是最後一天一樣來對待。每天的冒險生活都讓我感到振奮，沒有人在振奮的狀態下會過度地憂慮。做爲一名教師，我熱愛教學，還寫了一本書，名爲《教學的激情》。對我來說，教學不僅僅是一門藝術或一項職業，還是一種激情。我對於教書的熱愛，就像一個畫家熱愛繪畫，或是一名歌手熱愛唱歌一樣，我每天一睜開眼，最先想到的就是我那群可愛的學生。我始終認爲，生活要取得成功的主要因素之一，是熱情。

消除憂慮的第二種方法

我發現，透過閱讀一本引人入勝的書，也可以將煩惱從腦海中趕出去。在我五十九歲的時候，有好長一段時間的神經衰弱。在這段時間裡，我閱讀了大衛·威爾森的《卡萊爾傳》。它對我的康復有很大的作用，因爲我完全沉迷書中全神貫注地閱讀，以至於忘記了我的沮喪。

消除憂慮的第三種方法

在另一段我極度沮喪的時期，我強迫自己每天都要運動身體。我每天早上打五六場激烈的網球，然後洗個澡，吃午飯，下午再打十八洞高爾夫球。星期五晚上，我跳舞直到凌晨一點。當我大量流汗的時候，沮喪和憂慮也隨著汗水從我的身體裡排了出去。

消除憂慮的第四種方法

我在很早以前，就懂得要避免在緊張的情況下倉促行事的愚蠢行爲。我一直遵循威爾伯・克羅斯的哲學。他還是康乃迪克州州長時，曾經告訴我：「當我一下子有太多事情要同時處理的時候，我會先坐下來抽一小時菸斗，什麼也不做地放鬆一下心情。」

消除憂慮的第五種方法

我還學到了耐心和時間，是解決憂慮的良方。當我擔心某件事時，會試著從正確的角度看待我的煩惱。我會對自己說：「兩個月以後，就不會再煩惱這件事了，爲什麼現在要憂慮呢？爲什麼不用兩個月後的心態來看待現在的問題呢？」

菲爾普斯教授消除憂慮的五種方法小結：

一・充滿熱情地生活。「把每一天都當作是人生新的一天，也是最後一天一樣來對待。」

二・讀一本有趣的書。「有好長一段時間的神經衰弱……閱讀了大衛・威爾森的《卡萊爾傳》……我完全沉迷書中全神貫注地閱讀，以至於忘記了我的沮喪。」

三．運動。「另一段我極度沮喪的時期，我強迫自己每天都要運動身體。」

四．工作時要放鬆心情。「我在很早以前，就懂得要避免在緊張的情況下倉促行事的愚蠢行爲。」

五．遇到困擾的時候，試著從正確的角度看待煩惱。對自己說：「兩個月以後，就不會再煩惱這件事了，爲什麼現在要憂慮呢？爲什麼不用兩個月後的心態來看待現在的問題呢？」

過得了昨天，就能過得了今天

桃樂西亞．迪克斯

我曾跌進貧窮和疾病的深淵裡，當人們問我是如何熬過這些困難時，我總是回答：「我過得了昨天，就能過得了今天。我不允許自己去想明天會發生什麼事。」

我知道匱乏、掙扎、焦慮和絕望的滋味，因此總是不停地工作直到體力透支。當我回首過去的生活時，它就像個滿目瘡痍的戰場，到處都是死去夢想、破碎希望和破滅幻想的殘骸——我不畏艱難地與之戰鬥，但這場戰鬥讓我傷痕累累、殘破不堪，憔悴地漸漸老去。

但我不自怨自艾，也不爲已逝去的悲傷流淚。我不羨慕嫉妒那些比我幸運的女人，因爲我是真切地活過，而她們只存在過。我已經飲盡了生命之杯裡的糟粕，她們只是淺嘗一口上面的泡沫。我知道一些她們永遠不會知道的事情，我見過她們看不到的風景。只有那些雙眸被淚水洗得清澈的女人，才能擁有開闊的視野，深刻懂得這個世界。

我在這所充滿挫折的大學裡學到了生活的哲學，這是任何一個生活安逸的女人都學不到的。我學會了順其自然地過好每一天，不要爲明天而自尋煩惱。正是對未來的黑暗威脅，使我們變成了懦夫。當我感到恐懼的時候，我不再害怕，因爲經驗告訴我，上帝會賜予我力量和智慧來面對它。我也不再為小事心煩，當你見過了整個幸福在你眼前轟然倒塌、瓦解，佣人忘記放桌布、廚師把湯灑了出來，這些都只是微不足道的小事。

我學會了不要對別人期望過高，所以我仍然可以從那些對我不太真誠的朋友，或那些愛說長道短的熟人身上得到快樂。最重要的是，我培養出了幽默感。面對事情的發生，你可以選擇痛哭流涕，也可以選擇一笑置之。當一個女人能夠以玩笑而不是歇斯底里地來面對她的問題時，就再也沒有什麼能傷害得了她。我不會為我所經歷過的艱辛感到遺憾，因爲我在痛苦中體會到生命的意義，為此付出的代價是值得的。

桃樂西亞・迪克斯用「生活在完全獨立的隔艙（今天）」這一方法，戰勝了憂慮。

我沒想到能活著看到黎明

傑西潘尼

（一九〇二年四月十四日，一個帶著五百美元現金及有著一百萬美元決心的年輕人，在美國懷俄明州的凱默勒開了一家布製品店。凱默勒是一個只有一千人的採礦小鎮，位於劉易斯與克拉克遠征隊開闢的一條古老的篷車小道上。那個年輕人和他的妻子，住在商店樓上的閣樓裡，用大空箱子當桌子，小一些的箱子當椅子。年輕妻子幫丈夫站櫃檯招呼顧客的時候，會用毯子包覆孩子，讓他睡在櫃檯下的空間裡。如今，當初的小商店已經成為全球最大的百貨連鎖商店──傑西潘尼百貨，全美共有一千六百多家分店。最近我和潘尼先生共進晚餐，他給我講了他一生中最激動人心的時刻。──戴爾・卡內基）

幾年前，我遭受了一次痛苦經驗。當時我既憂慮又絕望，但我的憂慮與傑西潘尼公司沒有任何關係，公司生意很穩定，且蒸蒸日上。但在一九二九年股市崩盤之前，我個人做了一些不明智的承諾。就跟其他許多人一樣，即使責任不在我，仍成為眾矢之的。我被焦慮折磨得睡不著覺，並因此導致免疫力下降，誘發了極其痛苦的帶狀疱疹——一種紅色皮疹。我諮詢了一名內科醫師——他是我在密蘇里州漢密爾頓的高中同學艾默・艾格斯頓醫師，是密西根州巴特溪療養院的專職醫師。艾格斯頓醫師警告我，說我的病情嚴重，要求我住院接受治療。但治療不見任何效果，我的身體一天比一天虛弱。我緊張不安，身心俱疲，陷入絕望，看不到一絲希望。我沒有活下去的理由，我覺得自己在這個世界上沒有任何朋友，甚至連家人都和我作對了。一天晚上，艾格斯頓醫師為我打了一劑鎮靜劑，但藥效很快就消失了，我醒來時堅信這是我生命中的最後一晚。於是，我從床上爬起來，寫了封信給我的妻子和兒子道別，告訴他們，我再也看不到黎明。

第二天早上醒來，我驚訝地發現自己還活著。下樓時，我聽到一間小禮拜堂裡傳出歌聲，那裡每天早上都有舉行禱告儀式。我至今仍記得，他們唱的讚美詩是〈天父必看顧你〉。走進教堂，我帶著疲憊的心聆聽歌聲、誦讀經文和禱告。突然，事情發生了，我無法解釋說清楚，只能稱之爲奇蹟。我覺得自己好像立刻從黑暗的地牢裡，被帶到了溫暖燦爛的陽光裡，好像從地獄來到了天堂。我感受到上帝的力量，這是我以前從未有過的感覺。那時我意識到，這些困境是我自己造成的，我必須獨自面對、負責。我知道上帝一直都在那裡，用祂的愛來幫助我。從那天開始，直到現在，我的生活裡不再有煩惱。如今我已經七十一歲，我生命中最激動人心、最榮耀的時刻，就是那天早晨在教堂裡度過的那二十分鐘，「天父必看顧你」。

傑西潘尼發現了克服憂慮的極佳方法，因此幾乎是立刻就跳出了煩惱深淵。

上球場打球或是去戶外健行

科洛內爾・埃迪・伊根

當我發現自己為某件事焦慮不安、鑽牛角尖時，運動可以幫助我趕走那些「憂慮」。可能是跑步或是到鄉村徒步旅行，也可能是在體育館裡打半小時的拳擊或打壁球。不管是哪種體能活動，運動都能使我頭腦清醒，提升思想與心理狀態。週末我會做更多運動，比如在高爾夫球場跑步、打桌球，或者到阿第倫達克山脈滑雪。當我身心疲憊的時候，我會遠離法律問題讓大腦充分休息，當我再回到這些問題上時，我的大腦已經重新注入新的熱情和力量。

在紐約工作時，我經常會找時間在耶魯健身俱樂部待上一個小時。任何人在打壁球或滑雪時都不會憂慮，因為他太忙了，沒有時間擔憂。行動和新的想法，可以讓巨大的憂慮障礙迅即變成小蟻丘。

我認為克服憂慮的最佳解藥，就是運動。當感到焦慮的時候，多動動肌肉，少用大腦，其結果會讓你大感驚訝。對我來說確實如此，每當一開始運動，我就會忘卻所有的憂慮。

面對現實，找出問題根源

吉姆·伯索爾

十七年前，當我還在維吉尼亞州黑堡鎮的軍事學院讀書時，就以「維吉尼亞理工大學嚴重精神崩潰的人」而聞名。我經常憂慮到病倒，由於經常生病，大學醫務室甚至為我預留了一個固定床位。而護士一看到我來，就會趕緊過來給我打上一針。所有的事情都讓我感到憂慮，有時我甚至不知道我在憂慮什麼。我憂慮自己會因為成績差而被大學開除；我憂慮沒辦法通過物理和其他科目的考試，我知道我必須保持在七十五至八十四分的平均成績；我憂慮自己的健康，憂慮自己嚴重的急性消化不良，憂慮失眠；我憂慮經濟上的問題，因為沒辦法買禮物送女朋友、不能經常帶她去跳舞，讓我擔心她會嫁給其他的追求者。為了這些無形的煩憂，我日日夜夜惶惶不安，心神不寧。

在絕望中，我向工商管理教授杜克·貝爾德教授傾訴了我的煩惱。

我和貝爾德教授交談的十五分鐘，對我的健康和幸福的影響，遠超過我在大學的這四年時間。「吉姆，」他說，「你應該坐下來面對事實。如果你花一半的時間和精力去解決你的問題，而不是去擔心它們，你就不會有任何的憂慮。憂慮只是你養成的一種壞習慣。」

他教給我改掉憂慮習慣的三項規則：

規則一：確切地找出你憂慮的問題是什麼。

規則二：找出問題的原因。

規則三：立即做一些有建設性的事情來解決這個問題。

見過貝爾德教授之後，我做了一些具有建設性的改變。我不再因爲物理考試不及格而擔憂，而是問自己爲什麼不及格。我是《維吉尼亞理工工程師》期刊的主編，所以我知道這科被當並不是因爲我不聰明。

我認爲物理之所以不及格，是因爲我對這門學科不感興趣。我沒有認真學習，因爲我不知道它對我做爲一名工業工程師的工作有什麼幫助。但現在我改變了態度，我對自己說：「如果學校當局要求我必須通過物理考試才能獲得學位，我有什麼資格去質疑他們的明智決定呢？」

所以，我重修物理，這一次我沒有把時間浪費在抱怨和擔憂它有多難，而是努力學習，終於通過了考試。

然後，我透過一些兼差來解決經濟上的問題，例如在大學的舞會上販賣飲料。我也向父親借一些錢，但畢業後不久就還清了。

我向那個我擔憂會嫁給其他軍校生的女孩求婚，從而解決了我對愛情的擔憂。她現在是吉姆・伯索爾夫人。

現在回過頭來看，我發現我的問題在於不願面對現實，找出憂慮的原因，而讓自己處於迷茫的狀態中。

吉姆・伯索爾學會了透過分析自己的煩惱，來克服憂慮。

支撐我的一句話

約瑟夫・西佐

幾年前，我的人生完全不受自己掌控，充滿了不確定性和幻滅。有一天早晨，隨意翻開《新約聖經》，一眼就看到了這句話：「那差我來的是與我同在，他沒有撇下我獨自在這裡。」從那一刻起，我的一切都變了。每一天，我都對自己複誦這句話。這些年來，有很多人來找我心理諮詢，我也總是送他們這句話。從我看到這句話的那一刻起，它就了我的生活依靠，我與它同行，並在其中尋找到了平靜與力量。對我來說，這句話就是宗教的本質，是讓生命有意義的一切事物的根本，是我的人生金句。

熬過人生谷底

泰德・埃里克森

我曾經是個令人討厭的「杞人憂天者」，但如今再也不是了。一九四二年夏天，我經歷了一件事，從此永遠擺脫了生活中的煩惱；我希望能如此。相較於這段經歷，其他的所有憂慮都顯得微不足道。

多年來，我一直想在阿拉斯加的商業漁船上度過一個夏天，所以一九四二年，我受僱於阿拉斯加科迪亞克一艘三十二英尺長的捕鮭魚船。這種尺寸的漁船通常只配備三名船員：負責督導的船長，協助船長的助手，以及一名做粗活的斯堪的納維亞人，而我就是那個斯堪的納維亞人。

由於圍捕鮭魚必須順應潮汐，因此我經常得一天工作二十個小時，有時甚至連續這樣工作一個星期。所有人不願意做的事，都會交由我來做。清洗船身、裝卸機械；在一個小艙室裡用小爐子燒柴做飯，馬達的熱氣和煙霧幾乎讓我生病；我還洗碗盤、修理船；我把船上的鮭魚扔進小船裡，讓小船把魚送到罐頭廠。我的雙腳總是溼的，因為膠靴裡經常灌滿水，但我沒有時間把它們倒空。但與我的主要工作——拉所謂的「浮綱」相比，這些都算是小意思。它的作業方式，就是你站在船杆上，把海中的浮子和漁網拉回來。看起來很簡單，但事實上漁網太沉重了，當我試著使勁地把它拉回來時，它動也不動。實際發生的情況是，在試著把浮網往回拉時，漁網在原地不動，船卻靠了過去，也就是我把船拉過去了。連續幾週地工作下來，我的身體也快垮了。我渾身痠痛了好幾個月，而且痛得很厲害。

當我終於有機會休息的時候，也只能睡在儲物櫃上一張潮溼、凹凸不平的床墊上。我會把背最痛的部位躺在床墊比較硬的位置上，筋疲力盡的我就像被打麻藥一樣地，一躺好馬上就睡著了。

我很慶幸，曾經有過這段必須忍受疼痛和疲憊的經歷，因為它幫助我停止了憂慮。現在每當遇到問題時，我不再憂慮不已，而是先問自己：「埃里克森，這有比拉浮網糟糕嗎？」我總是回答：「不，沒有什麼比這更糟糕的了！」我會很快地振作起來，勇敢地面對與解決它。我認為偶爾必須忍受痛苦的經歷，是件好事。因為曾經跌入谷底並倖存下來了，相比之下，我們日常生活中的煩憂似乎也沒那麼糟糕了。

我曾經是世界上最愚蠢的人

波西・懷汀

我因罹患各種疾病，瀕臨死亡的次數比任何人都多。

我不是一般的慮病症患者。我父親開了一家藥店，我幾乎是在店裡長大，每天都和醫師、護士聊天，我比一般人知道更多更嚴重的疾病名稱和症狀。所以，我不是一般的慮病症——我是真的會出現症狀！只要我憂慮自己會罹患某種疾病，一兩個小時後就會出現這種疾病的所有症狀。記得有一次，在我居住的麻薩諸塞州大巴靈頓流行白喉，我到父親的藥店裡幫忙，每天都有被感染家庭的人來買藥。我很害怕的禍患終於降臨到我身上——我也得了白喉，而且很肯定我被感染了。我躺到床上，憂慮到白喉的標準症狀都出現了。我派人去請醫師來檢查，他檢查過後，說：「是的，波西，你被傳染了。」確定我的憂慮之後，緊繃的情緒反而輕鬆下來。我從不害怕得了什麼病——所以我翻個身，睡著了。第二天早上醒來，我的身體卻異常健康，所有症狀都消失了。

多年來，我因罹患罕見且奇特的疾病，而獲得了不少關注和同情——我因為破傷風和狂犬病就被發過多次命危通知。後來，我罹患的疾病固定了下來——以癌症和肺結核為主。

我現在可以對此談笑風生，但在當時那是一場悲劇。多年來，我一直害怕自己會真的走進墳墓。每當到了春天想買換季衣服時，我就會問自己：「如果沒機會活著穿這套衣服出門，還要浪費這筆錢嗎？」

不過，我很高興地報告我的進步：在過去的十年裡，一次命危通知都沒有。

我是如何停止「命危」的？我讓自己擺脫那些荒謬的虛病想像。每當我感到可怕的症狀出現時，我就嘲笑自己：「懷汀，二十年來你一直想像自己將死於一種又一種致命的疾病，但你看，現在你不是還活得好好的，保險公司還接受了你的加保。懷汀，你是不是該好好嘲笑一下你這個惶惑不安的蠢蛋了？」

我發現若人能自我調侃、解嘲，就不會有所謂的煩惱。從那以後，我再也沒有憂慮過。

重點在於：生活不要過得太緊張、太嚴肅。對於那些愚蠢的擔憂，試著「一笑置之」，用笑來消除憂慮。

給自己留條經濟上的退路

金・奧翠

大多數人最擔憂的，不外乎家庭與經濟上的問題。我很幸運地取了一個奧克拉荷馬州的小鎮女孩，她和我有著相仿的背景，也有相同的興趣。我們努力用心經營婚姻，所以很少有家庭上的問題。

我還透過做兩件事，將經濟擔憂降到最低。首先，我一直遵循著在任何事情上都做到百分之百誠實的原則。萬不得已借錢時，一定悉數奉還。沒有什麼比不誠實更令人擔憂的了。

其次，當我開始一項新工作時，我總是會給自己留有後路。軍事專家說，作戰的首要原則是保持補給線暢通，我認爲這一原則在個人戰役和軍事戰爭中同樣適用。我生長於德克薩斯州和奧克拉荷馬州，親眼目睹過乾旱來臨時，所造成的災難與貧困。我們家很窮困，爲了謀生，父親不得不駕著馬車在全國各地穿行，用馬匹換取糧食勉強度日。我想要比這更可靠的工作，於是我找了一份火車站管理員的工作，並利用業餘時間學習電報。後來，我又找到了一份工作，在弗里斯科鐵路公司做電報操作員。我被派遣到各地輪替那些生病、休假或工作繁重的車站工作人員。那份工作月薪一百五十美元。即使我有更好的職業發展，我仍維持著鐵路公司的工作，因為我認爲鐵路公司的工作穩定，能給我經濟上的安全感。這是我的補給線，除非我在一個更好的新職位上站穩腳跟，否則我不會切斷與它的聯繫。

例如，一九二八年，我在奧克拉荷馬州切爾西市的弗里斯科鐵路公司擔任電報員。一天晚上，一個陌生人進來要發一封電報。他聽到我彈著吉他唱鄉村歌曲，稱讚我唱得很棒，還說我應該去紐約找份演藝或電臺的工作。當然，我受寵若驚，而在我看到他在電報上的簽名時，我驚訝到幾乎喘不過氣來——巨星威爾．羅傑斯。我沒有立即趕到紐約去，而是仔細考慮了九個月。我終於得出這樣的結論：到紐約去玩一玩也不會有什麼損失，說不定反倒能有發展機會。我有鐵路公司給的通行證，可以免費搭乘火車，我可以在火車上過夜，還可以帶一些三明治和水果填肚子。

所以我去了。到紐約後，我租了一間附有家具的房間，每週五美元。我購買自動售賣機的食物解決三餐，在街上四處奔走，十個星期過去卻一點收穫也沒有。如果我沒有鐵路公司的工作，我可能會憂慮不已。我已經在鐵路公司工作五年了，我享有留職停薪的福利，但是爲了保護工作權益，我不能停職超過九十天。這時，我在紐約已經待七十天了，所以我拿著通行證搭乘火車趕回奧克拉荷馬州復職，以保護我的補給線不斷掉。我工作了幾個月，存了點錢後，又回到紐約再試試看。這一次我運氣來了。那一天，我在錄音室外的辦公室等待面試時，我彈著吉他，唱了〈珍妮，我夢見紫丁香時光〉給接待人員聽。我在唱這首歌時，這首歌的作者納特．希爾德克勞特正好走進了辦公室。聽到有人唱他的歌，他當然十分高興。於是，他為我寫了一封介紹信，送我去維克多唱片公司。我灌了一張唱片，但唱得不盡理想——太拘謹，太不自然了。因此，我聽從了維克多唱片工作人員的建議，又回到塔爾薩，白天爲鐵路公司工作，晚上在電臺節目中演唱鄉村歌曲。我喜歡這樣的安排。這意味著我能在唱歌的同時，保持我的補給線暢通——這讓我沒有後顧之憂。

我在塔爾薩市的KVOO電臺演唱了九個月。在那段時間裡，我和吉米．朗寫了一首名爲〈我滿頭白髮的老爹〉的歌，沒想到一炮而紅。美國唱片公司的老闆亞瑟．薩瑟利邀我錄製唱片，上市後大受好評，於是又錄製了許多其他的唱片，每張收入五十美元。後來我在芝加哥的WLS電臺找到了一份演唱鄉村歌曲的工作，週薪四十美元。在那裡唱了四年的歌之後，我的薪水漲到了每週九十美元，加上每天晚上在劇院登臺演出的機會，又多了三百美元外快。

一九三四年，一次機會為我的人生開啓了巨大的可能性。為整頓電影行業，檢視好萊塢影片道德內容的「全國道德聯盟」成立了。於是，好萊塢的製片人決定改拍牛仔影片，但他們不想要一般的牛仔——而是會唱歌的牛仔。擁有這家美國唱片公司的負責人，同時也是共和影業的股東之一，「如果你們想要一個會唱歌的牛仔，」他對其他股東說，「我已經有一個正在爲我們錄製唱片的牛仔了。」我就是這樣闖入了電影界。參與拍攝牛仔影片，週薪一百美元。雖然我對於自己能否在電影圈取得成功不具信心，但我對此並不憂慮。因為我知道，我總能回到原來的工作崗位。

我在電影圈的成功，大大超出了我的預期。我現在的年薪是十萬美元，並可分到影片票房的一半紅利。然而，我很清楚這種情況不會永久。但我並不擔心，我知道無論發生什麼——即使我失去了所有的錢——我還是可以回到奧克拉荷馬州弗里斯科鐵路公司工作。我一直維持著補給線的暢通。

我在憂慮深淵中聽到了一個指引

史丹利・瓊斯

我的一生中有四十年是在印度傳教。剛到印度時，當地的酷熱讓我難以忍受，以及這項重大使命也帶給我龐大無比的壓力。到了第八年，終於因為大腦極度疲勞，神經極度緊張，我崩潰了，不止崩潰一次，而是好幾次。我被安排回美國休假一年。在返回美國的船上，一次主持週日禮拜時，我又暈倒了，船醫要求我臥床休息，因此接下來的旅程我都是在床上度過的。

回美國休息了一年之後，我重返印度，途中在馬尼拉停留，為當地大學生主持福音佈道會。在這些聚會的強大壓力中，我又昏倒了好幾次。醫師警告我，如果我在這種狀態下回印度，可能會送上自己的性命。我不理會他們的警告，堅持回到印度去，但是在我離開的時候，內心相當忐忑不安。終於到達孟買時，我身心俱疲，直接到山上休養。幾個月後我回到平地，想繼續工作但依舊沒有辦法，我又病倒了，只好再回到山上好好地休養了一段很長時間。之後，我再次下到平地，又再次震驚和崩潰地發現，我依舊無法承受。我身心俱疲，精力完全枯竭，我擔心我會垮掉只剩下一個身體殘骸。

我意識到，如果再不尋求幫助，我將得放棄傳教士生涯，回到美國，邊在農場工作邊調養身體。那段日子是我人生最黑暗的時刻。當時，我也正在印度勒克瑙主持一系列的佈道大會。一天晚上禱告時，發生了一件事，徹底改變了我的生活。我在禱告時——那時我並沒有特別去想到自己的問題——隱約聽到了一個聲音說：「你準備好接受我的召喚，完成我派給你的使命了嗎？」

我回答說：「不，主啊，我已經筋疲力竭，身心達到極限了。」

那個聲音回答說：「如果你把它交給我，不再為它擔憂，我會處理好它。」

我立即回答：「主啊，我願意聽從祢的指引。」

說完，我的內心湧起一股極大的平靜，並蔓延至我的全身上下。我解脫了！我獲得了新生命——更豐富的生命。那天晚上走回家的路上，每一寸土地都是聖地，讓我的腳步輕盈，幾乎感覺不到有踩到地面。在那之後的幾天裡，我幾乎感覺不到疲倦，從白天到深夜，工作了一整天也不覺得累。到了就寢時間，我還在想爲什麼我要上床睡覺，因為我一點也沒有疲倦的跡象。基督在我心裡，使我擁有了生命、安寧和休養。

對於是否應該把這件事公諸於世，我猶豫不決，但我認為應該要講出來，而我也這麼做了。這段經歷對於人們是否有所幫助，只能順其自然。在那之後的二十多年，我的工作依然艱辛，但我不再憂慮，而且身體擁有從未有過的健康。這絕不只是身體的觸知，我的身、心、靈都被注入了新生命。那次經歷過後，我的生命提升到了一個更高的層次，而我什麼也沒做，只是接受了它！

在那以後的許多年裡，我走遍世界各地，經常一天講課三次，並抽出時間和精力寫了《實行的基督教》和其他十一本書。然而，在這期間，我從未錯過或遲到過一次聚會，曾經困擾我的煩惱早已煙消雲散。如今已是六十三歲的我，精力充沛，內心充滿了為他人服務、爲他人而活的喜悅。

我所經歷的身體和心理的轉變，或許可以從心理上來進行分析和解釋，但這無關緊要，生命的意義原本就大過於所有的過程。

我更明確知道一件事：三十一年前在勒克瑙的那個晚上，完全改變和提升了我的生活，在我陷入虛弱和憂鬱的深淵時，一個聲音對我說：「如果你把它交給我，不再為它擔憂，我會處理好它。」而我回答：「主啊，我願意聽從祢的指引。」

當警長來到我家門前

荷馬．克羅伊

我一生中最痛苦的一天，發生在一九三三年。那天，警長從前門走進來，而我從後門離開。我失去了位於長島森林山斯坦迪什路十號的家，那是我的孩子們出生的地方，也是我和家人生活了十八年的地方。我做夢也沒想到這種事會發生在我身上。十二年前，我以爲自己站上了世界之巔。我把小說《水塔之西》的電影版權，以好萊塢最高的價格賣了出去。我帶著家人到國外住了兩年，我們在瑞士避暑，在法國蔚藍海岸過冬——就像那些悠閒的富豪一樣。

我在巴黎待了六個月，寫了一本小說，名爲《他們必須看看巴黎》。電影版由威爾．羅傑斯擔任男主角，這是他的首部有聲電影。電影公司邀請我留在好萊塢，爲威爾．羅傑斯量身訂做寫幾部電影劇本，但是我拒絕了。我回到紐約，但是麻煩也就此開始了！

我逐漸意識到，自己還有很多從未開發過的強大潛能，開始幻想自己是個精明的生意人。有人告訴我，德裔美國商人約翰．雅各．阿斯特在紐約投資了一塊空地，賺了幾百萬美元。阿斯特是誰？不過是一個帶外國口音的移民罷了，如果他能做到，爲什麼我不能？……我要發財了！我開始閱讀遊艇雜誌。

我有無知的勇氣。我對買賣房地產的了解，就像一個愛斯基摩人對燃油爐的了解一樣少。

我怎樣才能籌到錢來啓動我輝煌的金融事業呢？很簡單，我抵押房子，買下森林山幾塊最好的建築用地。我打算持有這塊地直到有好價錢時，再把它賣掉，就可以過上奢侈的生活——而我之前從來沒有賣過一丁點的土地。那些在辦公室裡任勞任怨拿薪水的人，讓我心生同情。我對自己說，顯然上帝不認為每個人都適合擁有金融天分。

突然，大蕭條像堪薩斯州的颶風一樣席捲了我，像龍捲風震動雞舍一樣地震動我。

我每個月必須把二百二十美元倒進這個土地怪物的嘴裡。哦，那幾個月過得有多快啊！才還了錢，下個月就又到了。此外，我還得繼續償還現在房子的抵押貸款，並要讓全家人溫飽。我很焦慮。我試著寫幽默文章投稿雜誌，但我的幽默嘗試看起來就像《耶利米的哀歌》！我什麼都賣不出去，寫的小說也被退稿。我沒有錢了，除了打字機和牙齒上的黃金填充物之外，沒有什麼值錢的東西了。牛奶公司停止供應牛奶，煤氣公司把煤氣關了。我們只能改用常在廣告上看到的那種戶外野營小火爐，你一點火，它噴出火焰時帶有的嘶嘶聲，就像一隻憤怒的鵝。

我們的煤用完了，還吃上官司。家裡唯一可以取暖的地方，只剩下壁爐。我晚上會到那些有錢人正在興建新房子的工地撿拾不要的木板和廢料……我本來應該是這些富人的其中一員呢。

我憂慮得睡不著覺，經常在半夜起床，踱步幾個小時使自己精疲力竭，這樣我才能再度入睡。

我失去的不僅是我買來的那些土地，還有我傾注其中的全部心血。銀行取消了我的貸款，沒收我的房子，讓我和我的家人流落街頭。

我們設法弄到了一點錢，租了一間小公寓。一九三三年的最後一天，我們搬進了公寓。我坐在一個箱子上，環顧四周，想起了母親常說的一句話：「不要為打翻的牛奶哭泣。」已成定局的事懊悔也沒有用。

但這不是牛奶，是我的全部心血啊！

我在那裡坐了一會兒，然後對自己說：「好吧，我已經跌到谷底，也撐過來了。現在除了往上走，情況不可能再糟糕下去了。」

我開始想那些還沒有失去的東西。我擁有健康和朋友，我可以重新開始，不要再為過去而悲傷。每天我都要複誦母親說的那句話，來警醒自己。

我把之前用於憂慮的精力投入了工作。漸漸地，我的情況開始好轉。現在我很慶幸自己經歷了這一切苦難，它給了我力量、堅韌和信心。我現在知道了跌到谷底的滋味，知道了它無法擊垮我，更知道我們能承受的壓力比自己想像的還要多。現在，當微小的憂慮、焦慮和不確定因素試圖煩擾我時，我就會提醒自己，那年我坐在箱上對自己說的話：「好吧，我已經跌到谷底，也撐過來了。現在除了往上走，情況不可能再糟糕下去了。」

這個故事的原則是什麼？接受不可避免的事實！如果你已跌落谷底，不可能再更糟了，那麼你可以試著爬上去。

憂慮，是我交手過最難纏的對手

傑克・鄧普西

在我的拳擊生涯中，我發現「憂慮」是一個比任何重量級拳手更強悍的對手。我意識到我必須學會停止擔憂，否則擔憂會削弱我的活力，影響我的成功。所以，我一點一滴地摸索出自己的一套方法。以下是我克服憂慮的方法：

爲了保持在拳擊臺上的鬥志，我會在比賽中隨時給自己打氣。例如，當我和拳擊手費爾波對戰時，我會不斷地對自己說：「沒有什麼能阻止我。他傷不了我，他打擊不了我，我不會受傷的。不管發生什麼事，我都要堅持下去。」給自己一些積極的鼓勵與正面思考，對我幫助很大。甚至因為腦袋忙著複誦這些話，以至於感覺不到對方出拳打到我身上的力道。在與菲爾波對戰中，他把我撞出拳擊臺，我摔在場邊記者的打字機上，把它弄壞了，而我的嘴唇也破裂、眼睛割傷、肋骨被撞斷，但我對菲爾波的任何一擊幾乎毫無所覺。我真正感受到的打擊只有一次，那天晚上萊斯特・詹森打斷了我的三根肋骨。這一拳沒有傷害到我，但它影響了我的呼吸。除了這一拳，我可以誠實地說，在拳擊場上，我從來沒有感受到過任何疼痛。

另一個方法是不斷提醒自己，擔心是徒勞的。比賽前的訓練期間，通常會焦慮不已。晚上，我經常躺在床上幾個小時睡不著，輾轉反側，憂心忡忡，無法入睡。我擔心我可能會被折斷手、扭傷腳踝，或者在第一回合中眼睛受傷，以至於無法協調出拳的準確度。當我陷入這種神經緊張的狀態時，我會下床，對著鏡子，好好地跟自己說上幾句話。我會說：「你真傻，為還沒有發生、甚至可能永遠不會發生的事情擔憂。生命如此短暫，我能活的也不過幾年時間而已，我應該要好好的享受生活。」我一直對自己說：「沒有什麼比健康更重要。除了健康，沒有什麼是重要的。」我一直提醒自己失眠和憂慮會損害健康。我發現，當我一遍又一遍地對自己說這些話，夜復一夜，年復一年，這些話終於鑽進了我的身體，我可以像把水倒掉一樣的把煩惱一筆刷掉。

第三個方法，也是最重要的方法，就是禱告！在進行賽前訓練時，我每天都會禱告數次。在拳擊臺上時，我總會在每一回合的鈴聲響起之前禱告，這會帶給我勇氣和信心。每晚就寢前我從來不忘禱告，每餐進食前也一定會先感謝上帝……我的禱告得到回應了嗎？無以計數！

我向上帝祈禱不要讓我去孤兒院

凱薩琳・霍特

小時候，我的生活充滿了恐懼。我母親有心臟病，每天都會看見她昏倒在地。我們都很擔心她會死去，而我相信所有失去母親的小孩，都會被送到我們居住的密蘇里州沃倫頓鎮的中央衛斯理孤兒院。一想到可能會被送去那裡，我就相當害怕。我在六歲時，便不斷地祈禱：「親愛的上帝，請讓我的媽媽活久一點，到我長大成人，可以不用去孤兒院。」

二十年後，我的哥哥梅納受了重傷，去世前兩年飽受劇痛折磨。他無法自己進食，也無法翻身。爲了緩解他的疼痛，我必須每三個小時幫他注射嗎啡，日日夜夜的持續了兩年。當時我在密蘇里州沃倫頓的中央衛斯理學院教音樂，每當鄰居們聽到我哥哥痛苦哀號時，就會打電話通知我，然後我就會離開課堂，衝回家幫哥哥再注射一次嗎啡。每天晚上睡覺的時候，我會設定鬧鐘三個小時後響起，以便我能準時起床照顧哥哥。冬天的夜晚，我會在窗外放一瓶牛奶讓它結冰，牛奶會凍成霜淇淋。當鬧鐘響的時候，窗外的霜淇淋給了我起床的動力。

為了不讓自己因為這些煩惱，而沉溺於自憐自艾與擔憂，以至於生活充滿怨恨，我做了兩件事。首先，我讓自己每天忙於教授音樂，從十二小時到十四小時，所以我幾乎沒有時間去想我的煩惱；當我為自己的遭遇感到難過的時候，我會不斷地對自己說：「聽著，只要你還能走路、吃飯，沒有病痛折磨，你已經是世界上最幸福的人了。無論發生什麼，你都還活著，永遠不要忘記這一點！永遠不要忘記！」

我決心要盡己所能地培養一種潛意識的、持續的感恩心態，感恩我所得到的許多祝福。每天早晨醒來，我都會感謝上帝讓我的境遇沒有變得更糟；我下定決心，不管我有多少煩惱，我都要成爲密蘇里州沃倫頓鎮最快樂的人。或許我還沒有成功地實現這個目標，但我確實成功地讓自己成爲鎮上最懂得感恩的女孩——也可能我的同事中沒有幾個人像我這樣如此擔憂的。

這位密蘇里州的音樂老師運用了本書中的兩個方法：讓自己忙到沒時間憂慮，並珍惜自己的幸福。同樣的方法或許對你也有幫助。

心態改變讓我擺脫藥丸

卡麥隆・希普

我在加州華納兄弟電影公司宣傳部門工作了好幾年，工作得非常愉快。我負責寫專欄，並爲報紙和雜誌撰寫關於華納兄弟電影公司旗下明星的故事。

很快地我被晉升爲宣傳部副主任。事實上，當時由於行政政策的調整，我得到了一個更冠冕堂皇的頭銜：行政助理。

我享用一間附有一臺私人冰箱的巨大辦公室，並配有兩名祕書，管理七十五名作家、開發人員和電臺工作人員。我極為興奮，便去買了一套新西裝。語氣莊重地說話，建立檔案系統，下決策，午餐以速食解決。

我自以為華納兄弟公司的公共關係政策全都落在我的肩上。我還認為，諸如貝蒂・戴維斯、奧莉薇亞・德・哈維蘭、詹姆斯・賈格納、愛德華・羅賓遜、艾洛・弗林、亨弗萊・鮑嘉、安秀麗丹、艾莉西絲・史密斯和艾倫・海爾等名人的私生活，無論是個人生活還是公共形象，都完全掌握在我的手中。

但不到一個月，我察覺到自己得了胃潰瘍，甚至有可能是胃癌。

我當時也是電影宣傳協會組建的戰事委員會主席。我很樂於擔任這個職務，喜歡在會議上和朋友們見面。但這些會議活動漸漸成了令人憂慮的事情。每次會議結束後，我的身體都很不舒服，在回家的路上必須不時地停下車，提振一下自己的精神再繼續開車。要做的事情很多，卻沒有那麼多時間去做。戰時協調工作至關重要，但我的能力嚴重不足。

老實說，這是我一生中最痛苦的疾病。我體內的臟器似乎都糾結在一起，不僅體重下降、失眠，疼痛更是沒有斷過。一名廣告人向我推薦一位著名的內科專家，他說廣告圈裡很多人都是這位醫師的病人。

醫師並未多說什麼，只是簡單地問我哪裡不舒服、我的工作是什麼。他似乎對我的工作比對我的疾病更感興趣，但我很快就放心了，因為接連兩週，他安排我每天做各種檢查。最後，終於到了聽取判決結果的時刻。

「希普先生，」他遞給我一支菸，然後靠向椅背，說：「我們已經做過詳盡的檢查了，它們絕對有必要做，儘管我第一次問診後就知道你沒有胃潰瘍。

「但我知道，以你的個性和工作性質，沒有幫你做過檢查，你是不會相信我所說的。現在讓我們來看看檢查報告吧。」

於是，他給我看了一些檢驗數據和X光片，並逐一解釋說明，證明我沒有胃潰瘍。醫師接著說：「這些檢查要花你很多錢，但對你來說是值得的。這是我開給你的處方：不要憂慮。」

我正要抗議時，他打斷我說：「我知道你現在不能馬上照處方做，所以我會先開些藥給你。這種藥含有顛茄成分，你每天想吃多少就吃多少，吃完了，回來複診我再開給你。它們不會傷害你的，但它們可以讓你放鬆心情。

「但是請記住，你並不需要吃藥，你只需要停止憂慮。

「你再這樣繼續憂慮下去，就得回來這裡，然後你要再付一筆高額費用給我。你覺得這樣好嗎？」

我很希望我能夠說，醫師的告誡在那天產生作用了，我立刻不再感到憂慮。但沒有。我繼續吃了幾個星期的藥，每當我感到擔憂的時候，它們會立刻撫平我的不安。

但是，我覺得吃這些藥很愚蠢。我和林肯幾乎一樣高，體重則是有九十公斤，一個體格如此高大壯碩的人，卻像個歇斯底里的女人依賴吃白色小藥丸來放鬆自己。當朋友問我爲什麼吃藥時，我羞於說出真相。漸漸地，我開始嘲笑自己。我說：「你看，卡麥隆・希普，你表現得就像個蠢蛋，你對自己和那點小活動太過認真了。貝蒂・戴維斯、詹姆斯・賈格納和愛德華・羅賓遜，這些明星在你著手處理他們的宣傳之前，就已經世界聞名了，就算你今晚死了，華納兄弟和他們的明星們沒有你也能活下去。看看艾森豪、馬歇爾將軍、麥克阿瑟、吉米・杜立德和海軍上將金恩——他們不用吃藥就能在前線衝鋒陷陣。然而，你不過是個電影宣傳協會戰事委員會的主席，就得吃這些白色小藥丸來控制你的胃痛。」

於是我開始減少吃藥的次數，漸漸地不用吃藥也能過日子，我為此感到自豪。再過一段時間，我把藥丸扔進下水道，每天晚上準時回家，在晚飯前小睡一會兒，慢慢地開始過正常的生活。後來，我再也沒有去看過那個醫師了。

雖然當時的診療費相當昂貴，但我所獲得的遠遠超出了那筆費用。他教會我要適時地嘲笑一下自己。不過，我認爲他真正高明的是，他認真看待我的問題，沒有嘲笑我，也沒有直接說我庸人自擾，而是顧全我的面子，給我一些安慰劑小藥丸。因為他知道，就像我現在已經知道的事情一樣，治癒我問題的解藥不是那些愚蠢的小藥丸，而是在於自己心態的改變。

這個故事是在勸告許多正在服藥的人，最好讀一讀第七篇，試著放鬆自己。

把煩惱像廢紙一樣地丟棄

牧師威廉・伍德

幾年前，我飽受胃痛折磨，每晚都會因爲劇烈疼痛，而醒來兩三次。我的父親死於胃癌，我擔心自己也得了胃癌——或者，至少是胃潰瘍。於是，我去了密西根州佩托斯基市的伯恩診所做檢查。胃科專家里爾加醫師對我進行胃鏡檢查與X光檢查，開給我安眠藥，並向我保證我沒有胃潰瘍或癌症。他說，我的胃痛是因情緒緊張所引起的。由於我是一名牧師，他問我的第一個問題是：「你在教會理事會裡，是不是一個老頑固？」

他告訴了我，我早已知道的事情——我想做的事情太多了。除了每週日佈道和承擔教會各種活動的重擔外，我還擔任紅十字會的主席、同濟會會長。每週舉辦兩到三場葬禮，以及一些其他的活動。

我長期在壓力下工作，從來不曾放鬆過。我總是緊張、匆忙、神經緊繃，已經到了什麼都憂慮的地步。我生活在戰戰兢兢之中，非常痛苦，所以欣然地接受了里爾加醫師的建議。每週一休息一天，讓別人分攤部分責任，並減少一些活動。

一天，我在清理書桌時，突然有了一個領悟，這個領悟被證明非常有用。我在整理一堆關於佈道的舊筆記和其他沒有用了的備忘錄時，我把它們一個個揉成一團，扔進了廢紙簍。突然，我停下來對自己說：「比爾，你爲什麼不像對待這些筆記那樣地對待你的憂慮呢？你爲什麼不把昨天的煩惱揉成一團，扔進廢紙簍裡呢？」這個領悟立刻讓我感到肩上的負擔減輕了。從那一天起，只要是我無能爲力的煩惱，就統統扔進廢紙簍裡。

後來有一天，妻子洗碗，我在一旁幫她擦盤子的時候，我又有了一個體悟。妻子邊洗碗邊唱歌，我對自己說：「比爾，你看，你妻子多快樂。我們結婚十八年了，一直都是她在洗碗盤。如果我們結婚時，她能預見到未來的十八年裡，她要洗的髒碗盤堆積起來，連穀倉都放不下，她可能會嚇得卻步了。」

然後我告訴自己：「妻子不介意洗碗，是因爲她一次只洗一天的碗。」我明白了我的問題所在。我試著要把今天的碗盤、昨天的碗盤，還有那些還沒弄髒的碗盤都清洗乾淨。

我意識到自己的行爲是多麼地荒謬。每個星期日的早晨，我站在講壇上告訴別人該如何生活，而我自己卻過著緊張、焦慮、匆忙的生活。我真感到羞愧。

現在，我不再被憂慮所困，也不再有胃痛、失眠。我把昨天的憂慮揉成一團，扔進廢紙簍裡，今天也不再洗明天的髒盤子。

「明天的重擔加上昨天的重擔，再加上今天的重擔，再堅強的人也會步履蹣跚。」……所以，爲什麼要這麼做呢？

讓自己忙碌！

戴爾・休斯

一九四三年，我因為三根肋骨折斷、肺部穿孔，而被送進新墨西哥州阿爾伯克基的退伍軍人醫院。這發生在夏威夷羣島的一次海軍兩棲登陸演習中，當時我正準備從駁船上跳上岸，突然一陣大浪洪濤襲來，舉起了駁船，我失去平衡，重重地摔到沙灘上，一根折斷的肋骨刺穿了我的右肺。

在醫院住了三個月後，我受到有生以來最大的打擊。醫師告訴我，我的病情完全沒有好轉。經過一番認真的思考，我意識到是憂慮阻礙我恢復健康。我已經習慣了活躍緊湊的生活，但在醫院的三個月裡，我一天二十四小時地躺在床上，除了胡思亂想，什麼也沒做。我想得愈多，就愈擔心：擔心我是否還能在這個世界占有一席之地；擔心我是否會終身殘疾；擔心我是否還能結婚過正常的生活。

我請求醫師把我轉到隔壁病房，這間病房被稱為「鄉村俱樂部」，因為這間病房裡的病人幾乎可以做任何他們想做的事。

在這間「鄉村俱樂部」的病房裡，我對合約橋牌產生了興趣。我花了六個星期的時間學習遊戲技巧，和其他夥伴一起玩橋牌，並研讀伊利・考伯森的橋牌書籍。六週後，在我住院期間，我幾乎每天晚上都在打橋牌。我也開始對油畫感興趣，每天下午三點到五點在老師的指導下學習這門藝術。我畫得太好了，你幾乎可以一眼就分辨出我在畫什麼！我還試著做肥皂和木雕，並讀了很多這方面的相關書籍，發現這很有意思。我一直讓自己很忙，以至於我沒有時間擔憂我的身體狀況。我甚至還抽空閱讀紅十字會給我的心理學書籍。三個月後，全體醫務人員到病房來找我，祝賀我「取得了驚人的進步」。這是我有生以來聽過最好聽的話，我高興得想大叫。

我想說的是，當我無所事事地躺在床上為自己的未來擔憂時，我一點痊癒的跡象也沒有。我用憂慮毒害著我的身體，就連斷了的肋骨也無法癒合。但是，當我透過玩橋牌、畫油畫和雕刻木頭來讓自己忘憂時，醫師們卻說我有了「驚人的進步」。

現在，我過著正常的生活，身體健康，我的肺也與正常人無異。

還記得蕭伯納說過的話嗎？「很多人過得不快樂，因為他們有太多的時間去想自己是不是幸福。」保持活躍，讓自己忙碌！

時間是煩惱的最佳解藥

小路易・蒙坦

從十八歲到二十八歲，這十年應該是年輕人最豐富多彩的十年，但憂慮使我失去了十年的大好光陰。

我現在意識到，失去那些歲月不是別人的錯，而是我自己咎由自取。我所有的一切都讓我憂心不已：工作、健康、家庭，還有自卑感。我非常焦慮，為了避開熟人，我經常會繞道而行。當我在街上遇到朋友時，也總是會假裝沒有看到他，因爲我害怕被冷漠以對。

我非常恐懼與陌生人接觸，有陌生人在的場合會讓我舉足無措，以至於在短短兩週內，我失去了三份不同的工作，僅只因爲我沒有勇氣告訴那三個不同的未來僱主我擅長做什麼。

但八年前的一天，我在一個下午戰勝了憂慮——從那時起，我再也沒有憂慮過。那天下午，我在一名男士的辦公室裡，他遭遇的麻煩比我所遇到的要多得多，但他卻是我所知道的最快樂的人之一。

他在一九二九年賺了一大筆錢，後來賠得分文不剩。他在一九三三年又賺了一筆錢，但後來又賠光了；一九三七年獲得另一份財富，同樣沒保住財產。他經歷了破產，並受仇人和債權人糾纏追債。

那些可以使人崩潰並迫使他們自殺的麻煩事，就像水落鴨背一樣，對他毫無影響。

八年前的那一天，我坐在他的辦公室裡，很羨慕他，多麼希望我能像他一樣。聊到一半時，他把早上收到的一封信扔給我，說：「你看一下這封信。」那是一封充滿憤怒的信，並提出了幾個令人尷尬的問題。如果我收到這樣一封信，肯定會情緒失控。我說：「比爾，你打算怎麼回覆呢？」

「好吧，」比爾說，「我告訴你一個小祕密。下次遇到讓你煩憂的事情時，拿起一枝鉛筆和一張紙，坐下來，把你擔心的事情詳細地寫出來。然後，把那張紙放到你桌子右下方的抽屜裡。

過幾個星期後，把它拿出來看一看。如果你讀的時候，這件事情仍讓你憂慮，把那張紙再放回抽屜裡，繼續放兩個星期。它安穩地在抽屜裡，什麼也不會改變。但與此同時，讓你憂慮的問題可能會發生很多事情。

我發現，只要我有耐心，一直困擾著我的煩惱往往會像被扎破的氣球一樣爆掉。」

比爾的忠告給我留下了深刻的印象。多年來，我一直遵從他的建議，因此我很少再擔憂任何事情。

時間能解決很多問題，時間也可以解決你今天所擔憂的事情。

坦然面對最壞結果

約瑟夫．雷恩

幾年前，我被列為一樁訴訟案的證人，這件事帶給我極大的精神壓力和憂慮。訴訟結束後，坐火車回家途中，突然身體虛脫，心臟出了問題，我幾乎無法呼吸。

我回到家後，醫師幫我打了一針。我不是躺在床上，而是客廳的沙發上，因為我沒有力氣走到更遠距離的臥室裡。當我恢復知覺時，我看到教區牧師已經準備要為我做臨終禱告了！

我看到家人臉上哀戚的神情，知道自己氣數將盡。醫師要妻子做好心理準備，因為我可能活不過三十分鐘了。我的心跳非常微弱，醫師警告我不要說話，甚至連一根手指也不要動。

我從來就不是聖人，但我懂得一件事——不要和上帝爭辯。於是我閉上眼睛，說：「願祢的旨意成就……如果就是現在，那就照祢的旨意去做。」

一想到這裡，我全身都放鬆了，恐懼也消失了。我接著問自己，現在最壞的情況會是什麼。嗯，最糟糕的情況可能是痙攣復發，伴隨著難以忍受的疼痛——

然後一切就都結束了。我將回到主的懷抱，很快就能獲得安寧。

我在那張沙發上躺了一個小時，但疼痛沒有復發。最後，我開始問自己，如果我沒有蒙主寵召，接下來的餘生要做些什麼。我下定決心要盡一切努力恢復健康，不再用緊張和憂慮來折磨自己，並盡力重建我的力量。

這是四年前的事了。我已經恢復了體力，甚至連醫師對於我心電圖顯示的進步都感到驚訝。我不再憂慮，我對生活有了新的熱情。但我可以誠實地說，如果我沒有面對最壞的情況——瀕臨死亡——並試圖改善它，我相信我今天不會還活在世上。如果我沒有接受最壞的情況，我相信我可能會死於自己的恐懼和恐慌。

雷恩先生之所以能活到今天，是因爲他運用了萬能公式中的原則——面對可能發生的最壞情況。

憂慮是一種壞習慣

奧德威・泰德

憂慮是一種習慣，我很早就改掉了這個壞習慣。我之所以能夠克服憂慮，主要是歸功於三件事。

首先，我太忙了，沒時間沉浸在自我毀滅的焦慮中。我身兼三種工作，每一份工作屬性都可說是一份全職的工作。我在哥倫比亞大學授課，也是紐約市高等教育委員會的主席，同時還負責哈珀兄弟出版公司的經濟社會圖書部。這三項工作的堅持與要求，使我沒有時間去憂慮、焦躁和原地打轉。其次，我是一個很容易「遺忘」的人。當我從一項工作轉到另一工作時，我會把之前的所有問題都拋到腦後。我發現交替工作能夠提高工作效率並且放鬆身心，讓頭腦更清醒。最後，當我離開辦公室時，我會要求自己把所有這些問題從腦海中抹去。問題總是持續不斷出現的，每天都有一連串懸而未決的問題需要我去關注。如果我每晚都把這些問題帶回家，並為此擔憂，會毀了我的健康，還會毀掉我所有處理這些問題的能力。

奧德威・泰德掌握了四種良好的工作習慣，你還記得它們是哪四種習慣嗎？

如果沒有停止憂慮，我早已在墳墓裡

康尼．麥克

我打職業棒球已經超過六十三年了。八〇年代我剛開始工作的時候，根本沒有薪水可領。我們在空地上打球，經常會被地上的鐵罐頭和丟棄的馬項圈絆倒。比賽結束，我們就拿著帽子向觀眾收點錢。但對我來說，那些錢非常少，尤其我是寡母和弟弟妹妹們的主要經濟來源。而球隊，有時必須以草莓或烤蛤蜊做為晚餐，才能維持下去。

我有足夠的理由憂慮。我是唯一一個球隊連續七年最後一名的球隊經理，也是八年來唯一一個輸掉八百場比賽的球隊經理。在經歷了一連串的失敗後，我常常憂慮到吃不下飯，睡不著覺。但我在二十五年前就不再憂慮了，我真誠地相信，如果當時我沒有停止憂慮，我早就進了墳墓。

當我回顧漫長的一生（我出生時林肯還是總統），我相信因為透過做下列這些事情克服了我的憂慮：

一．憂慮對我毫無幫助，而且還可能會毀了我的事業。

二．憂慮會損害我的健康。

三．我一直忙於安排賽程和如何贏得未來的比賽，沒有時間去憂慮那些已經輸了的比賽。

四．我給自己訂了一項要求，在比賽結束的二十四小時內，絕不檢討批評球員的錯誤。擔任球隊經理初期，我經常和球員一起待在更衣室裡。如果球隊輸了，我就會不自禁地批評隊員，並就他們的失敗與他們激烈爭辯。我發現這只會增加我的憂慮，因為在其他人面前批評一個球員，只會令他難堪，並不會讓他更願意配合改善。因此，由於無法確定在球賽失敗後，我能控制自己的脾氣和嘴巴，我要求自己在球賽後不要馬上去見球員。直到第二天，我才會和他們檢討失敗的賽事。到那時，我已經冷靜下來，球場上犯的錯誤也不覺得有那麼嚴重了，就可以平心靜氣地討論問題，球員們也不會生氣地試圖爲自己辯護。

五．我試著用稱讚來激勵球員，而不是用吹毛求疵來打擊他們。我盡量對每個球員善言善語。

六．我發現，當我疲倦的時候更容易擔憂，所以我每晚要睡足十個小時，每天下午小睡一會兒，即使是小寐五分鐘也很有幫助。

七．我相信，正面積極向上的生活態度，讓我遠離憂慮並且長壽。我已經八十五歲了，但我不會退休，除非我開始一直說重複的事情，因為一旦如此，我知道我正在衰老。

康尼・麥克從來沒有讀過一本關於如何克服憂慮的書，所以他用自己的方式來克服憂慮。

你也可以試著把你在過去發現有用的規則列出來，並把它們寫下來：

我發現這些方法有助於克服憂慮：

1. ____________

2. ____________

3. ____________

4. ____________

一次一個，先生們，一次一個

約翰・米勒

幾年前，我了解到逃避沒有辦法解決問題，但我可以透過改變心態來克服憂慮。我發現憂慮不是外在給予的，而是源自我的內心。

隨著時間的流逝，我發現時間會自動幫我解決大部分的煩惱。事實上，我經常發現我很難記住一週前擔憂的事情。所以，我有一個原則：不要爲一個問題煩憂，除非這個問題已過了一個星期仍未改善。當然，我也無法總是把問題拋諸腦後，不去想它，但我可以拒絕讓它主宰我的思想，直到七天過去，不是問題自己解決了，就是我的心態改變了，以至於它不再有能力讓我感到憂慮。

閱讀威廉・奧斯勒爵士的哲學著作，讓我獲益匪淺。奧斯勒爵士不僅是一位偉大的醫師，也是個最偉大的「生活」藝術家。威廉爵士在為他舉行的晚宴上說：「我所取得的一切成就，都要歸功於我能從容對待每天的工作，盡我所能地做好它，並讓未來順其自然。」他的這段話，對我克服憂慮有極大的幫助。

在處理問題時，我把父親常向我提起的一隻老鸚鵡的話，做為我處理事情的原則。父親告訴我，在賓夕法尼亞州一家狩獵俱樂部養了一隻鸚鵡，被關在門廊上方的籠子裡。當俱樂部成員要進門時，鸚鵡會一遍又一遍地重複著牠所知道的話：「一次一個，先生們，一次一個。」父親希望我知道，處理問題時：「一次一個。」我發現，一次解決一個問題，有助於我在巨大的壓力下和無休止的工作中，保持冷靜和鎮定。「一次一個，先生們，一次一個。」

這裡，我們再次用到了克服憂慮的基本原則之一：生活在完全獨立的隔艙（今天）裡。你不妨回頭再讀一遍那一章。

人生的紅綠燈

約瑟夫・科特

從我還是個小男孩開始，一直到我成年的早期階段，我都是一個重度憂慮者。我擔憂的事情多種多樣，有一些是真實的事情，大多數是自己想像的。極少的情況下，我會發現自己沒有什麼可擔憂的——然後，我就會開始擔心我是否忽略了什麼事情。

然而兩年前，我開始了一種新的生活方式。這需要對我自己的缺點——以及很少的優點——進行自我分析，並列出一份「承認自己的真正過錯道德審視」。這讓我清楚知道引起所有這些擔憂的原因。

事實是，我沒辦法只為今天而活。我總是爲昨天的錯誤而煩惱，爲未來而恐懼。

「今天就是我昨天擔憂的明天」，這句話我聽過了很多遍，但對我沒用。有人建議我做二十四小時的計畫，按計畫生活。有人告訴我，我唯一可以控制的一天，就是今天，我應該充分利用每一天。這樣一來，我會忙碌到沒有時間去為過去或未來的任何其他一天擔憂。這個建議很合理，但不知怎麼的，我就是很難把這些該死的想法付諸實施。

然而，我忽然找到了答案——你認為我是在哪裡找到的呢？一九四五年五月三十一日晚上七點，在西北鐵路月臺上。因為這是我的人生的重要時刻，所以我對時間記得如此清楚。

我們送幾個朋友去搭火車。他們的假期結束，要搭乘「洛杉磯號」流線型火車回去。那一年還在戰爭期間，所以車站人潮擁擠。我沒有和妻子一起上火車送行，而是沿著鐵軌朝火車頭走去。我站在那裡，盯著那鋥亮的火車頭看了一分鐘。不一會兒，我順著鐵軌往下看，看到了一個巨大的信號燈。黃色的燈亮了起來，一會兒之後，這盞燈變成了明亮的綠色。就在這時，司機開始敲鐘，並喊著我非常熟悉的「請上車！」，幾秒鐘後，那輛巨大的流線型火車駛出車站，開始了它二千三百英里的旅程。

這幅情景讓我的腦子突然開竅，我正在經歷一個奇蹟，這件事對我來說很有意義。我突然明白了，火車司機給了我一直在尋找的答案——他看到眼前的綠燈亮了，才開始他漫長的旅程。如果我是這名司機，我會希望看到整個旅程的綠燈。當然，這是不可能的，但這正好是我一直在做的事情——我太努力地想看到前方有什麼，以至於一直坐在車站裡，什麼地方也去不了。

我的思緒不斷湧現。那位火車司機並不擔心他前方幾英里可能會遇到的麻煩，可能會有些延誤，被迫減速，但這不就是設置信號系統的原因嗎？黃色的燈光——減速，放慢；紅燈——前方有危險——停下。一個良好的信號系統，確保了火車旅途的安全。

我問自己，爲什麼我的生活沒有這樣的良好信號系統。答案是——我確實也有一個。這是上帝所給予的，祂控制著它，只要遵循著這套信號系統的指示行事，就不會出錯。於是，我開始尋找綠燈，但在哪裡可以找到它？好吧，如果上帝創造了綠燈，爲什麼不直接問祂呢？我就是這麼做的。

現在，我每天早上都會透過禱告來尋求綠燈。偶爾也會看到黃燈，要我減速。有時我會遇到紅燈，它會在我崩潰前阻止我。從兩年前我有了這樣的發現起，我就不再爲前方的路途憂慮。在這兩年裡，我遇到了許多個綠燈，但不用擔憂下一個燈是什麼顏色，讓我的人生旅程輕鬆多了。而且不論遇到什麼顏色的信號燈，我都知道該怎麼應對。

戰勝憂慮延長了洛克菲勒的壽命

老約翰．洛克菲勒在三十三歲時，就積累了自己的第一個一百萬美元。在他四十三歲的時候，建立了世界上有史以來最大的壟斷企業——標準石油公司。但他五十三歲時在哪裡呢？五十三歲時，他被憂慮擊垮了，焦慮和緊張的生活已經損害了他的健康。五十三歲的他「看起來像一具枯槁的木乃伊」，他的傳記作者約翰．溫克勒如此寫道。

洛克菲勒在五十三歲時，罹患一種原因不明的消化系統疾病，這種疾病讓他的頭髮、睫毛和眉毛都掉光了，只留下一層薄薄的眉毛。「他的情況非常嚴重，」溫克勒說，「有一段時間，甚至必須依賴母乳維生。」據醫師說，他的禿頭症是由神經緊張所引起的。光禿禿的頭頂看起來十分嚇人，他只好一直戴著便帽。後來，他開始戴假髮——每頂假髮五百美元——在他的餘生中，都一直戴著這些銀色假髮。

洛克菲勒原本有著鋼鐵般的體格。他在農場長大，有著結實的肩膀，身姿挺拔，步伐清快而有力。

然而，在他年僅五十三歲時——大多數人正處於壯年時期——卻雙肩下垂，步履蹣跚。「當他照鏡子時，」他的另一位傳記作家約翰·弗林寫道，「他看到了一個老人。永不間斷的工作，無休止的憂慮，沒完沒了的謾罵，失眠的夜晚，缺乏運動和休息，」讓洛克菲勒付出了代價，它們擊垮了他。他是當今世界上最富有的人，然而，他能吃的食物可能連窮人都會嗤之以鼻。他當時的收入是每週一百萬美元，但他的飲食費可能每週兩美元就足夠了，因為醫師只允許他吃優酪乳和幾塊餅乾。他的皮膚失去光澤，毫無血色，看起來就像一張舊羊皮紙緊緊地纏繞在他的骨頭上。他只能用錢買到最好的醫療服務，來維持他的生命。

他是怎麼走到這般境地的？憂慮、震驚、高壓生活，他把自己「逼」到墳墓的邊緣。洛克菲勒甚至早在二十三歲的時候，就已經以如此嚴峻的決心追求他的目標，據那些認識他的人說，「除非是成交一筆划算交易的消息，否則沒有什麼能讓他的臉色變得輕鬆。」當他賺了一大筆錢，他就會跳一小段戰舞——把帽子扔到地上，然後跳起吉格舞；但如果他賠了錢，他就會憂慮到生病！一次他透過水路運輸價值四萬美元的穀物，但沒有保險，因為他覺得一百五十美元保險金太貴了。不料那天晚上，一場猛烈風暴在伊利湖上空肆虐，隔天早上他的合夥人喬治·加德納到辦公室時，看見洛克菲勒因擔心貨物會遭受損失，而焦慮地在辦公室裡來回踱步。

「快點，」洛克菲勒顫抖著說，「快去看看現在保險還來不來得及！」加德納連忙趕往上城，買了保險。但當他返回辦公室時，發現洛克菲勒的焦慮更嚴重了。因為就在他買保險的同時，洛克菲勒收到電報，通知他貨物已成功抵達目的地。這讓洛克菲勒更焦慮了，因為他們剛「浪費」了一百五十美元的保險費。他對這件事感到非常難受，不得不回家臥床休息。想想看，他公司每年的收入高達五十萬美元，他卻為了區區一百五十美元把自己折磨得病倒！

他沒時間休息，也沒時間度假，除了工作賺錢和在主日學校授課之外，沒時間做任何其他的事情。他的合夥人喬治．加德納和其他三人，花兩千美元合買了一艘二手遊艇。洛克菲勒得知後驚呆了，並且拒絕坐遊艇出遊。一個星期六下午，加德納發現洛克菲勒還在公司工作，請求道：「來吧，約翰，我們一起出海玩玩，這對你有好處。別管生意了，玩得開心點吧！」洛克菲勒卻瞪著他警告說：「喬治．加德納，你是我所認識最奢侈浪費的人。你這樣做不僅損害了你在銀行的信譽，也危及我的信用。要知道，你這種行為會毀了我們的生意。我不想坐你的遊艇——我再也不想看到它！」整個星期六下午，洛克菲勒都在辦公室裡埋頭苦幹。

缺乏幽默感，缺乏遠見，是洛克菲勒整個職業生涯的特性。多年後他說：「我每天晚上睡覺前，都會提醒自己，我的成功很可能只是暫時的。」

儘管擁有百萬美元財產，洛克菲勒卻每天晚上都在擔心自己財產的損失，難怪憂慮會毀了他的健康。他沒有時間度假或從事消遣娛樂，不去劇院，不玩牌，也不參加任何聚會。正如馬克．漢納所言，他為金錢而瘋狂：「在其他方面都很理智，但對賺錢很狂熱。」洛克菲勒曾經對俄亥俄州克利夫蘭的一個鄰居承認自己「希望被人喜愛」，但是他生性冷漠、多疑，幾乎沒有人喜歡他。企業家摩根曾一度對與洛克菲勒做生意猶豫不決，他嗤之以鼻地說：「我不喜歡這個人，不想和他有任何生意往來。」洛克菲勒的親哥哥則恨他入骨，以至於把自己早夭的孩子屍骨從家族墓園遷走，說：「我的親骨肉在洛克菲勒控制的土地上無法安息。」洛克菲勒的員工和同事對他敬畏萬分，而諷刺的是，洛克菲勒同樣也害怕他們——怕他們「洩漏公司祕密」。

洛克菲勒對人性幾乎沒有信心。他和一名獨立煉油商簽署一份十年合約時，要求對方保證不會透露給任何人，連妻子都不行。「閉上嘴，管好自己的事！」這就是他的座右銘。在他事業的鼎盛時期，當黃金像維蘇威火山熾熱的金色岩漿一樣傾瀉而下，源源不斷地流入他的保險箱的時候，他的個人世界卻崩塌了。報章媒體紛紛譴責標準石油公司的強盜式掠奪、與鐵路公司的暗中勾結，以及對競爭者的無情碾壓。在賓夕法尼亞州的油田裡，約翰·洛克菲勒成為所有人憎恨的對象。那些被他壓榨的人絞死他的肖像以洩憤，有許多人想在他的細脖子上套上繩索，把他吊在酸蘋果樹上。憤怒的信件湧進入他的辦公室，威脅要毀了他的生活。

為了預防敵人報復，他僱用保鏢保護他的人身安全。他試圖不去理會這旋風般的仇恨。他曾嘲諷地說：「只要讓我按自己的主意行事，隨便你要打擊我、辱罵我都可以。」但他發現自己終究只是凡人，承受不了仇恨及憂慮。他的健康開始衰垮。他被新敵人「疾病」，從體內攻擊，讓他不知該如何是好。一開始，「他對身體偶爾的不適保持祕密」，試圖把自己的疾病拋在腦後。但是失眠、消化不良和頭髮的脫落——所有的身體症狀都是憂慮和崩潰的反映——是沒辦法否認的。最後，醫師告訴他令人震驚的事實，要他選擇：金錢和憂慮——或者是他的生命。醫師警告他，如果再不退休養老，很快就是死路一條。於是，他只得選擇退休。但是在他退休之前，憂慮、貪婪和恐懼已經損害了他的健康。

美國最著名的女性傳記作家艾達·塔貝爾見到洛克菲勒時大吃一驚，這樣寫道：「他臉上顯露可怕的蒼老神情，他是我見過的最老態龍鍾的人。」蒼老？洛克菲勒可是比麥克亞瑟將軍奪回菲律賓的時候年輕好幾歲！但他的身體卻是如此衰弱，以致艾達·塔貝爾對他感到同情。當時她正在撰寫一本強力譴責標準石油公司及其所代表的一切的書籍，她當然沒有理由去同情這個造出這隻「章魚」的男人。然而，她說，當她看到約翰·洛克菲勒在主日學校上課，熱切地注視著他周圍所有人的臉時，「我湧起一種意想不到的感覺，這種感覺隨著時間的流逝變得更加強烈，就是我為他感到難過。我看到了他的恐懼，沒有什麼比如影隨形的恐懼更可怕的了。」

當醫師著手拯救洛克菲勒的生命時，給了他三項規則——之後，洛克菲勒一直嚴格遵守這三項規則：

1. 避免憂慮。在任何情況下，都不要感到憂慮。
2. 放鬆身心。多去戶外做些溫和的運動。
3. 注意飲食。吃飯八分飽。

約翰·洛克菲勒遵守了這些規則，而這些規則也可能拯救了他。他退休了，也學會了打高爾夫，並熱衷於園藝。他和鄰居們聊天、打牌，甚至唱歌。

但他還有其他的改變。「在遭受病痛折磨的白天和失眠的夜晚裡，」溫克勒說，「洛克菲勒有足夠多的時間自省。」他開始爲別人著想。第一次不再去想他能賺多少錢，而是思考這些錢能為多少人帶來幸福。

總之，洛克菲勒開始捐錢了，捐出了幾百萬美元！但這並不順利。當他捐錢給教堂時，引起全國神職人員的反彈，說那是「骯髒錢」！但是他堅持行善。他聽說密西根湖畔有一所規模很小的大學經營困難，正面臨倒閉。他出手相助，捐款數百萬美元給那所大學，解決他們的困境，並把它建造成了現在全球聞名的芝加哥大學。他試圖幫助黑人，捐款給諸如塔斯基吉學院等的黑人大學，並提供資金援助黑人化學家喬治·華盛頓·卡佛的研究。他也幫助對抗鉤蟲。鉤蟲病權威查爾斯·斯泰爾斯醫師說：「只要五十美分的藥錢就可以治好肆虐南方的這種病——但誰能提供這五十分錢呢？」洛克菲勒提供了藥錢。他在鉤蟲病防治上已經花了數百萬美元，剷除了有史以來阻礙南方發展的最大禍害。後來更進一步，成立了一個國際基金——洛克菲勒基金會——旨在對抗全世界的疾病和無知。

我是帶著感情談論這項工作，因為洛克菲勒基金會對我有再生之恩。我記得很清楚，一九三二年時，我正在中國，當時霍亂在全中國肆虐，中國的農民像蒼蠅一樣地大量死去；然而，在所有這些恐怖之中，我們仍得以去北京的洛克菲勒醫學研究院接種疫苗，來保護我們免受瘟疫的侵襲。無論是中國人還是「外國人」，都能得到救助。那時我才真正了解到洛克菲勒的數百萬美元，是如何造福全世界。

洛克菲勒基金開創了歷史先河，是獨一無二的機構。洛克菲勒知道世界上許多有遠見的人，所正在進行的活動：科學研究，成立大學，與疾病對抗，但這類高尚活動卻往往因缺乏經費而夭折。他決定幫助這些人類的先驅者——不是「接管他們」，而是提供資金支持他們繼續事業。今天，我們也都要感謝約翰·洛克菲勒創造了盤尼西林的奇蹟，以及他為其他幾十項發明的資助。還應該感謝他，讓你的孩子不再死於脊髓膜炎，這種疾病過去曾導致五分之四的人死亡。我們在防治瘧疾、結核病、流行性感冒、白喉，以及其他許多仍在困擾全球的疾病方面取得進展，都應當歸功於洛克菲勒。

那洛克菲勒呢？當他致力於慈善事業的時候，內心是否獲得了平靜？是的，他得到了真正的滿足。「如果大家認爲他對於一九〇〇年後標準石油公司所遭受的攻訐依舊耿耿於懷，」艾倫·凱文斯說，「那大家就大錯特錯了。」

現在的洛克菲勒是快樂的。他徹底改變了，再也不會為憂慮所困。事實上，當他遭受事業重創時，他也不肯為此失去一個晚上的睡眠！

當時，他一手建立的標準石油公司被勒令支付「史上最重罰金」，失敗就來了。美國政府裁定標準石油公司是一家壟斷企業，違反了反托拉斯法。這場訴訟持續了五年之久，全美最優秀的法律菁英都投入到這場歷史上最漫長的訴訟中，但最終標準石油還是輸了這場官司。

當基尼索・蒙登・藍迪斯法官做出裁決時，洛克菲勒的辯護律師擔心這位年邁的老人很難接受這個結果。但他們不知道老洛克菲勒已經不再是之前的他。

那天晚上，一個律師打電話給洛克菲勒。他儘可能溫和地討論說明這個裁決，並關切地說：「洛克菲勒先生，我希望您不會因爲這個裁決而心煩意亂，我希望您能睡個好覺！」

老洛克菲勒怎麼回答呢？他充滿生氣地回道：「別擔心，詹森先生，我會好好睡上一覺的。也希望這件事也不會困擾你。晚安！」

這還是那個曾經為了一百五十美元而失眠的洛克菲勒嗎？是的，洛克菲勒用漫長的時間克服了憂慮。他曾經在五十三歲時走到墳墓邊緣，但是最終他活到了九十八歲高壽。

一本書拯救了我的婚姻

匿名

我不喜歡匿名，但是我要分享的這個故事太私密了，所以不能用真名。戴爾・卡內基先生可以為這個故事的真實性作證。十二年前，我第一次告訴他這個故事。

大學畢業後，我在一家大型工業集團找到了一份工作。五年後，這家公司派我到太平洋對岸的遠東地區擔任代表。在離開美國的一個星期前，我娶了我所認識的最甜美、最可愛的女人。但那趟蜜月旅行對我們倆來說簡直是一場悲劇，特別是她。當我們到達夏威夷時，她非常失望、心碎，要不是她羞於對她的老朋友承認失敗，她早就返回美國了。而這趟蜜月旅行本來可能是——也應該是——生活中最激動人心的一次旅行。

我們在東方一起痛苦地生活了兩年。我很不開心，有時甚至想過要自殺。後來有一天，我偶然發現了一本書，改變了一切。我一直都很喜歡讀書。一天晚上，我去遠東拜訪一些美國朋友，瀏覽他們豐富的藏書時，突然看到一本名爲《理想的婚姻》的書，作者是馮・德・威爾德博士。這本書的書名看起來就像是一本說教、偽善的書籍。但是，出於無聊的好奇心，我還是把它打開了。這本書幾乎完全是在討論關於婚姻的性生活——而且是坦率地、毫不粗俗地討論它。

如果有任何人建議我讀一本探討性事的書，我肯定會覺得受到侮辱。讀這種書？我自己都能寫一本了！但是，我自己的婚姻如此失敗，或許可讀一讀這本書，於是我鼓起勇氣問主人能不能借我這本書。後來我妻子也讀了這本書。老實說，這本書成為我人生重要的轉捩點，它把一段悲慘的婚姻變成了幸福美滿的伴侶。如果我有一百萬美元，我會買下這本書的版權，免費印書送給成千上萬的新婚夫婦。

著名心理學家約翰·華生博士曾經說過：「無可否認地，性是生活中最重要的事情之一。也毫無疑問地，它是最常導致男人和女人幸福破滅的事情。」

如果華生博士是正確的——但我相信他的說法，儘管是偏激的，但也幾乎是事實——那麼爲什麼社會會允許數成千上萬對性事無知的人結為伉儷，並破壞讓婚姻幸福的所有機會呢？

若想知道婚姻究竟出了什麼問題，可以讀一讀漢米爾頓博士和肯尼士·麥高文博士合著的《婚姻出了什麼問題？》。漢米爾頓博士用了四年時間研究婚姻中的問題，這本書就是他的研究成果。他說：「如果有心理醫師聲稱，大多數婚姻摩擦的根源不是性生活不和諧，那他可就太大意了。無論如何，在許多情況下，如果性關係本身令人滿意，婚姻中的其他摩擦就很容易被忽視。」

我自己的悲劇經歷可以證明他是對的。

馮・德・威爾德博士的《理想婚姻》這本書挽救了我的婚姻，你可以在大多數大型公共圖書館裡找到，也可以在任何書店買到。如果你想送給新婚夫婦一件小禮物，不要送他們一套餐具，送給他們一本《理想婚姻》吧。那本書比世界上所有的餐具組，都更能增加他們的幸福。

不懂得放輕鬆，是在慢性自殺

保羅・山普森

六個月前，我開足了馬力在生活的軌道上衝刺。我總是精神緊繃，從來不會放鬆自己。每天晚上收工回家，我都筋疲力盡，憂慮不安。為什麼？因為從來沒有人告訴過我：「保羅，你這樣是在慢性自殺。為什麼不慢下腳步，試著放輕鬆？」

每天早晨，我幾乎是跳下床，匆忙地用餐，快速地刮鬍子，急忙地穿好衣服。我緊抓著方向盤，把車開得飛快，快到我不抓緊方向盤，它就會飛出窗外一樣。我匆匆工作，匆匆趕回家，甚至連晚上睡覺也分秒必爭。

我到底特律找一位著名心理專家看診時，他告誡我要放鬆（順便一提，他教給我的放鬆的方法和本書所述相同）。他告訴我無論是在工作、開車、用餐，還是準備入睡，我都要記得放輕鬆。他還說，不懂得放鬆神經就是在慢性自殺。

從那以後，我開始在生活中練習放輕鬆。晚上睡覺之前，我會先有意識地放鬆身體和呼吸。過去我早上起床時總是疲憊不堪，如今精神飽滿，這是一個很大的進步。現在我吃飯和開車的時候，也會試著放鬆下來。當然，我開車的時候很警覺，但我學會了用頭腦而不是用神經開車。最重要的放鬆時機，是工作的時候。我經常停下手邊的工作，檢查自己是不是有放輕鬆。電話鈴聲響起時，我不再搶著去接電話；有人和我說話時，我也能心平氣和地與他們討論事情。

結果如何呢？我的生活愉快多了，再也不會受到精神壓力和憂慮的困擾。

發生在我身上的奇蹟

約翰・伯格太太

憂慮擊垮了我。我思緒不安，充滿困惑，覺得生活毫無樂趣可言。我精神緊繃，晚上睡不著覺，白天也無法放鬆。三個年幼的孩子分別住在親戚家，都不在我身邊。我丈夫剛從部隊退伍，去了另一個城市，打算開一家律師事務所。那時正值戰爭後的恢復時期，不安全感和不確定性真切地向我襲來。

我的精神狀況影響到我丈夫的事業，以及孩子們對正常家庭生活的渴望，更威脅到我自己的健康。我丈夫租不到合適的辦公室，只能自己建一棟房子。我知道他們都指望著我趕快恢復健康，但我愈努力嘗試，愈害怕失敗。隨後，這種恐懼發展成了對一切責任的逃避。我無法信任自己，覺得自己徹底失敗。

當我走投無路，找不到任何辦法的時候。母親對我說的話讓我感念至今，永遠無法忘記。她把我激到忍不住要反擊。她批評我太容易放棄，不懂得控制自己的情緒和心態。她督促我重整旗鼓，一針見血地指出我總是輕易向困難繳械投降，害怕問題而不是面對它，逃避生活而不是努力過好生活。

於是從那天起，我重拾戰鬥的勇氣。那個週末，我請父母回家，讓我自己照顧我的家人。我真的做到了。我獨自照顧兩名年幼的孩子，自己的精神狀態開始好轉，也吃得下，睡得很好。一週後，父母來看望我的時候，發現我正一邊熨衣服一邊唱歌。我有種幸福感，因為我贏得了這場戰役。我永遠也忘不了生活教給我的這一課。如果困難看起來不可逾越，面對它，向它宣戰吧！不要放棄！

從那之後，我強迫自己工作，並且沉浸在工作中。我們一家人終於團聚了，我帶著孩子搬進丈夫建造的新家。我下決心要為這個溫暖的家庭，成為一個堅強快樂的母親。我忙著做家庭計畫，為丈夫和孩子精打細算，唯獨忘了考慮自己。我忙得沒有時間再關注自己，而真正的奇蹟就這樣發生了。

我變得愈來愈健康，每天早上都帶著幸福的喜悅醒來，愉快地開始規劃新的一天。儘管偶爾會有抑鬱沮喪的時刻，特別是我感到疲憊的時候，但是在那些日子裡我會告訴自己不要胡思亂想。漸漸地，不如意愈來愈少，最終消失了。

現在，一年過去了，我擁有一個非常幸福、成功的丈夫，一個美麗的家，我可以每天工作十六個小時，還有三個健康、快樂的孩子——而對於我自己，則是擁有了平靜的心境！

挫折

費倫克・莫爾納

著名匈牙利劇作家曾說：工作是最好的麻醉劑。

在五十年前，做為醫生的父親給了我一句話，從那時起，我就一直遵照這句話生活。當時我剛開始在布達佩斯大學攻讀法律，有一次我考試不及格。為了逃避這種恥辱感，我從失敗最親密的朋友——隨時都在身邊的酒精，確切地說是杏桃白蘭地，尋求安慰。

父親突然來看望我。就像個敏銳的醫師一樣，他一下子就發現了我的問題和酒瓶。我坦承了我逃避現實的原因。

這位親愛的老先生當場開了個藥方給我，並告訴我，酒精、安眠藥或任何藥物，都無法真正地逃離問題。對付任何痛苦，只有一種藥，比世界上所有的藥都更好更可靠：工作！

父親的話是多麼正確啊！習慣工作可能很難，但遲早你會成功的。而且，工作具有一切麻醉劑的品質，會讓人上癮。習慣一旦形成，就很難再改變了。從那天起，我五十年如一日地工作，再也沒有打破這個習慣。

憂慮曾經讓我十八天未進一粒米

凱薩琳・霍爾科姆・法默

三個月前，我擔心得四天四夜沒有睡覺，十八天未進一粒米，甚至食物的味道都讓我感到噁心。我無法用語言來描述當時的痛苦，我不知道地獄裡的折磨是否會比我所經歷的更糟糕。我覺得自己正徘徊在發瘋和死亡的邊緣，我也知道我不能再這樣生活下去了。

我拿到這本書的新書樣本的那一天，是我人生的轉折點。在過去的三個月裡，這本書和我形影不離，我仔細研讀每一頁，拚命地試圖在字裡行間找到一種新的生活方式。這本書對我的精神狀況和心理穩定性的改變，幾乎讓人難以置信。如今，我能夠充滿鬥志地接受生活的每一個挑戰。我意識到，在過去，快把我逼瘋的，不是今天的問題，而是昨天發生的事情或擔心明天可能會發生的事情所帶來的痛苦和焦慮。

但現在，當我發現自己開始擔心任何事情時，會立即停下來，開始應用我從這本書中學到的一些原則。如果某件今天必做的事情讓我精神緊張，我會立即行動處理這件事，然後把它從我的腦海中移開。

當我再度面對曾經把我逼瘋的問題時，現在會冷靜地嘗試運用本書第二章中所概述的三個步驟來解決。首先，我問自己，最壞可能發生的情況是什麼？其次，試著在精神上接受它。最後，專注於這個問題本身，看看如何在已能接受的最壞情況下改善問題。

當我發現自己在爲一件無法改變、也不能接受的事情憂慮時，我會停下來，反覆祈禱：

願上帝賜予我安寧，
接受無法改變之事；
賜予我勇氣，
改變能夠改變之事；
並賜予我分辨二者的智慧。

自從讀了這本書，我真正體會到了一種全新而輝煌的生活方式。我不再讓焦慮破壞我的健康和快樂。我現在每晚能睡足九個小時，懂得品嘗食物。籠罩身上的陰影已消散，一扇門已經被打開，我看到了一個美麗世界，並享受著美好的生活。我感謝上帝賜予我現在的生活，讓我有幸生活在這樣一個美好的世界裡。

我建議你把這本書再閱讀一遍，把它放在你的床邊，並在適用於你的問題的部分劃線，研讀它，運用它。因爲這不是一本普通「讀物」，而是一本「指南」——一種全新生活方式的指引！

i生活 15

卡內基快樂學

如何停止憂慮重新生活

作　　者　戴爾・卡內基
封面設計　季曉彤　**內文排版**　藍天圖物宣字社
副總編輯　林獻瑞　**責任編輯**　劉素芬

出 版 者　好人出版／遠足文化事業股份有限公司
新北市新店區民權路108之2號9樓
電話02-2218-1417　傳真02-8667-1065
發　　行　遠足文化事業股份有限公司（讀書共和國出版集團）
新北市新店區民權路108之2號9樓
電話02-2218-1417　傳真02-8667-1065
電子信箱service@bookrep.com.tw　網址http://www.bookrep.com.tw
郵撥帳號 19504465　遠足文化事業股份有限公司
讀書共和國客服信箱：service@bookrep.com.tw
讀書共和國網路書店：www.bookrep.com.tw
團體訂購請洽業務部(02) 2218-1417　分機1124
法律顧問　華洋法律事務所　蘇文生律師
印　　製　成陽印刷股份有限公司　電話02-2265-1491

初　　版　2020年10月7日　**定價**380元
初版六刷　2024年1月3日
ISBN　978-986-98693-7-9

國家圖書館出版品預行編目資料

卡內基快樂學：如何停止憂慮重新生活／戴爾・卡內基（Dale Carnegie）作. -- 初版. -- 新北市：好人出版：遠足文化發行, 2020.10
面；　公分. --（i生活；15）
ISBN　978-986-98693-7-9（平裝）
1.憂慮　2.情緒管理　3.生活指導

177.2　　109003168